本丛书由上海社会科学院创新工程项目资金支持

中国周边外交丛书
China's Neighborhood Diplomacy Series

新时代环喜马拉雅区域经济合作研究

刘锦前 ○ 著

A COMMENT ON REGIONAL ECONOMIC COOPERATION AROUND THE HIMALAYAS IN THE NEW ERA

中国社会科学出版社

图书在版编目（CIP）数据

新时代环喜马拉雅区域经济合作研究 / 刘锦前著. —北京：中国社会科学出版社，2021.12

（中国周边外交丛书）

ISBN 978-7-5203-9109-2

Ⅰ.①新… Ⅱ.①刘… Ⅲ.①区域经济合作—国际合作—研究—中国、南亚 Ⅳ.①F125.535

中国版本图书馆 CIP 数据核字（2021）第 248471 号

出 版 人	赵剑英
责任编辑	赵 丽
责任校对	李 莉
责任印制	王 超

出　　版	中国社会科学出版社
社　　址	北京鼓楼西大街甲 158 号
邮　　编	100720
网　　址	http://www.csspw.cn
发 行 部	010-84083685
门 市 部	010-84029450
经　　销	新华书店及其他书店
印　　刷	北京明恒达印务有限公司
装　　订	廊坊市广阳区广增装订厂
版　　次	2021 年 12 月第 1 版
印　　次	2021 年 12 月第 1 次印刷
开　　本	710×1000 1/16
印　　张	18.25
插　　页	2
字　　数	290 千字
定　　价	98.00 元

凡购买中国社会科学出版社图书，如有质量问题请与本社营销中心联系调换
电话：010-84083683
版权所有　侵权必究

中国周边外交丛书代序

周边外交的"痛"与"通"

李开盛

《黄帝内经·素问·举痛论》有言："客于脉中则气不通，故卒然而痛。"这就是我们所常说的"痛则不通，通则不痛"的由来。众所周知，周边外交对中国极其重要，但有几个"痛点"始终横亘其中，如与日本和一些东盟国家的岛礁主权争端，与印度的陆地边界争端，朝核问题的困扰，还有美国军舰在东亚的"搅局"等。上述中医理论告诉我们，要解决这些"痛点"，关键还是在于"通"，即不只是针对具体的问题制定具体的办法，更要针对问题背后的深层次症结，打通与周边关系的"脉络"，从而做到"通则不痛"。

众所周知，中国与周边关系"脉络"的复杂性前所未有。体现为：第一，主体多，差异大。与中国直接接壤的陆地邻国就有14个，隔海相望的还有日本、韩国以及菲律宾、马来西亚、印度尼西亚、文莱等东南亚马来群岛上的国家，虽不接壤但与中国距离接近的国家如孟加拉、乌兹别克斯坦、土库曼斯坦等也属于周边范畴。这些国家民族、宗教均不相同，政治制度与经济发展水平各异，要一起相处本非易事。另外，已视中国为头号竞争对象的美国虽非亚洲国家，但在中国周边的政治、经济和军事存在根深蒂固，甚至可以说是中国周边关系中的最大变量。第二，问题多，办法少。涉华的政治安全方面的问题大致有四类，其一是领土争端，其二是与地区大国（如日、印）间的复杂地缘政治关系，其三是全球性权力变迁背景下中美在东亚的竞争，其四是一些虽与中国无直接关系但对中国利益有重要影响的地区热点（如朝核问题、阿富汗战争与克什米尔冲突等）。所谓办法少，主要因为中国周边可能是世界上诸地区中最为碎片化、欠制度化的一个区域。虽不乏各种地区组织与论坛，但在政治安全领域对中国有效力、起作用的少，出了问题往往还是得依靠中国与相关国家的双边关系。而双边关系往往机制化程度低，受对方国家内政因素影响很大。一旦某国政府变更，中国外交努力就可能付诸东流。

面对上述种种问题，各种具体的对策必不可少。但要从根本上解决中国与周边关系中的"痛点"，关键还是要做到以下三"通"，才能走出"头痛医头、脚痛医脚"，"按下葫芦浮起瓢"的窘境。这三"通"是：

第一是利益要通。

政治安全方面的利益，往往带有零和的性质。如中国与相关国家的领土争端，你之所得就是我之所失。由于领土在近代民族建构过程中的特殊性，还常常成为东亚诸国民族主义寄托的对象，导致领土争端更加对立、难解。还有中美、中日之间的权力竞争，也往往被理解为"东升西降"的跷跷板游戏。但历史给中国提出来的挑战就是：零和性的问题，不能、不应也无法再通过零和式的手段解决。在与小国的主权争端中，把一个岛礁夺回来容易，但由此在地缘政治博弈与中国整体外交方面造成的短期损失与长期后果都会特别巨大。而当代大国之间的权力竞争，更难想象通过战争的手段去决定胜负。因此，面向未来的根本之道，也是一个必须解决的挑战就是要把"不通"的利益拉"通"。在这方面，中国事实上一直在进行各种思想上和实践上的尝试。邓小平提出"搁置争议、共同开发"，其潜在理念就是要把不通的政治安全利益变为相通的经济利益。如果未来能够实现争议领土的主权共享或是通过谈判达成公平的解决，则是直接把不通的政治安全利益变为相通的政治安全利益。对于中美争端，习近平主席也提出"宽广的太平洋有足够的空间容纳中美两个大国"。党的十九大报告把"建构人类命运共同体"作为外交部分的总标题，而命运共同体的基础就是要建立利益共同体。因此，利益相通的大方向对中国来说已不是问题。目前的问题是美国、一些相关国家反倒越来越不相信这一点，仍然在以传统的零和政治思维看待中国崛起。当然，中国在主权与权力共享方面如何实现利益相通，也需要有更加具体的方案，否则也难服人。

第二是规则要通。

这里所指的规则，是指包括有关社会运行的规范与程序，背后往往有着某种价值、理念的支持。国家之间打交道，利益是根本，但不是全部。国家本身作为一定规则的产物，规则自然也是其政策目标考虑的一部分，甚至有时是很重要的内容。例如，美国把维护它的政治价值与生活方式看得比一般安全利益还重要，而中国也视坚持社会主义制度为核心利益。所以，国家间的合作与斗争，也常常与规则有关。相关的规则包括国内规则、国际规则两部分，分别涉及不同国家对于国家发展以及国际社会运行的看法。当前，中国与一些国家间的矛盾就与政治制度的不同有关，至少是政治制度方面的不同加剧了彼此间的矛盾，而且这种矛盾近些年间还呈日益激化之势。对此，中国模式与以西方为代表的政治道路之间必须要找到结合点，这方面并非不可努力。例如，双方都坚持民主、平等、法治的价值，只是在实现方式上有不同的看法。如果双方能够从彼此间的共同点而不是差异点看问题，可能冲突就会少很多。实在是认识不可调和的时候，如果双方都能坚守互不输出、互不干涉的底线，也能做到和平共处。在国际规则方面更加复杂，因为它不像国内规则那样可以在国界后面相互分开，它是必须一体化的，中国与其他国家共处一个国际社会，必须同享一个国际规则。更有挑战性的是，现在很难在国际规则方面明确界定谁是现状国家，谁是挑战者。例如，中国经常被西方认为是挑战现有秩序的修正主义国家，但当前的事实是美国特朗普政府而不是中国在破坏以自由贸易为基础的战后国际经济秩序。面对国际规则争议，一方面是要尽可能扩大有关规则内容的共识，另一方面是相关各方要达成有关规则变化的规则。考虑国际社会从根本上说仍处于无政府状态，建立有关规则变化的规则至关重要。正是由于没有这样的共识，历史上新老大国的权力更替才会通过战争来进行，现实中各国才会各执一词、相互指责对方破坏国际规则。要在国际社会中建立关于规则变化的规则，关键是国际社会的法治化程度要有更大的提高，各国也要更多的国际法治意识，而不是动辄诉诸实力、权力甚至是武力。作为事实上的国际社会的"班长"，美国在这方面承担着不可推卸的责任，而作为潜在的"班长"候选人，中国也有义务更要有紧迫感，推动建立有关规则变化的规则,这不但于整个国际社会有利,对希望实现和平崛起的中国也是有利的。

第三是交流要通。

如果国家间利益不同、所奉行的国内国际规则有别,那么就必须要有通畅的交流管道,才能促使各种差异不至于上升成矛盾,或是矛盾不至于激化成冲突与战争。要实现这种交流,从根本上讲,就是中国要坚持改革开放的历史进程,在政治、经济、社会、文化与国际社会特别是周边国家保持全方位的交流与沟通,通过交流促进理解,促进利益与规则的趋同。改革开放之前,中国长期与外部隔绝,不但先后与美苏交恶,与许多周边国家也相互对立,国际环境空前险恶,结果国内也发展不起来。改革开放以后,尽管中国实力迅速增强、与美国等一些国家的权力结构斗争日益明显、与周边相关国家的主权争端更加突出,但基本上保持了和平稳定的国际环境与基本正常的大国关系、周边关系,这与坚持对外开放、国际交流,促进了利益相互依赖以及政府、民众等层次相互间理解有着重要的关联。从技术层次看,所谓的交流要通,就是在具体的外交工作中,中国要保持并不断拓展与相关国家的积极沟通。在武力代价巨大、国际法律手段又不充分的情况下,矛盾只能通过不断接触、谈判的方式去化解。那种双边关系一出现问题就切断政治往来、限制经贸关系的手段在特定情况下有其价值与必要性,但总的来说不宜多用,更不能滥用。如果以更高的标准衡量,所谓交流要通还要求:其一,要有更高水平的交流能力。我们现在提倡讲中国故事,提中国方案,但不能讲的故事别人听不懂、不爱听,或是提的方案不合当地的需求,受到政治、舆论方面的反弹。其二,中国与相关国家建立更多、更有效的双边和多边沟通机制。如果能够把交流通过机制化的方式规定下来,而不只是依赖于领导人之间的联系,国家间交往就可能更少受具体的情势与问题影响,从根本上保持一种畅通的状态。可以说,在上述方面,中国还任重道远。

以上三"通",实际上可以应用于整个中国外交,但笔者以为周边才是重中之重。这不但是因为周边十分重要,还因为周边是中国推行上述三"通"的最佳试验田。中国与周边地理相近、文化相似,更有利于做到利益、规则与交流相通。随着三"通"的逐步推进,前面所提到的那些"痛点"才有可能有一个更好的解决背景，找到新的路径，甚至是在新的时代背景下化于无形。党的十九大正式将"建构人类命运共同体"写入报告，这不是宣传口号，而是中国外交要超脱传统的国际政治旧秩序旧思维、走出"修昔底德陷阱"实现和平崛起的必然选择，而打通与周边关系的"脉络"，解决"沉疴"，则是走向这一宏大目标的第一步。

序　言

　　环喜马拉雅区域所处位置战略地位特殊，自19世纪以来长期成为包括麦金德在内的陆权论学者热议的一个兵家必争之地。从当前社会发展进程来看，环喜马拉雅区域经济社会发展不仅直接影响当地居民的生活质量与幸福指数，也关乎中国边疆稳定乃至"一带一路"建设的顺利开展程度。而从地区整合的长远角度讲，环喜马拉雅区域经济社会发展，也将为亚洲繁荣做出更大贡献，还将为推动世界多极化、促进国际和平与稳定奠定坚实基础。由此可见，环喜马拉雅区域经济合作能否有序推进，当地居民能否安居乐业，不仅对域内国家来讲显得极其重要，也是对当前"逆全球化"现象抬头之际广大发展中国家如何通过跨地区经济合作来实现社会稳定并优化经济结构的一个考验。

　　本书主要就环喜马拉雅区域经济合作现状、态势特点、主要影响因素、可行路径、合作模式与机制建设以及外溢效应等重要问题展开分析论证。书稿在对区域经济合作理论、相互依存理论、地缘功能主义等国际政治经济学理论梳理思考的基础上，在对跨国次区域经济合作相关问题考察研究的同时，结合环喜马拉雅区域经济发展现状与当前存在的主要问题，思考与研判地区发展的新合作模式、可行方案等，以期从理论与现实两个层面对环喜马拉雅区域经济社会发展进行剖析论证，并提出一些有价值的研判建言。本书写作宗旨在于，通过围绕上述环喜马拉雅区域经济合作一系列相关问题的国际政治经济学考察论证，希冀在理论层面能在总结学界既有成果的基础上开拓新的研究视角，实践上把握好中国对外战略特别是针对周边跨区域合作推进方向，为中国周边战略特别是南亚战略制定与调整提供一些背景资料和决策参考。在为中国陆疆安全建设提供思路的同时，尝试探索构建人类命运共同体地区层面的实践路径，以及探求如何通过功能性合作来带动高政治领域问题的解决，期望最终能够给国际社会不同国家间就战略互信问题、历史遗留问题等的妥善解决提供一种思路借鉴。

本书的写作是对我博士论文的修改和扩充。自2006年硕士毕业留在上海社会科学院从事科研助理工作以来，单位浓厚的科研氛围对自己科研成长起了潜移默化的作用，其间发表了论文近20篇和多篇研究报告。2012年中标一项上海市哲学社会科学青年课题"尼泊尔藏人聚居区和'流亡藏人'现状调研"更坚定了从事科研工作的信心。2014年，为进一步提高自己国际关系研究的理论素养，考取了上海社会科学院世界经济研究所世界经济专业国际政治方向的博士研究生，师从中国著名的国际问题专家余建华研究员。由于余老师在跨国民族问题、"三股势力"问题、"一带一路"建设及中国与周边国家关系等领域颇有研究，博士学习期间也参与了由他主持的国家社科基金重点项目和高端智库项目等多项课题，在他支持下，决定在相关论文和课题研究的基础上，以"新时代环喜马拉雅区域经济合作研究：一种地缘功能主义的分析"为题进行撰写。

由于笔者科研能力有限，书稿进展时快时慢，反反复复，对已撰写好的文本框架也因有了新材料而经常推翻重来。经过3年来的沉淀，落笔之际，也是百味杂陈。有释然，有紧张，也有些许欣喜。此时此刻，感谢两字涌上心头。读博与科研工作一路走来，如若没有师长、同学和家人的帮助、支持与鼓励，我想自己很难坚持到今天。

首先，要感谢导师余建华研究员，他不仅一直鼓励我抓紧时间完成各个章节，而且在具体研究内容和结构上给予了关键指点，并且提供了书稿撰写的一些核心资料。恩师严谨的学术修养、认真的态度、平和的性情是我从老师那里得来的人生之宝贵财富，也仍将继续影响我以后的生活。

其次，要感谢黄仁伟、权衡、王健、刘鸣、刘杰、张春等老师，他们在我博士论文开题时和撰写过程中，提出了许多指导性的修改意见和建议，关心进展。我还要感谢曾经给我授过课的上海社科院世经所的张幼文、徐明棋、金芳、周宇、赵蓓文等老师。要感谢研究生院答浩、王也表明中印之间能以大局观来处理彼此当下敏感的紧迫性议题,中印之间边界军事热线的重新联通和香客路线开放表明两国领导人有足够智慧为环喜马拉雅区域带来和平。目前来看,中印作为发展中大国,无论从金砖层面还是两国双边关系等层面双方都有深化合作的需要。而环喜马拉雅区域极其特殊的地理方位无疑将考验两国如何实现利益最优。由于1962年战争遗产、边界问题、1267委员会提名权、NSG供应国等方面分歧严重,中印战略互信还有很长路要走。考虑到我们经过近40年改革开放,在经济领域对印有一定优势,而如何将经济优势转化成为地缘政治优势,将环喜马拉雅区域打造成未来中印关系互动的重要前沿区域,值得我们重视与研究。并且关于"一带一路"建设进程中,中巴经济走廊和孟中印缅走廊如何进一步协调推动,如何发挥阿富汗在"一带一路"共建中的角色,海上丝绸之路在印度洋地区如何布局推进等,都是关乎这个区域重大影响的紧迫性议题。此处需要说明的是,笔者对该地区研究并未用中国与南亚国家关系这样的术语进行直接论述相关议题,而是从环喜马拉雅区域这个视角进行研判,旨在突出要重视该地区的地理因素作用,并进而探索技术进步背景下如何将地理优势转化为地缘经济和政治优势。

综上基于历史与现实考虑,特别是在当前逆全球化迹象抬头之际,如何推动环喜马拉雅区域经济合作进一步开展,具体路径和合适方案、机制等有哪些?如何评估合作中的各种有利条件和障碍因素?如何通过功能性经济合作来增进域内各国间特别是中印战略互信,以及推动高政治领域合作等研究还相对薄弱。以此为着眼点,本书认为有必要进行研究和分析,以促进我边疆地区发展和稳定的同时,更关键是对关乎全球层面的地区问题给出中国方案和建议。此处值得强调的是,环喜马拉雅区域经济合作的深化开展,从"一带一路"建设的地区环境和人类命运共同体的地区构建视角来看,也具有极大的价值意义。本书主要围绕以下几个问题进行分析研判:

第一,通过低政治领域功能性经济合作来带动解决包括历史遗留问题在内的高政治领域议题是否可行。长期以来,学界围绕地区间经济合作对政治的影响进行了探索,并且伴随欧洲一体化进程对这一问题的解读也日渐分化。笔者此处高政治议题并非聚焦环喜马拉雅区域政治一体化层面，而是侧重在该区域历史遗留问题特别是边界问题解决和增进国家间战略互信层面。特别是探索中印战略互信改善可否通过经济深度合作来带动实现这样一个命题判断。诚然，当下很多跨国问题解决并不能简单以历史上成功案例来加以佐证，甚至有些探索尝试具有一定风险性，但为了国家和地区长远利益，在结合国情、区情与态势发展等多维思考下探索一些新做法是本书一个重要方面。

第二，当前国际机制的低效不利于新形势下地区合作。中国近年来发起"一带一路"倡议、湄公河开发等是在当前全球治理变革大背景下贡献出的中国智慧，而环喜马拉雅区域经济社会发展更需中国贡献智慧。值得关注的是在现有诸多全球治理机制中，美国开始推行"退群"策略。例如美国退出了联合国教科文组织、联合国人权理事会、巴黎协定等，在此背景下，包括日本、英国、德国等在内主要大国态度立场并非一致，其中日本加快了推动 CPTPP 合作。对于当前国际风云变幻中国如何应对？中国如何从自身参与推动一系列地区与国际组织经验中汲取养分，进一步为国际社会特别是环喜马拉雅区域经济合作贡献智慧是本书稿机制路径完善这一章探讨的核心议题。

第三，当前环喜马拉雅区域经济发展现状到底如何？当地边民生活条件改善如何？他们对宗教文化和现代科技的认知如何？脱贫情况如何？域内国家间经贸合作呈现出哪些态势特点？该区域经济合作对中国陆疆安全建设可能产生的深远影响是什么？如若中国对环喜马拉雅区域经济合作不重视、不作为付出的代价可能是什么？中国在该区域一味委曲求全是否真正符合中国的长远利益，等等。所有这些问题都是既严肃又有一定紧迫性，必须审慎对待。

第四，关于环喜马拉雅区域经济合作路径思考和模式创新。坏喜马拉雅区域经济合作路径是什么？如何进行空间布局？中巴经济走廊和孟中印缅经济走廊建设主要障碍因素有哪些？中尼印通道建设是否可行和如何推动？海上丝绸之路建设在印度洋水域支点港口打造如何从战略意义上进行理解和看待？"CH + Project + X"合作模式是否有助于域内国家间经济合作开展等都需要系统研判。历史上看，中国内陆广大腹地经由西藏与南亚诸国进行经贸文化往来，并且在和缅甸、印度交界的崇山峻岭之间，很早就有一条通道，称为"古南方丝绸之路"①。在目前区域经济一体化和经济全球化面临新挑战背景下，我们如何发挥好西藏地理优势，推动环喜马拉雅区域经济发展也是一项事关国家安全的紧迫性任务。

第五，当前加快推动环喜马拉雅区域经济合作，也是着力实现西藏等西部民族地区经济跨越式发展和全面建成小康社会的现实需要，将有助于促进中国边疆安全与反分裂斗争中取得完全胜利。当前环喜马拉雅区域经济合作的推进，西藏经济的快速发展与整体质量的提升有助于中国对南亚国家形成向心力优势。而从全球经济发展的长时段周期来看，环喜马拉雅经济合作建设也将提升环喜马拉雅区域整体地位与影响。值得重视的是，近些年来印度在经济方面保持高速发展，莫迪政府也在加大对印度周边邻国的睦邻外交，如果印度经济持续高速增长而我西部民族地区经济增长不显著，有可能会反向刺激我西部民族群众特别是西藏人民未来预期，造成一些不必要的问题产生。并且根据多方面材料显示，目前美国、印度与达赖三方实际上存在着某种相互借力需要，对印度、美国等"达赖牌"依然不能大意。简言之，环喜马拉雅区域经济合作进展如何某种程度上影响着民族团结与边疆稳定大局。

第六，环喜马拉雅区域经济合作为中国西部地区经济发展带来契机，经济发展进程中的"西南现象"及其国际引擎意义应引起重视。自2008年世界金融危机以来，国际上主要发展中国家里面，比如金砖国家中，唯有中国与印度是经济发展相对较快并取得成效的国家。而中国经济发展带来的国际效应是显而易见的，一个有担当、负责任并且经济发展强劲的中国有利于世界和平与稳定。而具体从中国国内区域经济发展来看，以2017年经济发展指标为例，目前经济增长率排在前面的省份如云南、重庆等主要位于西南地区，而西藏GDP增长10%在全国各省份中排名第二，仅次于贵州10.2%。由此，环喜马拉雅区域经济合作能否有效展开，西藏经济发展能否持续与保持一个较高增长，其重要性不仅关乎中国自身，也关乎世界经济发展活力。同时也要看到，中国西部地区特别是藏滇经济发展还存在不少难题，脱贫攻坚任务依然艰巨，特别是群众在具

---

① 周智生：《滇印交往交流与边疆民族参与：基于历史发展的现实反思》，转引自何祖坤《携手打造周边国家命运共同体》，云南出版集团2017年版，第249—255页。

体就业、医疗和住房条件改善、养老社保配套措施等方面还面临很多急需解决的难题。①

从地缘政治层面来看,当前国际环境特别是广大发达国家与发展中国家在经贸问题上分歧日渐严重。中国与印度、孟加拉国、巴基斯坦等加强合作,则给国际社会带来对未来发展的一种新思路。一方面是以美国特朗普当局为代表的建墙派保守观念;另一方面则是以中国为代表的互联互通与开放理念。值得注意的是,环喜马拉雅区域经济合作的全面展开,如若印度东北部包括阿萨姆邦、西孟加拉邦等在内的各邦能对中国经济形成产业对接,不仅有助于当地经济社会的更加快速发展,也有助于域内经济的整合。而随着环喜马拉雅区域经济的发展和中国与南亚国家紧密度进一步提升,今后亚洲作为一个整体崛起于世界之林或将成为现实。

二 研究意义

当今世界政治与国际关系领域正在发生深刻变化。美国特朗普总统的当选与"美国优先"政策的推出、英国脱欧的一波三折、法国发生的黄背心运动、土耳其未遂军事政变等事件,无不让这个充满竞争与丛林法则当道的国际域场更趋复杂。而当前随着中国经济总量和综合国力大幅提升,中国在国际场合一举一动不无直接或间接影响着当今国际关系演变和国际格局调整。习近平总书记指出:"认清世界发展大势,把握时代潮流,是一个极为重要并且常做常新的课题。要树立世界眼光,把握时代脉搏,要把当今世界的风云变幻、看清、看透,从林林总总表象中发现本质,尤其要认清长远趋势。"② 为有效把握世界发展大势,无论国际还是国内学术界,在国际关系领域新观点层出不穷,研究方法推陈出新。其中,地缘政治研究方法在经历曲折后又重新活跃起来,研究成果汗牛充栋。而随着时代变迁,作为中国学者,如何运用历史辩证唯物主

---

① 董振华:《如何理解发展的不平衡不充分》,2017年12月,人民网(http://theory.people.com.cn/n1/2017/1227/c40531－29731173.html)。

② 张樵苏:《习近平出席中央外事工作会议并发表重要讲话》,2014年11月,新华网(http://news.xinhuanet.com/politics/2014－11/29/c_1113457723.htm)。

义方法，提出新理念和新思路，梳理出中国尝试解决贫穷落后地区经济发展的经验和方法，为世界和平与发展做出贡献。

理论层面价值。乌克兰危机、叙利亚冲突、克什米尔恐怖活动等既是大国零和博弈的结果，也是国际秩序失范的突出表现。传统西方盟国体系应对各类跨国挑战的失效，促使国际社会思考未来建立新安全秩序的必要性。气候变化、粮食安全、网络安全、传染性疾病等问题都具有超国界性质，任何国家都不可能置身事外，也无法单独应对，这就要求国际社会超越传统安全观念，进行密切合作。[①] 从近代以来主要大国崛起路径来看，如何集相邻国家合力，通过共同边境地区开发建设与增进友谊，实现边疆安全的同时也相互借力发展是执政当局不得不考虑的一个重要战略选项。而 21 世纪里，随着科技进步和国际格局演变，亚洲地区陆地邻国如何建立行之有效的合作模式，如何对边境地区进行经济结构升级与功能重塑，如何建立区域合作机制等议题，不仅是我们国家当前面临的重要任务，也是包括印度、巴基斯坦、孟加拉国等面临的一个现实性课题。鉴于边疆区开发与保护、跨国合作与国防建设等政策平衡与取舍既体现一定的关联性，也有相对独立性，因此环喜马拉雅区域经济合作将会是关乎多学科理论研究与学术探索的重要领域。其理论价值意义主要包括：

第一，从学术层面讲，书稿从分析近年来区域合作进行论述的不同理论思考出发，系统分析梳理地缘政治理论、地缘经济理论、相互依存理论、区域分工理论等经典理论的基本思想与理论观点，探讨这些经典理论在跨国区域经济合作中的应用视角与结合途径，为跨国次区域合作建设研究的理论传承与进一步发展提供理论思考。

第二，书稿探讨地缘功能性合作，以新功能主义和相互依存理论等为基础，在地缘政治因素等充分考量的前提下，结合边疆传统安全博弈与价值理论等，探索环喜马拉雅区域国家间合作的灵活模式。在合作与竞争，猜忌与民心相通等方面探求一种反馈有效的合作机制，并深度思考世界主义对人类中心主义的寓意，思考是否能够构建出一种新全球伦

[①] 苏格：《国际秩序演变与中国特色大国外交》，世界知识出版社 2016 年版，第 18—19 页。

理范式,以培育多元主义和帮助人类远离无望的哀痛、灾难和寂静,并最终走向有活力又充满希望的新世界。①

笔者通过对帕森斯结构功能主义治理模型②进行解读,并对哈斯和斯特兰尼等新功能主义③进行阐述,以及引入环喜马拉雅区域独特区位和文化资源,以期有效论证地缘功能性合作在环喜马拉雅区域开展的逻辑价值。关于地缘功能性合作的前提条件设置,笔者在研究中设定了三个前提条件并最后进行了外溢效应评估:条件一,参与行为体是理性的;条件二,参与行为体是有利益和目标追求的;条件三,参与行为体之间可以通过合作来实现目标。最后,检验评估其外溢效应。

第三,关于普遍性与特殊性的探讨。通过系统分析环喜马拉雅区域经济合作路径探索、模式创新与机制完善,将精准扶贫、发展援助等中国方案运用于环喜马拉雅区域合作建设进程之中,也从情感角度分析培养近邻对华友好关系的特殊意义。对该区域宗教文化以及历史遗产等进行分析,进而探讨环喜马拉雅区域经济合作建设的特殊性与普遍性等问题。

现实意义与前景。中国与南亚多个国家接壤。长期以来,由于地理环境的特殊性使得西藏在中国与南亚经贸往来中区位优势并没有有效发挥出来,而今天拉日铁路的通车某种程度上解决了运力不足这个问题。更多人流和物流通过这条铁路源源不断过来,进而使环喜马拉雅区域真正展现出了地缘优势。实际上,研究环喜马拉雅区域经济合作并不是单纯的就该区域而言,而是要把它和亚太战略乃至欧亚战略等相关联。现在中国周边实际并不太平,无论是南亚层面还是包括南海问题在内的亚太层面都涉及一系列重大问题。而对区域经济合作的研究如若不把其放在历史演进形成的国际关系环境下进行考量研判并充分思考国际政治与国际经济间的关联关系,显然得出的结论也将不能客观。本书尝试弥补该研究视角的不足,以期能为今后环喜马拉雅区域经济合作向纵深发展贡献一点绵薄建议。

---

① 袁正清、张建岗:《国际关系研究的热点与进展》,《世界经济与政治》2018 年第 1 期。
② 何健:《帕森斯社会理论的时间维度》,《社会学研究》2015 年第 2 期。
③ 房乐宪:《新功能主义理论与欧洲一体化》,《欧洲》2001 年第 1 期。

第一,环喜马拉雅区域在中华民族复兴中的战略地位不容低估。在环喜马拉雅区域经济合作有关问题上,要从国家总体对外战略布局的高度予以考虑。尼泊尔处在中印这两个大国之间,蒙古处在中俄这两个大国之间。中国南部和北部安全能否得到保障与解决和处理好这两个支点国家关系相关联。目前看来,这两个支点国家与中国关系发展仍面临挑战。尼泊尔对中国采取友好政策,但它有时迫于印度压力处在摇摆状态,而蒙古国的情况也不容乐观。而这两个国家都是目前西方势力重点介入的对象。值得欣慰的是,由于中俄之间关系发展使得蒙古国与中国关系发展基本处在良性之中,虽然这期间也发生达赖造访该国的事件。但环喜马拉雅区域的这些国家就复杂得多。无论缅甸的内部动荡和罗兴亚人问题、还是印巴克什米尔的纷争以及阿富汗基地组织的隐蔽活动等都对中国边疆安全造成直接影响。而中印之间因领土问题和互信问题等,双方关系一度也难见乐观。所以,在考虑问题时,一定要重视环喜马拉雅区域这些国家与中国关系互动带来的影响是否正面,以及我们如何影响这些国家向着爱华亲华方向发展。实际上,我们只有与这些国家关系实现一种根本性改观,将中国经济影响力有效辐射到这些国家,我们也才能巩固中国在环喜马拉雅区域乃至印度洋地区的存在感和影响力。

第二,西藏在"一带一路"建设中具有极其重要的地位。在2015年国家发布的"一带一路"愿景与行动中,对西藏的定位主要是开展与尼泊尔的边境贸易和旅游文化合作,对印度和不丹都没提,也没有使用南亚这个词。在经贸领域,一边是新疆对应的中巴经济走廊建设,另一边是云南对应的孟中印缅走廊建设,对西藏对应的跨喜马拉雅大通道建设则没明确提及。2018年以来,随着中尼铁路的修建以及印尼铁路规划议案的提出,标志着中尼印通道建设以二分法方式正式开建起来。并且从地理环境视角来看,中国腹地与印度经贸互动,离不开中、尼、印这样的通道建设,因为该线路可以把西藏地缘优势给发挥出来。并且从历史角度来看,实际上一带一路建设更是离不开西藏的参与和支持。而中央第六次西藏工作座谈会围绕西藏角色,也已经明确定位其在建设南亚大通道中的桥头堡身份。

第三,环喜马拉雅区域的地理、历史和人文等领域有特殊战略价值。目前从国际学术机构最新动态来看,剑桥大学、牛津大学、伦敦大学这三所世界知名的大学，都很重视环喜马拉雅区域的地理、历史和人文研究。现在看来，这一问题已经摆到桌面上来了。目前中国在西藏边境地区采取严格措施，不允许外国人到这些地方调研考察也是基于国家边疆安全建设的考量。实际上，印度在涉及其边界敏感区域也采取类似的措施，但并未被美国等西方国家所大肆渲染。这里要一方面认识到西方双重标准问题，另一方面也要更清晰认识到西藏地区生态安全、历史文化与人文教育等所含载的价值意义。我们现在对环喜马拉雅经济合作比较重视不仅是对历史的一种负责，也是对当前尊重市场经济规律的一种选择。实际上筹建喜马拉雅航空公司，也有经济因素的考虑。我们对环喜马拉雅区域地理、历史、人文这些领域重视还不够，目前还没有深入地研究，因此我们要确实重视起来。笔者此次重点从环喜马拉雅区域经济合作视角展开研究，也试图尝试从战略文化视角理解西方对这一区域感兴趣背后的战略意图。

第四，环喜马拉雅区域对中华民族生存发展的重要性。从现实看，对环喜马拉雅区域经济合作的研究也好，政治安全合作也罢，实际上都离不开青藏高原这一地理因素。喜马拉雅山南麓和青藏高原上的居民在文化传承与饮食生活等方面都有着很大相近性，并且无论南亚还是东南亚地区诸条大河发源地多始于喜马拉雅山脉外侧。实际上，中国的大江大河大部分都发源于喜马拉雅山脉内侧的青藏高原。比如长江、黄河就属于这种情况。内蒙古的大城市，包括呼和浩特、包头、集宁（现乌兰察布市），供水都是来源于黄河。就更不必说甘肃、宁夏、山西、河南、山东这些地方。而中国南方的河流包括长江、岷江、澜沧江、怒江，也都源自青藏高原。这些河流大部分是国内河流，有些是跨国际的河流。其实，如若今天的环喜马拉雅区域生态环境得不到保护，当地居民不能安居乐业，域内各方经济社会不能协调发展，中华民族未来发展空间将会受到极大影响，甚至可能谈不上更好的生存。此外，一个稳固安全的环喜马拉雅生态环境无论是对中国还是对域内其他国家发展都非常重要，而我们如果通过系列工作保护好生态环境并让这一区域内居民过上好生活，无疑有助于中华民族更好的立足于世界民族之林。

第五，中国影响力如何在环喜马拉雅区域经济合作进程中发挥作用。环喜马拉雅区域多种利益碎片化的状态是由物质性因素与社会性因素共同作用的结果。其中，物质性因素主要包含权力、安全和经济等方面，社会性因素主要包括宗教、民族、历史文化等方面。[①] 这种利益碎片化导致了环喜马拉雅区域多边合作受阻，双边合作有限，与之相对，域内国家与域外国家合作却得到快速发展。在此情况下，中国应在加强与印度经贸互利、互惠基础上，发展与其他国家双边关系。中国可着力推进中巴经济走廊和孟中印缅经济走廊建设以及探索中尼印通道建设，配合规划好海上丝绸之路印度洋段支点港口建设。同时，积极发挥与环喜马拉雅区域内国家在产业升级以及经济均衡发展方面协调引导作用，提供一些区域内国家和部落地区紧需的公共品。

第六，中印通过环喜马拉雅区域经济合作增进战略互信的重要性。中印两国作为世界人口大国，目前正处于发展关键期。两国间互为"搬不走的邻居"，可以讲彼此关系有着极其特殊的情谊。长期以来，中印之间因历史与现实等各种原因，使得战略层面存在互信不足，严重制约了双边关系发展。目前莫迪政府执政期间发生"洞朗事件"即是这种关系的一种表现。[②] 目前来看，中印在经济社会发展进程中，围绕海洋利益以及发展周边邻国关系等方面摩擦增多，在中巴经济走廊建设、印度加入核供应国集团（NSG）等问题上分歧严重。但同时也应看到，中印两国同为发展中国家和新兴市场国家，一个稳定的周边环境对两国实现民族复兴都具重要性。并且中印双方在全球层面也有着广泛共同利益，如在印太军控事务、南南合作、气候问题等方面有着高度的利益共需。习莫武汉会晤后，中印关系得到快速改善，这也在说明中印两国政府有能力把双边关系处理好。

三 主要概念的说明

（一）环喜马拉雅区域

目前国内外学术界并没有对环喜马拉雅区域有一个明确的概念界

---

① 吴磊、曹峰毓：《多重利益碎片化与南亚区域合作——兼谈中国的角色与作用》，《国际论坛》2017年第2期。

② 金莉苹：《"一带一路"与中印关系——印度视角》，《印度洋经济体研究》2017年第3期。

定。笔者此处从狭义和广义两个角度来进行界定：狭义的环喜马拉雅区域是指从地理角度讲喜马拉雅山脉直接延伸影响到的区域，即西起克什米尔的南迦—帕尔巴特峰，东至雅鲁藏布江大拐弯处的南迦巴瓦峰，这一全长2400多公里狭长带毗邻的国家。这一区域的国家主要有中国、印度、巴基斯坦、孟加拉国、不丹、尼泊尔。鉴于巴基斯坦与阿富汗的特殊关系特别是两国境内民族普什图族身份立场问题以及缅甸与孟加拉国围绕若开邦罗兴亚人的问题，所以阿富汗与缅甸这两个国家也列入环喜马拉雅区域；斯里兰卡、马尔代夫为印度洋国家，但考虑到喜马拉雅陆权与印度洋海权的对冲属性，故广义的环喜马拉雅区域在狭义基础上增加了阿富汗、缅甸、斯里兰卡与马尔代夫四个国家。本书论述所用概念指广义环喜马拉雅区域，为行文方便又简称域内。值得强调的是，文中有时为行文需要，直接用南亚这个术语来针对一些情况做说明。

（二）新时代

2012年11月，中国共产党第十八次全国代表大会召开，自此开启了以习近平同志为核心的党中央领导中国进行特色社会主义建设的时代。换句话讲，自2012年以来随着经济发展和相关技术进步，中国逐步具备了对环喜马拉雅区域国家间经济合作进行深度协调并有序推进的能力。

（三）逆全球化

即与全球化相反，也就是说从全球范围包括政治、经济、文化等各个领域去整合化。[①] 有学者也称为全球化的新发展进程，或反全球化等。2008年美国次贷危机的发生进而引发全球金融市场动荡，让人们看到全球化隐藏着巨大风险，应对不好或相关制度建设跟不上将会受到负面冲击。目前来看，民粹主义同时在美、欧、日、印等蔓延并不是空穴来风。2018年以来，美国贸易保护主义抬头，美国商务部长罗斯在达沃斯世界经济论坛公开抛出"贸易战每一天都在打"的论调，引发市场各方紧张。这也预示着全球化到了一个追求贸易更加注重质量与均衡发展要求的新阶段。

---

① 葛成、杨晓萍：《"逆全球化"时代的中印经济合作展望》，《南亚研究季刊》2016年第4期。

（四）相互依存

有学者认为相互依存主要体现在敏感性和脆弱性方面，简单讲也即"彼此之间的依赖"（基欧汉和奈）[①]。也有学者认为相互依存为"社会的相互渗透"（霍夫曼）。笔者给出的界定为，相互依存是指在当前经济全球化发展到新阶段后，地区与地区之间以及国家与国家之间因经贸关系和共同应对地区与全球问题挑战而使相互间产生了谁也离不开谁这种关系状态。实际上，相互依存论是基于新的世界大战打不起来的判断以及国家之间可以通过合作来获取收益和解决问题，战争或者说军事威慑不再是解决问题唯一选项。

（五）地缘功能主义

目前关于地缘功能主义这一概念并没有一个统一的定义。笔者在此处是将地缘政治与建构学派里的新功能主义相结合，诚然也有英国学派的一些概念逻辑在里面。具体定义如下：地缘功能主义指地域相邻（近）的国家行为体之间为改善与增进政治关系而从开展的一系列包括经济、人文交流等低政治领域的功能性合作开始，逐步将该合作有序拓展到政治部门和国家安全层面，并对越轨行为进行控制（道德层面）的系统理论。也即理性行为体之间围绕各自设定的政治、安全等目标而基于地缘政治因素充分考量的基础上通过经济合作方式来达到实现这样一种共识状态。笔者在帕森斯的结构功能主义基础上加上地缘文化因素（Geo-Culture）和地缘政治因素（Geo-Politics），模型变为 AGILCP。帕森斯结构功能分析的重点，是促进社会系统稳定与秩序的机制，重视社会体系的协调性与和谐性。

（六）外溢

包括"功能性外溢""技术性外溢"和"政治性外溢"等。外溢主要指在一个地区经济社会结构中，一个领域的问题将影响到另一个领域的问题，或要求另一个领域提出解决办法。在"外溢理论"的逻辑中，随着经济持续发展，不同功能部门将会逐步实现一体化，外溢将最终逐渐蔓延到政治领域。

[①] ［美］彼得·卡赞斯坦：《多元与多维文明构成的世界》，刘伟华译，《世界经济与政治》2010年第11期。

第二节 国内外研究综述

研究环喜马拉雅区域经济合作，不能绕开国际政治经济学中的基本概念，即地缘政治与地缘经济。而无论是地缘经济还是地缘政治，都是建立在地缘关系基础之上的概念。本书为论述环喜马拉雅区域经济合作现状、态势特点和思考今后优化合作路径，考察环喜马拉雅区域历史文化等影响因子对相关机制构建可能的影响，探讨域内中国、印度、巴基斯坦等围绕经济合作路径选择和合作模式创新与机制完善等方面的偏好和顾虑，并最终探讨经济合作带来的外溢收益。此处笔者首先就环喜马拉雅区域地缘关系①作一界定。所谓环喜马拉雅区域地缘，指环绕喜马拉雅这一地区因自然因素和历史文化传承以及外来力量参与影响下形成的政治、经济、军事、资源、环境等方面的合作与对抗关系。从现实层面的国家互动来讲，如何利用地缘优势来谋取政治、经济等利益显然也是国家战略的重要组成部分。②

中国自改革开放以来经过40多年的发展，在环喜马拉雅区域包括经贸合作、人文交流等领域影响力不断增强。当前伴随中国"一带一路"建设推进和中国与周边亲诚惠容外交理念的落地，环喜马拉雅区域国家间互动进入了新时期，彼此间相互交往显得既重要又敏感。与此同时，国内外学者对环喜马拉雅区域经济合作问题的研究，也从合作必要性和一般货物贸易关系等探讨逐步转向国家间协调机制、具体合作模式乃至合作领域未来规划等方面，同时根据不同历史阶段出现的情况特点挖掘环喜马拉雅区域经济合作的特殊影响因素，并给出相应判断。从学科发展角度来看，近来围绕地缘关系学引发的学术论争呈现上升趋向。如自20世纪90年代以来关于次区域合作探讨，学界关于"区域合作"与"次区域合作"比较研究等也一直是近年学术热点话题。③ 而从中国与东

---

① 沈伟烈：《关于地缘政治学研究内容的思考》，《现代国际关系》2001年第7期。
② 王士君、陈才：《论中国东北地缘关系及因应对策》，《人文地理》2003年第6期。
③ 柳思思：《"一带一路"：跨境次区域合作理论研究的新进路》，《南亚研究》2014年第2期。

南亚国家间、东南欧国家间次区域经济合作的实践来看，次区域经济合作大多从一开始就是从战略角度出发、带有地缘政治目的。显然，环喜马拉雅区域经济合作也绕不开政治和安全因素考量。而大湄公河次区域经济合作的成功，也为环喜马拉雅区域经济合作的开展提供了参考经验。[1] 从实际合作路径推演来看，环喜马拉雅区域经济合作与西方区域一体化方向存在明显差别，属于次区域经济合作范畴，实行的则是以结果为导向的项目合作方式，它并不追求区域内单独贸易优惠和建立自由贸易区，也不是搞关税同盟，更不是为了未来政治一体化。简言之，环喜马拉雅区域经济合作，主要聚焦和弄清环喜马拉雅区域区情、合作开发有利条件与面临主要困难，论证与印度、巴基斯坦、尼泊尔等国产业园区合作和通道建设具体对策措施，为提升中国西南边境地区对外经贸联系与人员流动层级，建立新的经济增长极，推动中国与印度等域内国家协调发展提供理论依据、方法论指导与决策参考。围绕这一目标，本部分书稿具体任务为：对前人已有的相关地缘政治学、地缘经济学、次区域合作与相互依存理论、新功能主义等相关学术思潮进行综述与评价。

一 环喜马拉雅区域经济合作面临问题及影响因素研究

中国与印度学者认为两国同为人口大国和最大发展中国家，无论在全球还是地区层面都存在相互依存需要，且中印两国政治关系与经贸合作关系不匹配，中印经济关系质量、合作深度等都远远落后于两国经济体量，印度对中国"一带一路"建设存在疑虑与战略担忧等。林民旺、周帅、穆希伯·拉赫曼等学者指出，印度对"一带一路"看法主要分两大派：一派认为这是个机遇，另一派则认为中国影响力全面进入印度洋对印弊大于利。印度官方则一直沉默。华民认为中印两国经济发展证明了市场化对一国经济发展的意义，而作为人口大国，经济发展以及向贫困宣战还具有国际上的示范效用。并且从中印两国经济发展路径来看，虽然有很大差异，但不搞平均主义，坚持通过对外开放路径来促进发展

---

[1] 吴世韶：《地缘政治经济学：次区域经济合作理论辨析》，《广西师范大学学报》（哲学社会科学版）2016年第3期。

值得肯定。① 孙西辉、金灿荣指出追求真正的大国地位是印度外交主要目标，其中"同心圆外交"是其主要特点。② 张力认为中印两国应从增强战略互信的高度来审视中印关系，包括管控好边界分歧和逐步实现战略对话机制化等。③ 约翰·卡拉布利亚教授认为中国过去这些年，正在通过加强与巴基斯坦合作并强化地缘优势来应对可能的来自中亚、南亚地区的威胁，确保能源安全。中巴经济走廊建设不仅强化了中巴战略关系，也对印度构成了战略压力。④ 李青博士主张应充分利用西藏区位优势、资源优势、政策优势，将西藏打造成中国对南亚开放的桥头堡，实现环喜马拉雅区域经济协调发展。⑤ 克里斯托弗·J.鲁斯科和卡斯卡·萨希库玛 Karthika Sasikumar 则通过量化模型分析了中印如何合作以增进共同利益，如何相互妥协来为环喜马拉雅区域带来和平和繁荣。⑥ 胡仕胜研究员认为对于中、尼、印三国而言，推进经济走廊建设时机已成熟。一方面，尼泊尔政治转型几近完成，为经济走廊建设提供了政治保障；另一方面，中印两国在武汉习莫会后关系迎来新改观，为经济合作提供了良好基础。中尼印经济走廊建设将有效发挥尼泊尔地处两大市场之间的地缘优势，盘活文化资源、世界第二丰富的水力资源以及青藏高原的独特人文旅游资源等。⑦ 狄娜·哈里斯（Tina Harris）和哈斯·万·德·韦恩（Hasse van der Veen）论述了云南昆明机场及其航空产业地位的特殊战略意义，由昆明直飞南亚诸多国家航空线路的陆续开通将极大提高中国与南亚国

---

① 华民：《中印经济发展模式的比较：相似的原理与不同的方法》，《复旦学报》（社会科学版）2006 年第 6 期。

② 孙西辉、金灿荣：《地区大国的"大国平衡外交"：以印度为例》，《南亚研究》2017 年第 2 期。

③ 张力：《印度战略崛起与中印关系：问题、趋势与应对》，《南亚研究季刊》2010 年第 1 期。

④ John Calabrese, "Balancing on 'the Fulcrum of Asia': China's Pakistan Strategy", *Indian Journal of Asian Affairs*, Vol. 27/28, No. 1/2, 2014 – 2015.

⑤ 李青：《基于环喜马拉雅区域合作的西藏内外统筹发展》，《开发研究》2017 年第 3 期。

⑥ Christopher J. Rusko and Karthika Sasikumar, "India and China: From Trade to Peace?", *Asian Perspective*, Vol. 4, 2007.

⑦ 胡仕胜：《联通喜马拉雅对接"一带一路"——对建设中尼印经济走廊的思考》，《印度洋经济体研究》2017 年第 2 期。

家交往便利度，有助于双方彼此间经贸往来。① 塔莱特·塞比尔（Talat Shabbir）认为自1949年以来，中国一直在加强其与环喜马拉雅区域内国家间关系，最近10年来更是见证了域内国家间经贸联系加强和中国影响力的提升。"一带一路"建设的展开也向世界说明了中国对外开放的主动性。近70年来，环喜马拉雅区域内事务多由印度主导，中巴关系长期处于紧密又低调状态，而其他国家如尼泊尔、斯里兰卡、马尔代夫、孟加拉国等也因各种原因而深受印度盘剥。目前这些国家随着与中国经贸往来频度提升，对印度单边依赖关系处在变动之中。② 四川大学南亚研究所李涛教授《"一带一路"背景下跨喜马拉雅合作研究》获2017年度国家社科基金重大项目立项。李涛教授长期从事中国与尼泊尔、印度等南亚国家间关系研究，她主张中国应该通过更多地区公共品提供来帮助这些国家发展。此外，2017年6月17日，第二次青藏高原综合科学考察研究启动，习总书记高度重视，专门致信祝贺；刘延东副总理亲自出席启动仪式并向科考队员授旗。这都足见党和国家领导人对青藏高原重要地位的高度重视和认可。2019年度的国家社科基金项目立项选题中关于中尼印经济走廊倡议研究，中缅经济走廊研究、中印经济合作研究、阿富汗及其地位研究等参考选题的设置也是一种中国重视环喜马拉雅区域经济合作态度的体现，而关于具体合作路径，合作方案等则需要学者们建言献策。

二 环喜马拉雅区域经济合作实施模式及机制相关研究

关于环喜马拉雅区域国家市场开放方式选择。中国学者杨明洪认为西藏自治区如今已提出共建"环喜马拉雅经济合作带"，这是作为地方省份主动对接"一带一路"和进一步扩大对外开放的探索性举措。西藏自治区社会科学院陈朴教授认为"一带一路"背景下西藏将成为推动环喜马拉雅区域经济合作的桥头堡，他根据SWOT组合矩阵，给出了

---

① Tina Harris and Hasse van der Veen, "Whose Security? Régionalisation and Human Security at Borderland Airports in Asia", *Etnofoor*, Vol. 2, 2015.

② Talat Shabbir, "Rising China and its South Asian Neighbors: Evolving Dynamics and the Outlook", *Policy Perspectives*, Vol. 2, 2017.

推动中尼印合作走廊、兴边富民策略、"卅"型开放格局建设等具体建议。①杨有柏、马凤莲认为加快青藏铁路经济带建设，是推进青海藏区现代化进程的重要途径，对中国西部民族地区经济发展带动效应明显，也有助于对南亚战略腹地扩大纵深。②王卓宇、雷芸针对环喜马拉雅区域水资源丰富，各国都积极开发水电资源，对环境和人文可能造成负面影响这一现实问题从国际法角度进行探讨，提出了建立地区性跨国水域协同管理机制，并以多边条约等方式确立地区水资源利用原则。③罗明义认为环喜马拉雅区域既是世界重要旅游目的地，也是当今世界潜力巨大的旅游客源市场。他提出多渠道促进环喜马拉雅区域生态文明建设和文化品牌建设，构建环喜马拉雅区域旅游圈的主张。④闫红瑛认为西藏曾是历史上南方丝绸之路、唐蕃古道和茶马古道主要参与者之一。目前西藏在中国实施"一带一路"建设背景下，西藏具有与南亚国家开展旅游合作的政策优势和区位优势，并就西藏与南亚国家开展旅游合作存在的问题、总体思路与原则等进行了探索。⑤李馨认为环喜马拉雅区域虽在中国的对外合作中占有重要地位，但因缺乏系统合作制度而成为一块短板。"一带一路"建设对环喜马拉雅区域合作制度提出了新要求，建议从推动达成中国与南亚国家《货物贸易合作备忘录》，依托"孟中印缅经济走廊"整合现有制度，并加快就打通印度洋运输通道进行制度安排，使该制度能够与"一带一路"建设相关要求相契合，促进区域货物贸易可持续发展。⑥

---

① 陈朴：《"一带一路"背景下西藏推动环喜马拉雅经济带建设的 SWOT 分析》，《西藏发展论坛》2015 年第 6 期。
② 杨有柏、马凤莲：《加快青藏铁路经济带建设 促进青海藏区现代化》，*Ascent* 2008 年第 6 期。
③ 王卓宇、雷芸：《喜马拉雅地区跨国水域水资源开发国际法问题研究》，《中国人口·资源与环境》2015 年第 9 期。
④ 罗明义：《构建中国—南亚旅游圈 促进中国与南亚的旅游合作与发展》，《经济问题探索》2008 年第 1 期。
⑤ 闫红瑛：《"一带一路"战略背景下中国西藏与南亚相邻国家旅游合作与发展问题探析》，《西藏民族大学学报》（哲学社会科学版）2017 年第 3 期。
⑥ 李馨：《云南参与中国—南亚货物贸易制度构建研究——以"一带一路"战略为视角》，《昆明理工大学学报》（社会科学版）2015 年第 6 期。

三 环喜马拉雅区域资源、科技、金融等合作领域研究

国内外学者从不同视角研究了环喜马拉雅区域经济在具体领域合作问题，并提出了相应对策建议。其一，在资源合作方面：关于水资源研究，如邓伟《基于"一带一路"的南亚水安全与对策》一文，认为水资源是环喜马拉雅区域利益牵扯最紧密的标的物之一，上下游不同国家间围绕水资源博弈导致了彼此间矛盾激化和冲突常态化（特别是克什米尔地区）。气候变化和人类活动给环境造成的污染，给地区可持续发展带来诸多挑战。关于能源合作方面，邢万里、陈毓川等在分析印度社会经济发展和能源消费基础上，利用人均能源消费"S"形模型对2030年印度能源需求进行了预测并探讨了其对中国能源进口的影响，认为2030年以前中国进口天然气、石油等资源不会受到印度强劲能源需求的大幅影响。而由于中印两国石油进口量较大且存在叠加需求，将影响全球石油的供需格局。① 岳鹏认为印度为解决国内日益严峻的能源困境，积极推动海外能源战略通道建设，将根据其地缘特点分别在北线、西线和东线三个方向铺设油气管道，并注重海运通道建设。② 其二，科技与农业合作方面：黄丹丹以半干旱热带农业研究为例，深入分析了印度吸引 ICRISAT 落户的做法及其对东道国经济发展做出的贡献，提出了提升国际组织落户战略意识、完善相关政策制度、创造适合国际组织发展的环境等吸引国际组织落户的建议。③ 邹昭晞、刘英骥通过对中国和印度两国利用外资与科技创新能力比较研究，认为在研发投入、发明专利数量、研发人员数、国民受教育程度等方面，虽然中国都明显优于印度，但应注意提高利用外资质量，增强科技创新活力。④ 陈燕娟、邓岩认为中国向巴输出中国农业高新技术与产品，可帮巴改善农业生产条件，提高其应对旱涝灾害能

---

① 邢万里、陈毓川：《印度未来能源需求对中国获取境外能源的影响初探》，《地球学报》2017年第1期。

② 岳鹏：《印度能源战略通道建设及其地缘影响》，《南亚研究季刊》2017年第1期。

③ 黄丹丹：《印度吸纳国际农业科研机构落户的经验与启示——以国际半干旱热带农业研究所为例》，《农业科技管理》2017年第6期。

④ 邹昭晞、刘英骥：《利用外资与科技创新能力比较：中国与印度》，《改革》2008年第6期。

力，也有助于中巴关系进一步提升。① 其三，投资与金融合作方面：相关研究成果如黄河、许雪莹认为，在建设中巴经济走廊进程中，为有效管控风险，中国政府应通过提供安全类公共品，打造区域及区域间安全共同体；完善各类企业风险处置能力，进而防范可能出现的各类潜在风险；动员社会资源，创新海外公民保护机制；对外投资企业则应建立境外投资保险制度。② 钱晓萍建议未来中巴投资准入规则，可从力求准入阶段的最惠国待遇，再向准入阶段的国民待遇发展。③ 赵蕾、王国梁认为孟加拉国是"孟中印缅经济走廊"中的关键一员，投资政策相对宽松，但目前中国对孟加拉国投资后劲不足。基于孟加拉国基本国情，他们从自然资源、经济、投资政策与法律、基础设施、人力资源以及政治六个方面对孟加拉国投资环境进行分析，最后提出投资孟加拉国需要注意了解当地法律法规、社会风俗和宗教信仰、密切关注当地政治形势等建议。④ 李晓提出中印两国目前存在相互直接投资与两者之间GDP规模不匹配，与两国在亚洲乃至全球的地位不相符等观点⑤。石卫星、刘满成认为中国和印度相比，尽管中国是制造业大国，但是制造业人均外商直接投资并没有高于印度。印度制造业总的外商直接投资虽没有中国高，但是计算机软硬件业外商直接投资高于中国，这从侧面说明印度人力资本高于中国。⑥

四 环喜马拉雅区域经济合作相关理论研究

（一）近年来地缘政治学研究主要趋势

地缘政治学作为一门经邦济世之学，在"二战"以来国际关系理论发展中存在巨大争议，由于传统地缘政治学曾为纳粹"生存空间"

---

① 陈燕娟、邓岩：《中国与巴基斯坦农业科技合作研究》，《世界农业》2010年第3期。
② 黄河、许雪莹：《中国企业在巴基斯坦投资的政治风险及管控——以中巴经济走廊为例》，《国际展望》2017年第2期。
③ 钱晓萍：《巴基斯坦外国投资市场准入法律制度研究——以"一带两廊"建设为起点》，《上海对外经贸大学学报》2016年第2期。
④ 赵蕾、王国梁：《孟加拉国投资环境分析》，《对外经贸》2017年第2期。
⑤ 李晓：《"一带一路"战略实施中的"印度困局"——中国企业投资印度的困境与对策》，《国际经济评论》2015年第5期。
⑥ 石卫星、刘满成：《基于中印的人力资本与外商直接投资关系对比研究——卢卡斯悖论存在原因探析》，《宏观经济研究》2017年第4期。

等扩张理论服务，伴随战后反殖民运动和独立化浪潮进程，到20世纪70年代包括国际关系学在内的社科理论界，地缘政治学是被排斥的。但从今天的学理角度和现实需要来看，国际行为体应重视地理空间因素。具体讲，地缘政治学以地理视角探讨国际关系，极大影响了世界政治发展历程。而科学认识和总结地缘政治学最新发展是推进国际关系理论发展的前提。从文献材料来看，近年来在政治地理及地理学相关期刊发表的论文数量不断增加；这些论文不仅对地缘政治进行新诠释，也从批判性角度、情感角度对地缘政治进行研判。通过对这些文献梳理发现，地缘政治学研究出现如下趋势，地缘政治研究已经由过去侧重强调地理与区位重要性向着人本主义研究转向，并对传统地缘政治研究做出反思。认知人类学家认为，以前西方人所撰写有关世界各族人民的民族志都是西方人类学家按照自己文化见解进行描述。他们对自己所解读的民族文化主人心理、思维方法、价值观、审美观和世界观并非了解，也就是说，他们不能像本族人那样看待自己的文化和周围环境。[①] 近些年来，国内学术界对地缘政治经济学的研究，从对该学科重要性及其现实价值意义角度进行研究，发展到对该学科发展史研究，包括对学科体系层次研究以及地缘政治经济学国内因素研究，并分析了两代学者之所以研究重心不同与美国在国际上强大与否有关。与此同时，一些学者认为"美国相对衰落"是地缘政治经济学这门学科发展一个强有力的背景。[②]

（二）地缘政治学研究对于中国地缘政治学科复兴启示

（1）对空间重要性重新认识。围绕地缘政治研究，地理学界学者们从人类是环境"主宰者"到人类是环境"参与者"观念转变，凸显出空间维度对大国战略价值影响，并认为空间仍然是国家经济发展、文化交流等的主要载体。而从区域、边境等范畴下地缘战略空间价值如何认知也应引起学者重视。北京航空航天大学战略问题研究中心张文木教授围

[①] 宋蜀华、白振声：《民族学理论与方法》，中央民族大学出版社2013年版，第72—73页。

[②] 查道炯：《国际政治经济学与中外关系研究：背景意识问题》，《国际政治研究》2006年第2期。

绕地缘空间就曾犀利指出，印度洋海域地缘竞争关系复杂，特别是美国与印度之间围绕海上合作并非如当前表面上这样顺利。①（2）人本主义理念。近来国外地缘政治学研究趋势之一是对国际非政府组织、弱势群体、边疆居民身份角色等进行研究，中国在这方面研究也应加强，无论从宏观战略层面还是从实地乡村调研等人文层面。V. 罗森和 M. 斯帕克研究指出地缘政治经济学应更侧重消费者与投资者经济利益，而不应过度强调安全，为了政治结盟而结盟是不合适的，并进一步强调建立伙伴关系的重要性。

关于环喜马拉雅区域地缘政治方面研究，熊琛然、武友德等认为印度作为环喜马拉雅区域重要力量之一，其在与域内国家互动过程中使得该区域地缘政治显现出印度领衔下的吸引力与排斥力互动统一，现实利益需求与不确定性并存，地缘政治主体间合作与心存互疑矛盾心理等悖论特点。② 张伟杰认为能源因素对于中印关系而言不完全是挑战，能源合作可能为两国合作提供新的契机。③ 胡勇、高见认为印军在洞朗事件中非法仓促越界意外暴露了印度与不丹之间的"特殊"关系。作为不丹最大发展伙伴，印度对不丹政策具有鲜明两重性。一方面，印度长期向不丹提供大量发展援助，助推不丹经济社会发展和现代化建设，具有让利性和互利性；另一方面，印度对不丹发展合作从很大程度上讲是为印度地缘战略利益服务，具有一定霸权性。④

（三）全球化输家理论与"逆全球化"现象

"全球化输家"多是指这样一类生活在社会边缘、没有受过良好教育、对未来不抱希望、心理上自暴自弃的群体。他们不仅找不到好的就业机会，也很难通过自身努力改变困境。为达到心理上一种平衡和摆脱孤立感，他们往往对外来移民进行排斥，民族主义情绪较浓。而欧美等

---

① 张文木：《世界地缘政治中的中国国家安全利益分析》，中国社会科学出版社2016年版，第138页。
② 熊琛然、武友德等：《印度领衔下的南亚地缘政治特点及其对中国的启示》，《世界地理研究》2016年第6期。
③ 张伟杰：《当前中印关系中的能源因素》，《现代国际关系》2010年第12期。
④ 胡勇、高见：《试析印度对不丹的发展合作政策》，《印度洋经济体研究》2017年第5期。

国家极右翼政党之所以能获得大量选票也与这部分团体支持密切相关。欧盟大学研究院比较政治学教授汉斯彼得·克里希通过对经济全球化与地区一体化过程中结构变迁的跟踪研究，阐释了"现代化输家"与欧洲右翼政党这种关系。①

自20世纪80年代以来，经济全球化为发展中国家带来了机遇，包括中国、印度、巴西等在内的经济体都获得了较快发展。但值得警惕的是，自2008年国际金融危机爆发后，国际经济需求不振，贸易保护主义有重新抬头迹象。特别是在美国特朗普总统推出"美国优先"政策后，全球贸易前景极不乐观。这里所提及的"逆全球化"就是指在当前背景下，各大国为自身经济利益而刻意提高关税来保护本国产品竞争力和对资本自由流动进行管控。而之所以出现这种局面，原因在于各国经贸发展不平衡性加剧，一些国家在国际市场上竞争力被削弱甚至被摧毁，有些国家借机进行了产业升级并跨过"中等收入陷阱"。此外，赫希曼曾撰写《经济发展》一书，就后发国家产业升级中关于核心区与边缘区相关理论进行论述，提出了"极化效应"观点等。根据该理论，以美国和墨西哥边界区企业集聚为案例进行论述，认为边缘区要成为中心区，有赖于边界两侧产业关联度的提升，产业关联度强则成为中心区概率就高。②

中国自身发展道路表明，一个落后国家唯有不断改革阻碍经济发展的各类体制机制和破除陈旧落后思想，才能在全球化进程中完成产业升级并最终实现国家强大，走上现代化发展之路。③ 十八大是中国新时代的开局号角，世界期待一个更加繁荣的中国。实际上，"十三五"主要发展战略之一就是实施"新开放战略"。而我们也经常把开放与改革并列，称为改革开放，实际开放是对封闭的改革④。在改革开放进程中，要敢于探

---

① 郑春荣：《欧盟逆全球化思潮涌动的原因与表现》，《国际展望》2017年第1期。
② 李铁立、姜怀宇：《边境区位：一个基于企业集聚的理论框架和实证分析》，《世界地理研究》2005年第2期。
③ 韩庆祥、黄相怀：《中国道路能为世界贡献什么》，中国人民大学出版社2017年版，第119页。
④ 《中国共产党第十八届中央委员会第五次全体会议公报》，2015年10月，新华网（http://www.xinhuanet.com/politics/2015-10/29/c_1116983078.htm）。

索，不断提高决策科学性，通过实践检验改革道路的成与败。[①] 而中国新开放观关于对跨国次区域经济合作的理论探索，也有助于将带有中国色彩的可行方案带给世界，给各国以借鉴思考。

综上所述，国内外学者对环喜马拉雅区域国家间经济合作相关研究已经有了一定积累，主要观点认为，中国与域内其他国家应结合自身现状特别是各自禀赋优势来推动环喜马拉雅区域经济合作。学者们研究包括环喜马拉雅区域经济合作向何处去？有哪些特殊困难？通过经济合作能否有效推动战略互信领域的进展等。构建环喜马拉雅区域经济合作机制，推动域内国家共同发展。关于环喜马拉雅区域经济合作宏观与微观研究的不足方面：首先，研究内容多集中南亚国家层面以及中国与南亚国家双边层面，对放在整个环喜马拉雅区域下进行多国家互动研究的还不多见。其次，研究虽有定性与定量相结合研究，但中国与印度因战略互信不足而带来的合作难度依然不容忽视，定性研究依然不能轻视。也缺乏从地区整合的高度来系统审视环喜马拉雅区域经济合作新趋势与模式创新。国内外研究为本书稿研究方向和研究思路提供了相关借鉴，在此基础上，本书将立足于中国十八大后新一轮改革开放和十九大后西部民族地区乡村振兴战略全面展开背景下环喜马拉雅区域经济发展之中国身份角色定位，通过在对经济合作现状和发展新态势判断基础上探讨环喜马拉雅区域经济合作可行路径、模式与机制。并以南亚水环境治理为案例剖析跨国合作的各影响因素如何排序和重视。书稿最后部分将主要聚焦功能性合作开展带来的外溢效应评估，从经济秩序空间、政治互信、军备竞赛与地区格局、新规范构建等层面进行把握和解析。

第三节　研究目标与研究方法

一　研究内容与目标

（一）研究内容

书稿以环喜马拉雅区域经济合作为研究对象，以推进我西南边境地

[①] 《中国共产党第十九次全国代表大会报告》，2017年10月，新华网（http：//www.xinhuanet.com/2017-10/18/c_1121819563.htm）。

带有序协调发展需要，通过对区位理论以及相互依存理论特别是功能性合作开展相关经验梳理为依据，论证提出环喜马拉雅区域经济合作深层次目标、必要性与可行路径；并在此过程中分析经济合作各影响因子与其背后行为体行为逻辑关系，以水环境治理为案例分析环喜马拉雅区域经济合作障碍原因和国家主要顾虑。在概述与归纳环喜马拉雅区域经济发展现状及其最新态势特点基础上，研究提出环喜马拉雅区域经济合作具体路径、优选模式与可行机制，并对经济层面功能性合作产生的外溢效应进行分析评估。

（二）研究目标

通过研究论证地缘政治学、地缘经济与相互依存、地缘功能性合作以及西藏区位优势等，弄清环喜马拉雅区域经济发展现状以及该区域经贸关系与合作层级，对合作具体路径特别是通道经济进行分析，探求可行的经济合作模式和经济空间布局，为环喜马拉雅区域内国家全面协调发展提供理论依据、方法论指导与决策参考，同时也为中国边疆学发展提供理论与实践上的探索支持。最终期望通过环喜马拉雅区域经济层面功能性合作系列探讨，为域内相关国家间就高政治领域合作进行前瞻性研判，就一些历史遗留问题比如边界划分等敏感议题进行妥善解决提供思路。

二　研究思路与方法

（一）研究思路

（1）通过对相互依存理论、区位理论、地缘功能主义以及部分国际跨国经济合作区成功案例等深度梳理和解析，系统研判当前环喜马拉雅区域经济合作必要性与紧迫性和可行性，为环喜马拉雅区域经济合作提供理论支持。

（2）弄清环喜马拉雅区域基本区情、经济合作开展各类影响因子，分析环喜马拉雅区域跨国次区域经济合作的独特性和特色地方，揭示环喜马拉雅区域经济合作开展的各类影响因素等，为环喜马拉雅区域经济合作决策提供现实基础。

（3）研究提出环喜马拉雅区域经济合作的具体对策措施，探求可行的合作路径、优选模式和相关合作机制的构建和完善。

（4）以水环境治理为案例，重点分析环喜马拉雅区域各国在围绕各自利益与地区利益上的考量因素、行为逻辑特点和主要顾虑，为探求可行的区域水环境治理模式提供思路。

（5）对环喜马拉雅区域历史遗留问题、地缘政治互信不足、安全领域合作亟待加强等急迫性议题，结合功能性合作带来的外溢效应进行进一步评估并给出解决的具体思路。

（二）研究方法

理论研究综述与归纳。本书系统性归纳总结国内外学者有关地缘政治学、地缘经济学、国际贸易与区位投资理论以及边疆治理理论和功能性合作理论等，以环喜马拉雅经济合作建设折射出的经济学乃至政治学、社会学、心理学等理论进行梳理，为后续具体对策路径研究打下良好的理论基础。

国际比较与定性分析相结合的研究方法。分析历史上不同国家和区域性经济建设的经验和方法与要求，得出对我们的启示，研究给出中国就环喜马拉雅区域经济合作总体思考、对策与建议等。

定量分析在局部的运用。通过相关经贸与跨境人员流动等数据收集和分析，研究环喜马拉雅区域经贸合作方面的特点与未来发展趋向，分析产生的原因以及纠正的方法。通过对CPAGIL模型解读与功能性合作开展目标的明确，就具体环喜马拉雅区域经济合作路径、方案等给出排序，并以重点案例研究的方式来论述该经济合作的可行性方案。鉴于经济与政治分属于两个不同领域，以数据推理的方式来论证两者间关系并非合适，因此在文中笔者采用定性分析为主。

（三）实施方案

文献分析法：分析研究美、印、欧等智库以及国际非政府组织等相关研究报告、文献资料和图书，掌握最新动态并梳理分析他们的关注点及其变化。

政策分析法：分析环喜马拉雅区域内国家围绕跨国政府层面政策沟通情况，研判产业政策、税收政策、反垄断政策、边疆治理等不同阶段调整变化规律，研究政策层面我们可能和可以采取的对策措施与实施步骤。

案例分析法：重点研究环喜马拉雅区域生态资源保护合作方案，特别是如何就水环境治理开展跨国跨单位合作,分析水环境治理面临的困难和挑战是什么?怎么化解?研究中国的路径思路,包含如何就区域内层面联合立法与制度机制建设方面达成共识,妥善解决该问题。

多变量分析方法:文中运用时间序列分析方法,定量分析环喜马拉雅区域跨国贸易相关数据、地区安全指标、当地部落居民心理情绪和预期等有关影响经济合作的各类统计,并结合地缘政治经济发展新形势和发展态势特点等对有关数据序列表现出的特征进行定性解读。

(四)可行性分析

因环喜马拉雅区域其特殊地理方位而使得在具体对策建议可操作层面增加了不少困难。一方面该研究不回避反分裂与边疆安全多变量治理等现实问题,另一方面也在探索美、印、日等如何定位与重塑环喜马拉雅区域地缘环境,它们具体战略意图与路径方案有哪些?域内这些国家对外来力量和中国角力究竟持何种态度、立场?所有这些分析或将有助于我们从国家整体战略高度来把握地区走向。而目前中国自身国力提升以及相关工业产能跟进,为中国影响力辐射环喜马拉雅区域创造了条件。此外笔者就读单位不仅有着丰富科研资料,也有着广泛人脉网络,书稿指导小组老师更是有着深度学识和涵养,对本书撰写框架搭建和重难点等提出诸多意见建议。此外,笔者这些年来在该领域也有学术积累,与美国、英国、印度、尼泊尔等相关智库人员可通过直接或间接渠道进行接触,与西藏境内乃至中央统战部门、西藏区委和宣传系统等也因工作缘由而经常互动,这有助于笔者通过现状调研与走访来获取第一手资料。

第四节 本书的创新与局限

一 本书稿特色与创新之处

(一)研究视角的创新

环喜马拉雅区域经济合作研究是中国对外次区域合作和边疆治理领域较为前沿的实践性课题,由于涉及不同国家、不同组织等自身利益诉求与地缘影响力差异,以及其他潜在影响因素等相对复杂,所以在区域经济合作可行性路径和方案模式探讨方面各方因立场与利益考虑等将会存在较大争议。本书试图通过已有国际次区域合作经验分析基础进行借鉴研究，学习历史上次区域合作有关好的做法，从中国国际战略与大国责任视角，研究中国如何更好、更稳妥将环喜马拉雅区域经济合作稳步推进，并在研判功能性合作外溢效应基础上对高政治领域合作前景进行展望。

（二）研究方法的创新

本书稿从地缘政治经济学、民族学、边疆学以及心理学、历史学等多学科理论逻辑出发，结合定性分析和定量分析，通过实地走访调研以及田野考察等方法，就相关学理分析与现状特点进行系统提炼，秉承国家对经济合作进行引导以及如何提供公共品与担负国际责任原则，为建设好环喜马拉雅区域经济合作寻找依据与探索具体可行性路径。如对环喜马拉雅区域水环境治理的分析，本书稿不仅对当前环喜马拉雅区域水环境治理取得的阶段性成果进行肯定，也对围绕水资源合作开发等面临的主要分歧等给出了解析思考。

（三）研究材料的创新

本书在研究过程中采用了大量一手数据资料，其中包括对不丹、尼泊尔、斯里兰卡、缅甸等相关最新经济数据进行归类整理，对印度、巴基斯坦、孟加拉国等国最新周边外交政策以及其国内政治发展脉络等进行了梳理，对中国一带一路建设在印度洋地区遇到的各类挑战因素进行了最新归纳。对环喜马拉雅区域经济合作各类影响因子以及相关合作机制进行了述评。

二　本书稿研究的局限之处

虽然笔者偿试将本书所研究的主要内容在理论创新与现实可行性操作方面有新的突破，在书稿质量方面达到最优化目标，但受科研学术积累和相关数据采集有一定难度等各类因素影响，本书稿仍存在不少不足之处。

（一）本书所给出的合作路径与模式创新等深化建议是否能被域内各方所接受尚存重大不确定性

笔者给出的建议思考是建立在环喜马拉雅区域国家间经贸发展现状、态势评估基础之上，是从地区整体利益与中国利益角度来论述合作的价值，但对印度学者来讲，若其零和思维不进行改变，则中国之所得会被他们理解为印度之所失。目前，印度在国际多个不同场合反对中巴经济走廊建设以及对中国"一带一路"建设不接纳，表明其对中国日渐强大的国际影响力存在很大疑虑。此外，考虑到各国聚焦利益不同和发展阶段不同，势必会在具体合作议题和方案上产生分歧。本书所给出的 CH + Project + X 灵活项目合作模式意在避开因战略互信不足带来的合作障碍，并试图通过合作来改善与增进国家间感情。但冰冻三尺，非一日之寒。中国以促进环喜马拉雅区域经济发展的合作建议不排除被印度认为是挤压印度地缘空间的行为。此外，通过环喜马拉雅区域经济合作进一步深化，各国之间对政治互信层面能否有效提升和对一些历史遗留问题解决是否有所帮助也因影响因素复杂而不好茫然下结论。

（二）对潜在的各类风险因素把握的或不是很够，对相关各方在此事项上的真实意图未必把握的准确

美国特朗普政府上台后，全球层面伴随着美元加息与美联储缩表，世界经济由过去数量扩张式增长转向高质量增长。对中国而言，"一带一路"建设在广大亚欧地区推进的时代背景下，如何将一个稳固的周边环境建设好也是必须审慎对待的急切性议题。环喜马拉雅区域庞大市场和地理属性长期来一直为世界主要大国所觊觎，各种力量暗中博弈使得形势趋向复杂。考虑到青藏高原的生态属性以及中国西部边疆安全的现实，低层次的环喜马拉雅区域经济合作是否更契合中国的国家利益有待观察。

（三）对外来力量在环喜马拉雅区域经济合作进程中的影响动态评估还需持续

鉴于该地区地理位置的特殊性和重要性，美国、日本以及英国等大国对该地区一直虎视眈眈。环喜马拉雅区域经济合作无疑将受到大国博弈的影响，但如何避免该区域成为大国博弈的战场还需要根据实时动态进行对策研判。通过经济深度合作能否对历史遗留问题乃至重大政治问题比如中印战略互信方面有所正面影响也还需要跟进评估。有学者认为随着经济的进一步发展，各国政治会更趋保守。中印之间历史遗留问题比较复杂，解决起来不是那么容易。

第 一 章

地缘功能主义与环喜马拉雅区域经济合作

环喜马拉雅区域生活聚居着包括印度人、旁遮普人、信德人、藏族人、夏尔巴人、曼尼普尔等在内多个民族,历史长河中曾演绎出诸多载入史册的故事。附写于文献与口述史中的古老记载,展现出印度教、伊斯兰教、基督教、耆那教、苯教、佛教等在内不同宗教文化在此的交会和碰撞,蜿蜒孕育出当今环喜马拉雅区域文化圈的这份厚重。如若从环喜马拉雅区域俯瞰开来,则某种程度上似乎向世人展现出亚洲多元文化与各色生活多彩共处的典型特征。在著名学者亨廷顿所研究归述的八类现代文明中,包括中华文明、伊斯兰文明、印度教文明等在内的六类文明存在于亚洲。此处值得强调的是,环喜马拉雅区域与北美、欧洲等贸易区相比,虽不存在主导性核心文化这一特征,但也要注意到亚洲本土文化之间实际存在着很大共通性。在近代以来的全球化发展进程中,亚洲不同地区的文化长期共存并随着当前全球化进程正在实现重塑,有学者甚至将这种重塑上升到亚洲价值观的高度。总体上看,不同国家各民族间共同的文化发展脉络、共通的地域活动范围、共通的对未来美好生活的向往需求等,使得推动环喜马拉雅区域经济合作成了域内各方共同的客观需求。

第一节 理论基础

研究环喜马拉雅区域经济合作,有必要首先对合作这一术语进行系统学理解析和其发展脉络梳理。从近代历史进程来看，合作主义是20世纪70年代盛行于西方国家，特别是北欧发达国家之间一种处理国家、社会和利益组织之间关系的模式，该主义反对过度强调国家中心论。而在此基础上发展起来的新合作主义则重在利益协调，即社会伙伴以合作的态度通过积极协商可以获得共赢结果，而如何协调则可以借助自身传统软硬力量优势通过不断讨价还价来达到目的。① 早在20世纪90年代初，就有学者针对20世纪60年代至80年代的日美合作关系进行过量化分析，试图通过探讨"二战"后日本崛起与美国霸权关系来论证大国崛起与地区秩序间如何相互作用。② 今天中巴经济走廊和孟中印缅经济走廊在环喜马拉雅区域推进，能否在借鉴当年日本成功发展路径的同时，也为域内国家经济社会发展提供中国经验方案是当前国际社会普遍关注的现实课题之一。而从理论层面来讲，有哪些区域经济学相关理论可以有效借鉴来推动环喜马拉雅区域经济合作，经济发展能否带来地区的稳定？如何避免中印在环喜马拉雅区域经济合作中误判，如何实现域内经济社会发展的同时实现生态环境安全？等等，也都是目前理论界深度探讨的课题。

一 "增长三角"理论与"生长轴"理论

区域经济学是关于区域经济的经济学，具体研究国家和社会如何有效对其稀缺资源进行空间配置，也即如何通过决策让其在竞争过程中体现出优势，这里面也包括个体特别是企业决策及其对区域经济的影响。③ 此外，区域经济学第一个强调地理空间（零次空间、线空间、面空间）作用；第二个强调区位重要性；第三个强调空间差异。考虑到包括土地资源在内的很多生产要素在空间上并不完全流动，不同地区乃至国家间差异性总是会存在，区域经济学注重这种差异研究。

---

① Valerie Bunce, "The Political Economy of the Brezhnev Era: The Rise and Fall of Corporatism", *British Journal of Political Science*, Vol. 2, 1983, pp. 129–158.

② John O'Loughlin, "Geo-Economic Competition in the Pacific Rim: The Political Geography of Japanese and USExports, 1966–1988", *Ransactions of the Institute of British Geographers*, Vol. 4, 1993, pp. 438–459.

③ 杨开忠：《区域经济学概念、分支与学派》，《经济学动态》2008年第1期。

(一)"增长三角"理论在当今区域经济发展中效用价值依然突出

"增长三角"一词最早由新加坡总理吴作栋提出。但是目前并没有一个一致的定义。笔者认为,"增长三角"主要指地理相近的几个国家或不同地区间通过在边疆毗邻地区共同设置优惠政策,为经贸往来提供便利条件,支持吸引外资并以外向型经济为主的开发区域。[①] 目前比较成功的"增长三角"如上莱茵边境区、印尼·马来西亚·新加坡三角区等。从现实经验来看,"增长三角"的参与各方经济发展水平并不要求高度相同,经济起点不一也可以获得成功。此外,也有不少学者从亚洲、欧洲等不同"增长三角"实施措施、各地不同特点等角度进行研究。[②] 总体上来看,伴随经济全球化与地区经济一体化发展,很多地区"增长三角"的成功案例给国际上边境地区开发以及政府间围绕跨地区合作提供了宝贵经验。此外值得强调的是,由于不同国家具体经济政策方面的差异,导致增长三角地区相关合作项目深深打上了企业所在国的烙印。而企业在跨国招收员工时也要充分考虑到其来源国或邦关于人才政策规定。[③] 从整体上看,"增长三角"不断成功案例也给环喜马拉雅区域经济合作指明了努力方向,即域内国家间经贸联系不断加强,阻碍经贸与人文交流的各类障碍因素不断减少,经济合作机制不断完善等。

(二)区域经济合作空间布局需重视"生长轴理论"

该理论最早由德国经济学家松巴特于20世纪60年代提出。他认为,一个区域内大城市之间随着交通干线修建,将会对城市发展带来极大推动作用,并且其对城市之间乡村经济带动效应明显。而运输成本降低有助于空间要素集聚和地区活力激发,实际上生长轴理论重视交通干线作用。关于"点轴系统"理论则是由中国经济学家陆大道于1984年提出,他认为交通干线只是起到了要素集聚媒介作用,而要素集聚是在中心城市和主要居民聚居区这样的点上,并随着经济发展逐渐形成"点·轴·集聚区"这样一个新经济地理格局。这种格局有助于资源优化配置,也

[①] 李秀敏、刘丽琴:《"增长三角"的形成发展机制探讨》,《世界地理研究》2003年第1期。

[②] 李卉:《中国周边的"经济增长三角"》,《经济论坛》1996年第12期。

[③] Smith Shannon L. D., "The Indonesia-Malaysia-Singapore Growth Triangle: A Political and Economic Equation", *Australian Journal of International Affairs*, Vol. 3, 1997, p. 369.

有助于该区域经济社会发展。

总体上看，无论"增长三角"理论、"生长轴"理论还是点轴理论都暗含了对某个区域如何重点推动发展的语意，某种意义上有部分计划经济的韵意。而环喜马拉雅区域具备地球上极特殊生态资源属性和经济社会发展总体落后的特点，通过环保前置下以点带面式经济合作来促进区域发展，或是实现亚洲区域经济向着高质量和均衡发展的一种优化选择。

二 相互依存理论

随着全球贸易和投资发展，近来国际社会发展呈现的一个主要特征就是国家间相互依存。而以罗伯特·基欧汉和奈为代表的学者也认为，国家间经济合作有助于国际问题解决，而战争不再是有效解决国际问题的手段。[1] 复旦大学倪世雄教授结合"二战"后历史演进，指出全球层面国家间相互依存趋势的日渐明朗和东西方关系转向再次佐证了国际社会的交融发展态势。[2] 丹尼斯·皮雷奇斯在其撰写的《世界经济政治学》一书中强调，解决国际经济发展不平衡带来的贫富差距问题是国际合作的重要方向，而相互依存则是其重要特点。

"全球相互依存"论自20世纪60年代出现以来，就成为一种颇具影响的理论。而从当时的国际环境来看，相互依存理论显然也是在大国力量对比发生剧烈变化下的一个产物。在相互依存的世界里，共同利益、国际合作压倒一切。实际上，从历史发展来看，马克思和恩格斯围绕资本主义市场的世界性特点就多次使用"相互依存"来表述。但不容忽视的是，有不少学者认为，虽然表面上看国际社会相互依存特征明显，但国家追求权力政治的目标并没有改变。国家间只是不再赤裸裸以武力方式来实现目标，而是采用更含蓄的手段而已。[3] 特别是伴随科技进步以及非国家行为体日渐活跃，相互依存理论也在学术争论路上特别是在现实主义与自由主义思辨中不断被重构。1968年经济相互依存理论出现。

---

[1] [美]罗伯特·基欧汉、约瑟夫·奈:《权力与相互依存》，门洪华译，北京大学出版社2002年版，第6页。
[2] 倪世雄:《"国际政治经济学"评介》，《世界经济文汇》1986年第3期。
[3] 赵怀普、卢阳:《权力政治与相互依存》，《世界经济与政治》1993年第7期。

1977年复合相互依存理论出现。复合依存理论认为双方关系中依存度较高的一方在具体围绕某一利益问题上与对方不具有讨价还价的能力。①

在当前国际关系中，行为体之间的互动越来越多，相互间依存度也越来越高。鉴于目前全球经济发展存在重大不确定性，不对称的相互依存作为国际关系中的一种分析工具凸显出其价值。国家与国家之间、区域与区域之间敏感性相互依赖和脆弱性相互依赖可以推演出目前国际格局中解决问题的成本。关于发展中崛起大国对依存进程中关键产品的敏感度研究，约翰·米尔斯海默指出，非对称相互依存可能会带来不安或者恐惧，如对某种资源类似石油这样的能源依赖国为减少非常时期（如战争状态）被切断供应的担心，会加大与供应国讨价还价的力度进而引发更大安全层面的竞争。②

经济全球化走到今天这一步，经济因素日渐成为国际关系互动过程中的核心要素之一。经贸发展使得各类经济合作带来的收益极大制约了战争爆发。和平因素随着国家间经贸联系紧密而变得不再虚幻。③

三　跨国次区域经济合作模式的实践经验

对于环喜马拉雅区域经济合作来讲，如何借鉴其他地区成熟经济合作模式，在山麓两侧开展跨国经济合作，是摆在域内各国政府面前的一个现实课题。鉴于次区域经济也具有区域经济属性这样一个现实，研究环喜马拉雅区域经济合作模式问题不仅要借鉴国际上其他次区域经济合作模式成功案例，也要运用区域经济合作相关理论来解析这些模式选择背后深层次的逻辑。

（一）跨国次区域经济合作模式的经验分析

当前国际上跨国次区域合作成功的案例颇多，这些案例有一些共同特点如合作动力、合作带来的经济效应等方面，诚然也有地域特色与文

---

① ［美］罗伯特·基欧汉、约瑟夫·奈:《权力与相互依存》，北京大学出版社2002年版，第6页。

② Gregory Fr. Treretton, "Rethinking America's Security", N.Y.: www.Norton, 1992, p. 223.

③ Martin Wallcer, "President Clinton's 1994 Budget Message to Congress", *Foreign Policy*, Spring 1997, pp. 116 – 117.

化因素影响下的细微差异。如以柏林—莫斯科走廊以及德波边界到波兹南走廊为例，其之所以成功不只是因为走廊联通的城市间实现了货物商品等贸易的便捷，更重要的是极大促进了城市间信息文化交流，这无形中拉近了彼此之间的情感，跨国跨地区婚姻也呈现出上升态势。[1] 再如上莱茵河地区合作的成功，其合作也是从贸易和交通合作开始，逐渐深化到边境区全方位经济合作。经验是以市场行为为先导形成合理化产业分工，减少国家行政干预，最终有力促进了当地经济发展。

再以北美地区跨国次区域合作为例，如"加拿大·美国""美国·墨西哥"跨国边境区经济合作，这两种跨国边境区合作也都获得了巨大成功。"美国·墨西哥"跨国边境区经济合作主要是墨西哥通过不断加大对美开放力度，全面加强与美经贸合作，大量企业集聚到美墨边境区带动了当地发展。关于东亚地区跨国次区域合作经验方面，如由政府推动的大湄公河次区域经济合作，大图们江区域合作则是由国际组织推动而最后成形。

(二) 跨国次区域经济合作模式的选择

从历史上各国经验来看，跨国次区域经济合作要求第一是在邻近国家和地区展开合作。第二是合作主体具有多层次性和时间上的先后性，其中合作主体不仅包括国家和地方各级政府和企业家，也包括各类跨国组织特别是非政府组织等。第三是跨国次区域合作的灵活性和合作内容的广泛性，可根据合作条件差异选择国际组织或政府推动，也可就某一领域或围绕某个项目展开合作，也可考虑非制度性方式进行整合。而从效用来看，合作将带来巨大外部效应，会不同程度带动域内外经济升级发展，当然也需要强调的是必须坚持开放理念，欢迎非成员国参与。鉴于环喜马拉雅区域长期以来存在民族分裂主义活动和政府管控薄弱问题，该地区恐怖活动影响一直不容小觑，宗教去极端化任务形势严峻[2]，而政府对民族和宗教问题治理不当也会反过来影响经济社会发展。

---

[1] Wilfried Hackenbroich, "The corridor Berlin – Moscow and German-Polish border to Poznan", *Urbani Izziv*, Vol. 2, 2004, pp. 125–129.

[2] 都永浩、左岫仙:《恐怖主义与民族、宗教问题关系研究》,《中南民族大学学报》(人文社会科学版) 2017 年第 3 期。

从近年来跨国次区域合作的实践来看，围绕经济合作模式有不少学者从学术视角进行归纳总结，特别是就合作领域和主导力量以及空间布局等方面进行了概述，具体方面如下。首先，从合作领域来看，可分为贸易主导型、资源开发型以及综合产业合作三种主要模式。其中通过贸易方式来实现产品互补，这是一种较低级的区域合作模式。资源开发型主要是针对域内自然资源如何共同开发。综合产业合作模式主要立足于各自国家比较优势，逐渐培育以及最后形成互利共赢的跨国产业合作体系。关于贸易主导型合作模式，可分为政府型、市场型以及混合型三种。政府主导合作模式则主要以政府为行为主体。市场型则是在市场机制力量推动和影响下合作，多以企业为行为主体，注重合作效果。其次从合作空间布局来看，主要可分为轴带式和网络式。轴带式合作主要以重点城市为点，以城市间主要交通线为经济合作轴线，大力促进相关产业向着合作轴线两侧和中心城市聚集。网络式合作主要是在点轴式基础上，根据需要以建立更多交通线路为主，这些交错的交通线形成了跨国次区域空间网络经济结构。

考虑到环喜马拉雅区域市场处于不完全竞争状态，以及产业结构同构性与商品同质性和互补性并存的特点，中国、印度、巴基斯坦、孟加拉国等国家存在着相互经贸需求与竞争。中国和印度在日常消费、生产经营和市场供给与需求等方面有很大相似性。2013年李克强访问印度后，印方提出设立"中国工业园"的设想[①]，印方此举不仅是为中国相关企业降低交易成本，更重要的是基于印度在经济产业空间方面的布局优化考虑。长期以来，印度在对外经济贸易联系方面实行严格的经营权等级制，严格管控各类进口产品。除了对一般类产品放松管理外，对包括粮食、矿产、能源等物资实行严格专营管理。此外，包括各类以卫生和健康为由出具的产品认证书，通关非正常延误，各类标签的不同检验标准等，极大阻碍了包括中国产品在内的国际商业品进入印度的通行速度。此外由于执行标准的不同，也使得中国部分产品在环喜马拉雅区域市场上面临不少落地难题。

---

① 《李克强首访选印度令人满意》，2013年5月，新华网（http://www.xinhuanet.com//world/2013-05/20/c_124732794.htm）。

第二节 地缘功能主义合作的逻辑缘起与学理分析

"地缘政治"一词在今天的国际关系研究中依然作为一个热点词汇，经常出现在涉及重大地区与国际政治议题的论述当中。而追溯历史也不难发现，学术界对地缘政治的热衷不仅是学术研究需要，更是现实重大政治问题如何应对的迫切需要。此处姑且不详谈地缘政治学经典著作比如《麦金德的地缘政治学》①（原题为《民主的理想与现实》）以及其他相关论述比如荷兰法学家胡戈·赫罗齐厄斯的国际法著作等。实际上，地缘政治学发展与大国之间进行激烈地缘博弈和追求生存空间密切相关。其中麦金德地缘政治学的要点是，要支配位于心脏地带的欧亚大陆，应该支配中东欧，支配心脏地区者支配世界。这一理论在当时的德国人眼中具有很大魅力。德国可以通过实践努力改变被封锁的劣势地位。于是第一次地缘政治学热潮兴起，成为纳粹德国正式承认的意识形态。其结果是第二次世界大战（1939—1945年）爆发。

现实主义国际关系理论认为，在国际无政府体系中，行为体之间合作从根本上说是不现实的。行为体之间即使合作也很难保持持续性，要么是屈从于权力被迫合作，要么是着眼于利益的权宜之计。即便是温和的现实主义者，也认为竞争而不是合作才是国际体系的基本特征。② 与德国不同，俄罗斯版本的地缘政治学为欧亚主义观。其主要内容是俄罗斯横跨欧洲和亚洲，其所处的欧亚空间有独特发展法则，特别是十月革命发生后如何思考国家和非国家、资本家和工人取得统一的问题。例如，"全世界无产者联合起来！"这句话该如何理解？如何理解"无产者"的无国界性？被压迫国家的资本家和工人关系是怎样的？被压迫国家资本家是敌人还是同伴？如果是前者，则资本家是敌人。如果是后者，则资

---

① ［英］麦金德：《民主的理想与现实》，武原译，商务印书馆1965年版，第1—38页。
② Joseph Grieco, "Anarchy and the Limits of International Cooperation: A Realist Critique of the Newest Liberal Institutionalism", *International Organization*, Vol. 42, No. 3, Sum., 1988, pp. 485 – 508.

本家是同伴。为了解决这类悖论性问题，俄罗斯社会学家、马克思主义学者普列汉诺夫的地缘政治学名著《马克思主义的根本问题》一书进行了阐释。某种程度上讲，经济发展问题都归结到社会生产力发展受什么原因制约这一点，而在后者的形态上，首先通过指出地理环境的本质解决问题。而如果说这是普列汉诺夫围绕地缘政治学进行的解释，并且体现了俄罗斯马克思主义研究范式的一种表达，那么实际上俄罗斯马克思主义学者在研究伊始引入的地缘政治学，融入了"从政治上理解地理"的想法。

一　重新认识地缘政治

长期以来，国际环境的丛林性和竞争性使得行为体更多情况下追求绝对安全，试图追求包括技术优势和自身利益最大化，而彼此间信任的缺失又进一步加剧安全困境。诚然，国家为了生存不得不聚焦和维护国家政治安全，而政治领域的核心问题是国家主权是否受到威胁。[①] 联合国建立后为什么特别强调"各会员国主权平等之原则"，实际也是基于弱小国家生存权和平等权的一种考量。关于政治安全和经济安全之间的关系，一个较普遍共识是没有经济领域的安全保障，难言政治安全。这也是美国在奥巴马执政时期颁布《国家安全战略报告》[②]（2015）及特朗普政府出台《国家安全战略报告》[③]（2017），为什么要明确在国家安全战略框架下纳入经济安全指标的原因。然而对一个国家而言，经济安全很大程度上与该国所处地理环境有关，地理环境越是多样化就越有可能给生产力发展带来越多选择性和动能，换句话说就是对生产力发展有利。马克思也曾讲过，不是土地的富饶性，而是它的差异性，组成了社会分工的天然基础。

即使读麦金德和马汉，如果不能从政治意义上来理解自然地理对人类活动的影响，就无法从整体上理解地缘政治学的真正含义。从现实层

[①] ［英］巴里·布赞、奥利·维夫等：《新安全论》，朱宁译，浙江人民出版社2003年版，第191页。

[②] https://obamawhitehouse.archives.gov/sites/default/files/docs/2015_national_security_strategy.pdf.

[③] http：//nssarchive.us/wp-content/uploads/2017/12/2017.pdf.

面来讲,山将人隔开,河和海将人们拉近,指的是大航海技术出现后,科技进步对人类活动能力的影响。实际上,从某种意义上来讲,地缘政治学的原型是强调山脉的重要性。纳粹德国在"二战"中战败,麦金德地缘政治学说被认为有效性下降。在"二战"中,飞机被正式导入,战争演变为三次元战争,在随后冷战期间以及之后,普遍共识性观点认为谁获得制空权就可以打败对方的看法成为主流。但2001年恐怖袭击发生后,麦金德地缘政治学思想重新复苏。这次恐怖袭击标志着后冷战时代结束。随后开始的长达十多年的阿富汗战争,世界唯一的超级大国美国凭借自己的军事力量也未能在阿富汗取得胜利。为什么呢?因为阿富汗主要地区都是山脉叠重。美国在清剿"伊斯兰国"组织方面耗费力气,也未能驱逐叙利亚阿萨德政府。土耳其未能解决库尔德问题,俄罗斯也为车臣问题不时苦恼。因为这些地区都是在山区发生的纷争。

正因为如此,今天我们也不得不对麦金德地缘政治学重新审视。实际上,在世界上一些关键地区,地理特性是无法无视的,比如阿什利、德里安等人就此进行了充分论述。[①] 鲁杰等学者在反思社会世界是否同属于自然世界以及社会世界的规律探究是否可行以及能否作为社会科学研究的终极目的等进行探讨。[②] 但聚焦于地缘政治学,在世界秩序方面,地理制约条件可以解释民族特性,也可以解释经济特征。并且从地缘政治学角度来看,环喜马拉雅区域国家虽然可以通过政治努力使秩序条件发生变化,但无法使地理条件发生根本变化。

近年来,一旦碰到复杂的国际与地区局势,经济学家常常会使用"地缘政治学风险"这个词。比如称"英国如果脱离欧洲,会出现地缘政治学上的严重冲击,单一货币欧元的前景将再度令人怀疑"。然而,这只不过是简单用"地缘政治学风险"来解释从经济和理性角度说不通的问题而已。"地缘政治学风险"也常常在过去被用于对日本而言有切身之感的朝鲜局势,朝鲜的风险有核武器开发、保有和扩散,可以清

[①] Richard Ashley, "The Poverty of Neorealism", *International Organization*, Vol. 38, 1984, pp. 225–286.

[②] [美]鲁杰:《什么因素将世界维系在一起? 新功利主义与社会建构主义的挑战》,转引自[美]彼得·卡赞斯坦、罗伯特·基欧汉、斯蒂芬·卡拉斯纳《世界种植理论的探索与争鸣》,秦亚青译,上海人民出版社2006年版,第283—285页。

楚地体现风险原因。笔者认为，地缘政治是指对某个地区安全局势和国家间力量进行关系关联，着眼于相对地理因素考量而加以解决的理性努力的总称。那么某个地区力量或权力是以何种形式流动的呢？从历史上看，它会流向"权力缺失"的地方，流向权力已失去的"权力真空地带"，然后发生力量碰撞，乃至出现混乱。由此，也就有必要从整体来评估一个地区或国家、民族政治动向的重要性。诚然，我们也应认识到用地缘政治一词本身所包含的对地理的重视以及如何运用地理优势这样一种战略谋划。① 并且在当今世界政治格局重塑进程中，每个国家都肩负着民族振兴的历史重任，也都有一个富民强国的伟大梦想②。然而由于各类历史遗留原因特别是当前地缘政治经济等影响下，不同国家在经济发展阶段以及经济发展质量方面存在着重大差异。如何结合自身国家的地理特点来探索自身国家优化的经济发展路径，在经济社会迈向繁荣的同时也为其他国家发展提供一些榜样性经验借鉴，并在此基础上如何与相关国家开展一些功能性的经济合作以实现共赢，则也一直是学界长期热议不断的话题。

二 地缘功能主义：演进脉络、概念及内涵

功能主义理论强调社会性交往。在早期关于功能主义的论述中，更多强调功能性合作与国际冲突之间的关联性，认为通过功能性合作可以某种程度上来解决国际冲突。新功能主义是20世纪五六十年代发展起来的国际关系理论，由时任美国布鲁金斯学会的会长厄恩斯特·哈斯推动发展起来。该理论深受戴维·米特兰尼功能主义思想影响，目标最终指向区域如何推进和实现一体化的理论体系。关于新功能主义研究方面的学者，除了哈斯外，还有约瑟夫·奈、罗伯特·基欧汉、利昂·林德伯格等。新功能主义者强调重视精英合作，认为高政治领域的合作需要从经济、技术等功能性领域做起。而具体不同经济领域的合作具有相互扩

---

① Alexander Wendt, "The Agent-Structure Problem in International Relations Theory", *International Organization*, Vol. 41, 1987, pp. 335－370.

② 刘锦前：《"命运共同体"理念下中国"友情外交"战略析论》，《西部发展研究》2017年第2期。

展效应，特别是价值领域合作的成功反过来又会增进经济等领域合作的信心。

追溯欧洲一体化的历史可以看到，在"二战"后欧洲经济的发展过程中，各国精英阶层逐渐意识到本国自身的局限性。为了使优势互补，让本国公司能有更好的发展，欧洲各国政府从20世纪50年代开始参与到欧洲经济一体化进程。跨国公司为摆脱经济上发展受限而激发对一体化需求，积极参与政府决策，推动一体化进程，而政府也需要企业来推动本国经济发展，也就乐于推动经济一体化。由跨国公司发展需求而导致功能部门整合、政府企业合作及各国政府间合作，使经济走向一体化，这种现象正好契合了功能主义的外溢理论，因此，曾经的欧洲一体化发展可以用功能主义来较好地解释。目前来看，对功能性合作持批评立场的学者主要在于欧洲一体化遇到了前所未有困难，并且虽然欧盟"经济性外溢"进展整体上看比较顺利，但是其"政治性外溢"进展则缓慢得多。即使如今欧盟经济已经发展成为世界第一大经济体，但没有足够动力进一步推动"政治性外溢"。为什么会出现这种情况诚然也是仁者见仁，智者见智。其中约瑟夫·奈新功能主义理论对社会性因素进行了跟踪并回答了这种疑问，此外他还对政治精英活动带来的外溢影响方面进行了研究。后来奈转向强调文化、民俗等软权力因素研究，并探求其对国际关系的意义。

从学理层面来看，面对新功能主义及其相关研究，理论家们普遍认可了其在理论层面的深远影响和冲击性。20世纪60年代后，年轻一代的理论家甚至把新功能主义视为对前一代人始终坚持的所谓科学发展呈线性前进假设的一种有力驳斥。反思观点认为，历史学家不断从人类学而不是社会学当中汲取养分。在这个近邻的研究领域中，文化和意义逐渐占据了核心地位。帕森斯等的贡献在于他们被认为是特定思维方式的典范，为特定研究领域提供了特定的范式，并为评论家们提供了辩论的焦点，从而使建立或否定更为广阔的知识体系成为可能。亚历山大等致力于行动的微观社会学研究和意义的符号学研究及后结构主义分析。实际上，无论就理性的意义、职业的意义还是个人的意义而言，新功能主义都是一个重要的设想，帮助建立或曰重建帕森斯一些核心观点的合法性，进而超越帕森斯。同时，新功能主义之后的一切仍然要深深受益于帕森斯,是帕森斯思想的当代表达。20世纪60年代激进的学生运动所强调的公开性和参与性,正日渐为暗箱操作和政治上独裁专断所取代。新功能主义为亚历山大等学者提供了一个理论探求与论证的空间。

作为一种理论探索,新功能主义所努力的,是着眼于当代社会理论的话语与自我意识,是立足于学者们在该领域建树的基础上进行提炼概述。例如,帕森斯有关结构分化的观点以较完善的形式继承了涂尔干和斯宾塞早期观点;但帕森斯对包容(inclusion)的看法,是建立在韦伯关于理性化与友爱以及涂尔干关于团结等观点的基础之上;还有帕森斯关于文化的思考,把韦伯关注的世界诸宗教经济伦理转化成了一种更为普遍的道德制度化理论;帕森斯对于人格和社会结构之间必然存在相互作用的看法,是建立在弗洛伊德和米德理论基础之上。在帕森斯结构功能主义基础上加上 Culture 和 Politics,模型变为 AGILCP,则是后来亚历山大等学者重点探讨的方向。总体上而言,帕森斯结构功能分析是着眼于如何促进社会的稳定和秩序维护。

其中细分来看,帕森斯理论贡献之一在于强调个体行为人的社会属性,认为行为人在行为过程中所展现出的特点深受其所受熏陶的模式化意义(文化系统)和心理需求(人格系统)等所影响。在早期,帕森斯就是利用这个三系统(再加上"社会系统")的模式,他认为行动者是经过一定的社会化而进入角色关系,他也认为行动者能够在一种社会化动机和文化模式交互作用所形成的场所下活动并获得满足。

作为服务于中国周边经济合作战略的理论工具之一,关于地缘功能主义,目前国内学界并没有一个明确的概念界定。笔者尝试从当前地缘政治与新功能主义[①]相结合的角度来构建该理论框架,认为地缘功能主义是指地域相邻或相近的国家行为体之间为改善与增进政治关系而从开展的一系列包括经济、文化交流等低政治领域的功能性合作开始,逐步将该合作有序拓展到政治部门和国家安全层面,并对越轨行为进行控制(道德层面)的系统理论。简单讲,地缘功能主义旨在探讨地缘战略空间

---

① 李冬新:《新功能主义理论与中日韩 FTA 建构模式》,社会科学文献出版社 2014 年版,第 8—9 页。

拓展及其"外溢"[①]效应相关问题——即针对当前全球化进程中，如何理解与看待当前世界经济发展进程中由技术进步与政策协调带来的地缘空间改变，如何思考与规范由经济领域开展的合作对重大政治、地区安全议题等产生的影响（经济发展以及跨地区经济合作是否有助于政治领域以及包括边界领土等重大历史遗留问题的解决）。

从现实需要来看，自中国有序推进中巴经济走廊和孟中印缅经济走廊相关项目建设以来，中国西部地区正在以更加开放的姿态参与边疆地区的社会治理与经济跨国家建设规划，目标是推动经济社会全面发展，实现西部地区落后面貌改善的同时，也使西部边疆落后地区变为中国对外开放的前沿地区，实现中国的均衡发展，进而为中国国际经济合作提供经济支撑和他国经验借鉴，这一系列目标步骤是新时代以习近平同志为首的中国领导人结合国情进行责任担当的有力说明。如果要对地缘功能主义和新功能主义作一区别的话，最主要的不同是目标不同，新功能主义期望最终期望建立一个超国家结构，而地缘功能主义的目标则是围绕历史遗留问题与地区间国家政治互信问题解决方面能够有所推动。

三　地缘功能主义合作带来的外溢效应

从"二战"后国际关系理论发展的脉络来看，大多数国际关系理论更多从物质性力量视角进行分析，特别看重权力以及国家具体利益等可量化的指标来理解国家间关系，也有包括多伊奇这样的学者主张重视观念作用等[②]，基欧汉则强调国际制度建设的重要性。而地缘功能主义则主张如何通过物质世界的改变以及如何影响引导国家行为，来改善国家与国家间关系现状。此处的外溢效应包括"功能性外溢""技术性外溢"和"政治性外溢"等。外溢主要指在一个地区经济社会结构中，一个领域的问题将影响到另一个领域并进一步要求提出解决应对思路。在"外溢理

[①] Philippe C. Schmitter, "Three Neo-Functional Hypotheses About International Integration", *International Organization*, Vol. 23, Issue 1, Winter 1969, p. 165.

[②] Emannuel Adler and Michael Barnett, "Security Community", *Foreign Affairs*, Vol. 78, No. 4, Jul-Aug, 1999, p. 129.

论"设想中，随着经济持续发展，不同功能部门将会逐步实现一体化，外溢将最终逐渐蔓延到政治领域。此处重点强调外溢效应更多是聚焦于历史遗留问题特别是边界划分等高政治领域议题的妥善解决，而不是以建立超国家机构为目标，这一点需要特别说明。

第一，环喜马拉雅区域经济合作建设进程中，地缘功能主义合作推进的逻辑目标是利于形成新的跨地区行为规范。人们之间的沟通，可以产生不同的身份定位，可以形成相互的认同，并且沟通本身就能使一个团体拥有共同思想、观点和行动①。区域性公共产品有效供给是否充足与过剩和功能性合作效应的评估反馈除了需要长期的实践积累和脚踏实地的运作之外，离不开指导理念的自我发展和推陈出新。一方面，随着全球化发展和区域一体化深入，各国之间"复合相互依存"不断提高，周边国家和地区经济安全态势对中国而言具有了不容忽视的外溢效应，需要中国在事先预防、危机处理、事后应对等各个阶段参与相应的功能性合作，比如在粮食、能源乃至产业体系等经济安全保障领域进行深度合作。但地缘功能性合作并不完全等同于以政府为主体的"经济外交""发展援助政治学""新区域主义"等概念，而是涉及参与方政、产、学、研等各个阶层以及人、财、物等诸方面，主要在行为规范理念培塑基础上共同进行地缘空间拓展和"外溢"进程建设作为方向内容。同时地缘功能性合作也是一国综合国力的核心——经济实力——转化为外交软实力的重要路径。在今天，通过功能性合作提供区域性公共产品并不是地区版"霸权稳定论"的再现。在早期关于国际公共品和区域性公共品理论和实践中，供给主体通常是世界银行、国际货币基金组织等国际机构以及美洲开发银行、亚洲开发银行等地区性发展援助组织。然而长期以来，学术界关于区域性公共产品理论研究早已超越了纯粹发展援助理论，而成为大国战略研究的一部分。究其实质，国际组织（及其背后的主要大国）以及非政府主体提供的区域性公共产品，从受赠方角度来讲容易被理解为道德层面的"施舍救助对象"而不利于该国国格培育，相比较而言地缘功能性合作则是把弱势一方放在了更加对等

---

① ［美］詹姆斯·多尔蒂、小罗伯特·普法尔茨格拉夫：《争论中的国际关系理论》，阎学通等译，世界知识出版社2003年版，第558页。

的对手位置上，通过互利合作项目开展和频次积累，有助于提高区域合作的向心力。以北美自由贸易区为例，虽然自成立以来对其发展成果评价不一，存在较大争议，但无论支持者还是反对者，对自由贸易区建立后美加墨三国由于取消贸易壁垒而实现了经济发展，"它增强了地区主义的趋势……把两个高收入国家和一个发展中国家结合在一起；并包括了一个世界经济大国"。[①] 不少学者认为，功能性合作的真实效应和远期功效值得怀疑，亚洲历史发展证明涉及主权领土等问题解决方面往往极其复杂。需要指出的是，近来影响环喜马拉雅区域国家间关系向好发展的恐怖主义、宗教极端主义等类型的活动频繁发生，其背后不仅与国家间历史羁绊被极端势力过度解读和放大利用有关，也与该地区现代治理观念薄弱有关。目前中国国力增强，在与周边经济合作中如何有效推动邻国经济社会发展，业已成为当下乃至今后相当长时期内中国外交一个重要方向。

第二，科技进步与中国自身治理能力的提升为中国对外开展功能性合作提供了可能，而环喜马拉雅区域经济合作的现实需求又为彼此功能性合作提供了强劲动能。长期以来，功能性合作理论特别是新功能主义有时也会把地区经济合作努力方向分为需求面和供给面两个方面。简单讲，在需求面，跨地区机制模式的建设可以被视为一部分国家实现"外部性内化"的尝试。这里的外部性主要是指各个行为体面对外国企业和政府时面临的政治经济不确定性，以及广泛的金融风险对跨境贸易和投资所产生的各类影响。供给面则主要是指各国政治领导人在区域经济合作进程的各个阶段适应深度地区整合要求和提供国际公共品时所表现出来的能力和意愿。例如在环境领域长期以来是日本开展东亚功能性合作的重点领域。日本在战后经济高速增长，伴随着快速工业化、城市化，曾出现过熊本水俣病、疼痛病、四日市喘息等严重环境污染事件，对于污染治理、环境保护有着切身的体验和丰富经验。当东亚其他国家面临或即将面临类似问题时，日本在上述领域具备了参与或指导功能性合作

---

① Nadia Bourely, "Economic Integration of Developing Countrie and Regionalism in Latin America and the Caribbean: Prospects for a Free Trade Area of the Americas", *Masters Abstracts International*, Vol. 40 - 04, 2000, p. 108

的能力①。在应对温室效应、减少热带雨林和森林植被的破坏、防治沙漠化和水土流失、酸雨治理、维持生物多样性等其它生态环保领域同样如此。而聚焦到环喜马拉雅区域,当前随着经济全球化和区域化不断深入,中国西部民族地区通过对外贸易越来越被广泛纳入国际经济发展的轨道。简言之,"一带一路"建设对于民族地区全方位对外开放,深度融入世界经济体系提供了前所未见的历史机遇②。反过来讲,中国西部民族地区与广大中南亚国家毗邻,经济发展的好与不好将会直接影响到中国西部边疆的稳定乃至中国国际形象。而在当前的"一带一路"建设推进过程中,西部民族地区经济发展质量是否过硬,当地居民生活是否幸福,民族地区经济后劲如何,这系列经济参数指标折射出的重要政治价值显然不言而喻。中巴经济走廊建设项目的开展,不仅将向中国西边邻居展现中国更加开放包容的共享发展姿态,也会在新一轮中外经济互动中确保了开放红利被包括环喜马拉雅区域国家在内的各族人民特别是低收入阶层和贫困人口共享。而中国目前在周边开展的各类功能性合作,并非为了将周边邻居与中国经济高度捆绑并为实现高度的经济一体化为目标,而是只为了通过这些合作使对方能够获取对等的经济收益,如果在此基础上能够进一步达成政治领域的议题合作也可看作"外溢"收益的一部分。退一步讲,一个好的地区合作应该在自由与开放中寻求平等,而不是在约束和奴役之中寻求平等。开放的地区社会是一个多孔性的、人与物皆可以自由流动的社会。哈耶克在《通往奴役之路》一书中曾经转引托洛斯基的话如是说:"在一个政府是唯一的雇主的国家里,反抗就等于慢慢地饿死。'不劳动者不得食'这个旧的原则,已由'不服从者不得食'这个新的原则所代替。"实际上,随着经济全球化和区域化不断深入,任何国家都不可能孤立于世界,任何国家也不可能只靠自身条件就能发展与强大。而在文化发展横向辐射中,彼此割裂分离的社会团体和功能会产生对抗性亚文化,这些亚文化仍然依靠价值系统,而这个价值系统又在

---

① 贺平:《区域性公共产品、功能性合作与日本的东亚外交》,《外交评论》2012 年第 6 期。

② 邓光奇、李昌龙:《"一带一路"视域下的民族地区发展》,《区域经济评论》2018 年第 1 期。

文化的层面上整合起来。但文化的纵向发展方面则又相反。在社会和文化的系统中,都存在着根本的对抗性,利益集团之间很难达成一致共识。具体就中国来讲,一方面自十八大以来,民族地区外贸的显性比较优势明显在上升,这有助于地区和平;另一方面,总体上,民族地区贸易开放依然处于较低的水平,这与民族地区所处的区位、经济发展水平、后续开放等有着密切联系。而随着中国对外开放力度的加大,今后民族地区对外开放的水平和深度无疑将会有大幅提升,而"一带一路"也将会因西部民族地区经济社会的强劲发展和中巴经济走廊、孟中印缅走廊以及中尼印通道等相关项目建设的铺开而走得更远。

第三节 环喜马拉雅区域经济合作:从历史到现实

关于环喜马拉雅区域经济合作,政府层面比较系统有规划推出的可见公开文件,最新可追至西藏自治区政府2015年初的工作报告,该报告中明确提出扩大对内对外开放举措,加快建设南亚大通道,推动环喜马拉雅区域经济合作意见方案,倡导推动环喜马拉雅区域经济合作建设。而实际上早在2014年9月,习近平访印期间,所谈如何加快推进孟中印缅走廊建设,如何推动区域经济一体化、如何与印方就深层次边贸合作开发进行深度沟通相关机制建设等一系列重要构思,就已蕴含中国对环喜马拉雅区域经济合作通盘考量与部署的轮廓雏形。值得强调的是,自2008年次贷危机以来,伴随世界和地区经济发展新变化,我们当前如何以"一带一路"建设为抓手,营造一个良好的中国周边环境显得异常必要。就我们中国而言,对青藏高原的拥有,使我们在对印、孟等南亚国家关系中占据有利主动态势,使我们有能力在与周边国家交往合作中,可充分利用地缘因素和经济优势为国家发展谋取更多战略优选路径的同时,也为周边邻国带来福利效应,实现共赢。

一 共通的文化渊源与相互依存的地理空间

文化是一个民族和国家经济社会发展的精神动力。目前,人类社会

"正进入一个文化比任何历史阶段都要更重要的时期"①。而国家文化安全概念则主要与国家内部的基本制度、传承的价值观和形成的利益团体认知等有关,②放眼西方,欧美文化霸权给世界文化秩序带来了诸多挑战③,让我们有必要思考弱小民族国家和边缘国家,其文化应得到尊重并在历史传承中得到支持④。"文化作为不同国家间进行意识形态传播的一种工具,可通过文化产品、自我标榜和信息开放等多种途径进行传播。"⑤ 在每一个历史民族区内的各种居民有相似的物质文化和精神文化,通常除语言外,很难看出该地区内各民族的界限,即所谓"历史民族区"(亦称作"历史文化区")⑥。中国与喜马拉雅山麓外侧各国乃至部落之间有着近千年交往史。在中国与印度等国交往过程中,法显、玄奘等高僧成了中国历史中的著名人物。来自印度的佛教也在中国大地上传播开来,即使在今天依然有许多善男信女来到寺庙朝拜。此外,长期以来中国和尼泊尔之间也存在着密切经贸联系,斑驳遗存的"茶马古道"遗迹就是这种古老联系最有力的说明。总体上看,环喜马拉雅区域难以割舍的历史文化,感人至深的友谊故事,为今天域内各国合作发展奠定了良好的历史基础。

(一)中尼贸易关系密切,在历史长河中与尼泊尔马拉王朝保持了近600年良好经贸关系

到了18世纪,从当时历史背景来看,廓尔喀王国就一度想开通尼泊尔西部与西藏之间直接贸易,但这条路不好走,而当时比较成熟的一条路是奇戎—库蒂线。1768年沙阿王朝选择进攻加德满都并灭掉马拉王朝的主要原因之一也是为攫取尼泊尔至西藏贸易线路。⑦ 值得强调的是,普

---

① [美]阿尔温·托夫勒:《预测与前提——托夫勒未来对话录》,粟旺等译,国际文化出版公司1984年版,第160页。
② 余丽、赵秀赞:《全球网络空间"观念治理"的中国方案》,《郑州大学学报》(哲学社会科学版)2018年第1期。
③ 郭树勇:《区域文化治理与世界文化秩序》,《教学与研究》2016年第11期。
④ 卢春祥:《坚守国家文化安全的精神高地》,《解放军报》2010年12月5日第7版。
⑤ 余丽:《互联网对国际政治影响机理探究》,《国际安全研究》2013年第1期。
⑥ [苏]尼·切博克萨罗夫等:《民族、种族、文化》,赵俊智译,东方出版社1989年版,第207—250页。
⑦ [尼泊尔]利拉·玛尼·博迪亚:《尼中关系的历史、现状与未来》,《南亚研究季刊》2010年第4期。

里特维灭掉马拉王朝后随即派出使团到西藏。1790年，当时国王巴哈杜尔率军攻打西藏，被清朝7万军队打败后开始向中国称臣，这种朝贡关系一直持续到1912年。

（二）中印关系源远流长

其中印度对中国影响最大的是佛教。历史上看，由于喜马拉雅山脉自然条件的制约和生产力发展水平局限，中印之间长期保持着一种和平状态，相互间联系也多限于文化以及经贸。中华人民共和国成立后，中国与印度建立了良好关系。特别值得强调的是，中国和平共处五项基本原则的确立最早就是与印度、缅甸一同确定的一项国际行为原则。虽然1962年战争以及十四世达赖集团在印度搞分裂活动等对中印两国关系发展产生极大负面影响，但冷战结束后中印关系迎来转机。1993年拉奥总理对华访问，标志着中印关系开始到了一个新阶段。目前，中国已成为了印度最大贸易合作伙伴。

（三）亚洲跨界文化认同的发展

亚洲不同文化共存并获得快速发展，与亚洲地区传统的文化保护主义和民族情结密切相关。亚洲跨界文化认同也与同步排斥来自美国以及西方其他国家文化扩张主义密切相关。其中，亚洲区文化呈现出以中国为核心的大中华文化圈与东正教跨界文化圈、伊斯兰教跨界文化圈以及南部的印度教为核心的跨界文化圈相互竞争又相互促进的一种态势。[1] 这些跨界文化认同都或多或少有着对其他文化的排斥性，特别是自身的民族主义情结更是加重了这种排斥。由此今天我们如何考量和避免外部敌对势力利用这些文化差异乃至通过恶性诱导而引发彼此间排斥，需要格外引起重视。

（四）发展阶段纵向依赖明显

环喜马拉雅区域各国在经济发展阶段与发展水平和路径上有极大相似性。以中印两国为例，进入21世纪以来，两国都意识到农村发展的重要性，并都提出了农村发展战略。最近十年来，中印两国在城市化进程、工业布局、对外开放以及国际战略方面也都从各自国情出发，以尽量调整不合理经济产业结构和提升居民的获得感为己任。无论中国提出的建

---

[1] 潘忠岐、黄仁伟：《中国的地缘文化战略》，《现代国际关系》2008年第1期。

设社会主义新农村还是印度提出的"第二次绿色革命"都展现出两国领导人的智慧与责任担当。从城市化发展的具体水平来看，中印两国又有明显的差异。特别值得肯定的是，中国由于较为完备的交通网络和稳定电力供应，对中国经济的增长影响特别明显。在实物基础设施投资中，印度占GDP比重比中国低近5个百分点。根据研究，中国高速里程为印度的10倍左右，港口和机场设施方面印度也是相对落后。但鉴于中印两国在环喜马拉雅区域有着共同的发展与安全需求等，又需要彼此支持和相互理解各自需求。

二 全球化发展到新阶段的地区整合

从地理环境角度来分析，西藏内侧有青海、西藏、四川、云南这些省份为邻居，外侧有印度、尼泊尔、不丹、缅甸等国家。当前环喜马拉雅区域经济合作的推进，西藏经济的激活与生态产业端的顶层规划有助于我在地缘上形成对印、孟、尼等南亚国家向心力优势。而从全球格局角度来看，环喜马拉雅区域经济合作也将提升整个环喜马拉雅区域影响力。总体上看，经济全球化进程对环喜马拉雅区域经济合作产生的间接影响主要有以下几个方面：

第一，深度参与到国际分工之中，专业化生产占比大幅提升。孟加拉国、尼泊尔、印度等国家都将会充分利用劳动力、旅游资源等禀赋优势，进一步与地区和世界经济融合，激发自身经济潜力，实现经济社会发展。实际上，域内国家如果能够在世界生产体系中找准定位，以有效参与国际与地区分工，通过为资本、服务等要素提供便利，实现自身发展的同时也会有效促进环喜马拉雅区域内经济合作深化。

第二，经济全球化加速了环喜马拉雅区域国家间要素流动。从生产角度讲，在相对封闭环境下，通过不同程度竞争最终形成了各国差异化生产要素价格，并最终造成各国商品与服务的价格差异。通过地区间不同价格差异引导，最终会推动域内国家竞相使用本国禀赋丰厚的要素产品以促成有利于国家竞争局面的出现。"地区同安共荣"理念由印度莫迪政府在2015年提出，其中之一是重点推动蓝色经济发展（Blue Economy），加快政府层面要素流动的推动，并表示作为地区公共品的一部分承诺，愿意在重大自然灾害面前提供帮助，采取快速行动。①

第三，地区化极大地推动了跨国公司发展。目前，国际大型跨国公司几乎控制了全球生产的40%，在科技研发方面接近90%由跨国公司控制。此外国际贸易的近50%以及国际投资的近90%也都由国际跨国公司控制，由此我们必须要重视跨国公司对环喜马拉雅区域经济发展可能的重要作用。例如，印度莫迪政府近年来加强与东盟国家海洋合作，并加大了在孟加拉湾的建设投入，某种程度上是为了适应地区经济发展和占据有利位置而主动推动本国公司走出国门的一种政府背书行为。2015年6月，印度与缅甸政府经过深度交换意见后签署了东部沿海运输协议②，也是一个很好的案例说明。

第四，地缘经济意义上的亚洲次区域整体将成为现实。如若通过环喜马拉雅区域经济合作进而助力"一带一路"建设的实质性推进，一个超越东亚和南亚而与东南亚、中亚和中东相联通的欧亚大陆腹地的环喜马拉雅区域经济板块的崛起，将会在国际层面极大提升亚洲国家的国际形象。不容忽视的是，环喜马拉雅区域经济整合发展将会对亚洲地缘政治格局产生深远影响，甚至将会推动在环喜马拉雅区域形成一个新的地缘政治格局。

第五，环喜马拉雅经济合作将提升中国对南亚战略辐射力。狭义的环喜马拉雅区域经济合作主要是以西藏为主体进行对外经贸合作。主要以樟木、吉隆、普兰口岸等为对外合作窗口，面向印度、尼泊尔、不丹等南亚国家以发展边境贸易与开展国际旅游为特色的经济合作。西藏地方政府于2015年首次提出的环喜马拉雅区域经济合作建设方案也即这种思路。广义的环喜马拉雅区域经济合作内侧则是指由国家出面进行统筹规划安排，地域包括新疆、青海、西藏、云南等省份协调对南亚经贸合作，而环喜马拉雅经济区域外侧则扩充至阿富汗、缅甸、斯里兰卡、孟加拉国、印度、巴基斯坦、尼泊尔、不丹以及马尔代夫等国家。该地域

---

① G. Padmaja, "Modi's Maritime Diplomacy: A Strategic Opportunity", *Maritime Affairs*, Vol. 11, No. 2, Winter 2015, p. 27.

② Isabelle Saint-Mezard, "India's Act East Policy: Strategic Implications for the India Ocean", *Journal of the Indian Ocean Region*, Vol. 12, No. 2, 2016, p. 183.

幅员辽阔,市场需求旺盛,与中国经济互补性明显,发展潜力非常巨大。而这与我们在第五次西藏工作会议上,中央首次将西藏定位为"两屏四地"战略不谋而合。

值得注意的是,环喜马拉雅区域经济合作一旦踏上轨道,不仅意味着中国对南亚各国影响力进一步增强,也有助于该地区贫困落后面貌的改善,更有助于改善当地自然环境,在实现生态安全的同时,也为各国间边疆安全提供保障。

三 基于全球化发展进程的国家间安全诉求

从历史进程来看,国家之间并没有绝对的安全,也没有绝对的自由。并且安全与自由作为一对矛盾体,是自古以来世界政治的永恒主题。[①] 但在不同国家间,"自由"的含义又有很大差异。这种差异反映在围绕国家安全与个人自由的威胁,有效控制和政府管理的辩论中。"实际上,国家安全某种程度上讲是确保国家生存和发展的基础。而在全球化背景下,持续不断追求国家安全是各个国家主要目标之一。"[②] 在环喜马拉雅区域,围绕国家利益而进行的权力斗争,在现实主义者逻辑中,"国吃国"的实力是国家生存的必要手段。[③] 再从安全利益与权力追求这样的核心逻辑出发,就很容易探求出各类现象背后真实的安全诉求所在。从经济安全视角看,产业链分工及其依赖路径则也一直是困扰国家间相互关系能否合作和深度竞争的重要因子。而围绕一国实力之经济核心竞争力,从价值链角度进行解读或更有助于理解今天国家的行为。从经济史追溯"价值链"这一概念,是哈佛大学商学院教授迈克尔·波特于1985年提出。波特的"价值链"理论揭示,企业与企业之间的竞争实际是企业所处的整个价值链的竞争。用波特的话来说:"不同消费者之间围绕价值认知,认为已不能将单个活动优势来等价于企业自身竞争优势这样一个简单的逻辑。"

[①] 王缉思:《世界政治的五大目标》,《国际政治研究》2016年第5期。

[②] [美]布热津斯基:《大抉择:美国站在十字路口》,王振西译,新华出版社2005年版,第6页。

[③] [美]约翰·罗尔克:《世界舞台上的国际政治》,宋伟等译,北京大学出版社2005年版,第25页。

从学理角度来进行分析，全球价值链分工的理论逻辑依然是比较优势。例如，中国通过改革开放使得自身经济整体质量得到不断提升，在产业配套能力和创新能力等方面甚至有了质的飞跃，最终使中国经济在全球价值链的层级上得到了攀升。[1] 但是从全球层面来看，特别是美国等西方发达国家在一些关键科学技术和知识产权方面依然占据着制高点，中国作为后起之国显然无法在老一轮产业技术竞争中获得多少优势，但从新一轮产业和技术创新角度看，特别是在互联网＋以及航空航天、量子通信、生命信息技术等领域，中国有着一定优势。此处值得强调的是，老牌发达国家能够很大程度上通过先前的技术优势也即产业链方面优势可以吃一些老本，这反而为中国、印度等发展中国家等在新兴5G技术、软件业等方面赶超提供了机会，并且能够通过相互间竞争而实现所在国产业升级。美国特朗普政府"美国优先"政策实则是一种自我保护主义，其核心动机并非为解决就业等问题，而是为给发展中国家在产业链升级方面制造困难。目前环喜马拉雅区域经济合作，一方面通过经济合作来促进该区域经济社会发展，使该地区纳入全球化进程中并从中获益，另一方面通过经济互补性合作来推动产业质量提升，并在此过程中增进战略互信。而从实际情况看，环喜马拉雅区域劳动力资源丰富，各种矿藏资源有待开发，在劳动密集型产业和采掘业等方面空间巨大。但这些国家缺乏相关技术和资金，另外各自市场空间因没有打通而处在条块分割状态。与之相比，这些地区所缺要素恰恰又是中国优势所在。因此可以通过一系列合作模式创新而使彼此禀赋优势进行互补进而形成区域产业链优势。中国可以利用自身在科技、资本以及市场潜力等优势，加快与环喜马拉雅区域内国家进行对接式产业转移，实现贸易与投资一体化。[2]总体上讲，以"一带一路"建设为契机，通过对外贸易嵌入式升级和加强对跨国资本流动管控，不仅能够有效促进相关企业的跨国发展，也有助于产业链层面的全球化布局，进而促进包括中国在内的亚洲产业经济

---

[1] 黄光灿、王珏：《全球价值链视角下中国制造业升级研究——基于全产业链构建》，《广东社会科学》2019年第1期。

[2] 刘皖青、张战仁：《中国全球创新价值链嵌入模式探析》，《世界地理研究》2018年第6期。

在全球化进程中能够得到重塑和最终实现高质量发展。事实上，自"二战"结束后，有过三次比较大的国际层面产业化转移浪潮，而中国也正是在20世纪80年代抓住了产业转移机会而促使本国经济有了质的发展。目前来看，环喜马拉雅区域仍然处于经济发展较落后地区，如果中国相关技术和产能在该区域展开布局，帮助当地实现经济社会发展，这也可以称为我们遵循了比较优势演进的规律，构建好区域层面的产业链布局，也是构建全球价值链的尝试性探索。

第四节 环喜马拉雅区域经济合作必要性

一 产业升级与经济均衡发展的需要

环喜马拉雅区域经济社会发展受到的制约因素中，主要有三大方面需特别关注。首先是交通能力不足。中国与南亚国家之间虽然有数千公里边界相连，但长期以来由于生产力局限以及政治领域互信缺失等原因，使得跨喜马拉雅两侧本该联通的交通线路没有成行。历史上曾经热闹非凡的亚东地区也因中印间领土归属分歧而至今没有大规模开发和放行。特别是印度对中国的担忧使得中国很多产品甚至不能走进锡金邦靠近中国边境线的30公里以内。其次中国自改革开放以来，重点实行以外贸加工为主的经济策略，并随后加重对制造业支持使得中国经过近40年的发展成为了名副其实的世界工厂，而印度则恰恰与中国改革路径相左，并没有开展以制造业为核心的重点发展规划，印度的服务业长期快速增长，其服务业占印度国内生产总值的比重甚至超过了印度第一产业和第二产业之和。印度的"世界办公室"形象也由此宣传开来。

最后经济上贫富差距进一步拉大，收入不公和普遍贫困值得警惕。中国自进入新时代以来，以习近平为首的中国共产党人重视贫富分化问题，对贫困采取零容忍态度，中国对三农扶持政策以及对西部民族地区的精准扶贫使得中国社会发展呈现出良好的态势。但反观南亚地区，根据统计，从2000年到2010年，印度贫富分化更趋严重，其基尼系数没有降低反而又上升了1.4个百分点，也就是说，印度今天的经济高速发展是以牺牲社会公平为代价。① 孟加拉国也是这种情况，该国基尼系数和印度差不多，但值得肯定的是孟加拉国低收入者总体收入有一定好转，高收入者所持有财富相对比重有一定下降，这也从某种程度上肯定了孟加拉国采取社会公平政策的有效性。此外，巴基斯坦在 2002—2006 年贫富分化较为严重，但随后采取了相关措施，2006—2011 年巴基斯坦经济增长的同时一定程度上兼顾了公平。② 另外需要指出的是，巴基斯坦这种相对公平是以普遍贫困为代价的。斯里兰卡和印度情况类似，从 2000 年和 2010 年相关数据来看，斯里兰卡收入差距不是缩小而是扩大。

二 传统安全与非传统安全应对需要

环喜马拉雅区域经济合作需要加快开展，这与当前国际经济环境发展和地区形势演进有着密切关系。全球化不仅推动了各经济体间资本和货物跨境流动，而且从根本上改变了国际经济交往的本质。当今世界经济已渗透到各国内部，大型现代化公司不再仅仅是传统意义上的工厂，而已成为跨越国界的全球网络；产业和公司内部贸易占贸易总额的比例显著增加；世界金融市场的整合创造了一个本质上单一的全球资本市场；移民和外包已经使全球劳动力市场发生了深刻变化；现代交通运输网络也缩小了各国在地理上的距离。事实上，不仅经济力量的传播渠道发生了明显变化，国家间不同类型的互动关系也发生了变化。贸易、金融、经济增长、减贫、环境保护、社会进步和治理等这些曾被区别对待的议题，现在彼此之间密不可分。

国际经济交往性质的转变对地区经济治理的机制、制度和政策提出了新的要求。自 2008 年国际金融危机爆发以来，国际经济与政治合作各个领域的制度安排发生了明显调整与变化。危机过后，人们认识到如果没有充分、高效的地区与全球经济治理，就有可能产生更严重的经济危机甚至是政治动荡。③ 在此背景下，全球治理发生了若干变革：世界银行

---

① 代俊：《印度人力资本与经济增长关系研究》，《南亚研究季刊》2018 年第 3 期。
② Muhammad Yousif、张悦：《巴基斯坦市、县与乡级地区的发展均衡性研究》，《小城镇研究》2018 年第 11 期。
③ 谷世英、刘志云：《后危机时代金融衍生品监管的革新及展望》，《国际关系与国际法学刊》2015 年第 1 期。

和国际货币基金组织这样的传统治理机构正面临挑战；包括亚洲基础设施投资银行、新开发银行和金砖国家应急储备安排等由新兴经济体建立的国际机制正在发挥出重要作用。[1] 双边贸易协定的扩散，特别是大型区域贸易安排的跟进，有可能迅速改变全球贸易体系的结构和运作。围绕全球经济治理所面临的各种问题如何提供解决方案，尤其是中国在当前不断变化的国际经济体系中如何发挥作用，特别是关于国际金融监管和国际货币体系所面临怎样的挑战与前景，以及国际金融机构在发展和基础设施融资领域的作用等。

环喜马拉雅区域对中国经济社会整体安全的战略意义不言自明。但该区域长期遗留的历史问题和因发展落后引发的各种矛盾使得国家间关系敏感，派系矛盾复杂。追溯历史可以看到，自20世纪中叶印巴各自建国以来，两者之间的关系就没怎么好过，可以肯定地说两者特别是在克什米尔地区的冲突几乎从未停过。分析印巴两国关系不断交恶的因素，其中克什米尔归属问题首当其冲。而克什米尔问题的产生则是当时历史上英国采取的"分而治之"的殖民政策所造成，也即臭名昭著的"蒙巴顿方案"。根据该方案，克什米尔的归属成了难题。当时占克什米尔地区约77%的穆斯林人口主张加入巴基斯坦，但克什米尔土邦王则信奉印度教，他最后选择的是加入印度。至今克什米尔的归属问题仍然没有解决。

抛开历史纠葛，今天环喜马拉雅区域生活着克什米尔人、旁遮普人、孟加拉国国人、比哈尔族人、阿萨姆族人、马迪西人、廓尔喀人、夏尔巴人、安得拉人、拉贾斯坦人、信德人、俾路支人、帕坦人、阿萨姆人、斯里兰卡的僧伽罗人等不同民族，他们传承着民族文化与推动着该地区发展，并且在历史进程中多次交织着争斗。目前来讲，印度东北部各邦的民族分离主义活动依然不能小觑，阿萨姆邦和曼尼普尔邦、西孟加拉邦的分离主义活动暗流涌动，而印巴争议区的克什米尔问题形势依然严峻，斯力那加城市每周五下午依然举办游行示威活动，抗议印度政府的管控和表达独立的诉求。值得注意的是，缅甸若开邦的内战导致大量罗兴亚人出走孟加拉国，也或明或暗说明了南亚地区民族、宗教等

---

[1] 朱嘉明：《世界金融危机十周年：回顾与思考》，《文化纵横》2018年第3期。

问题复杂。

与民族分离主义密切伴生的跨国恐怖活动和宗教极端主义活动不仅给地区和平带来挑战,甚至一度影响了大国间力量配制。"9·11"事件后,美国力量进入中亚并在吉尔吉斯、塔吉克建立了军事基地,在巴基斯坦也有美国背景的非政府组织活跃异常。[①] 美国在阿富汗长达十年多的反恐,力图根除基地组织,但目前并不能断言美国此举的成功。另外,美国也在通过打一些人权牌来获取其地缘战略利益。如美国长期与十四世达赖集团关系暧昧,美国国内少数族裔领袖与宗教界保守力量联合,从经济、政治、社会等多层面支持藏独活动,为他们提供分裂的"历史依据"和"法理依据",制造国际声势并引导国际舆论,组织智囊团,出版著作刊物,篡改西藏历史等。但值得认清的是,美国行为的背后实际并不是为了这些非法从事分裂活动的藏人利益。而无论对中国还是印度、巴基斯坦等国家,如何避开外来力量的负面干扰,共同打造好一个稳定与经济发展充满活力的环喜马拉雅区域显然更符合各方长远利益。

三 顺应中国对外开放战略实施需要

环喜马拉雅区域经济合作的开展与中国西部广大民族地区乡村振兴战略等实施,不仅是针对中国新时代人民内部矛盾的解决之如何追求美好生活和高质量品质的一种肯定性回应,也是顺应中国对外开放和产业结构转型升级的需要,顺应区域经济一体化进程和对外经贸机制升级的需要。

(一)顺应中国"一带一路"建设与周边国家深度合作的需要

中国在国际层面推出"一带一路"建设倡议,目前中巴经济走廊和孟中印缅经济走廊都已经启动,相关中国段项目进展顺利,中尼印通道建设也在酝酿规划中。随着这些相关陆路交通设施的改善,环喜马拉雅区域国家间经贸往来关系将得到重大改观,改变了过去那种高度依赖船舶贸易和初级品货物贸易的状况。而考察21世纪以来的彼此间经贸关系

---

① 胡德坤、钱宇明:《冷战结束后美国中亚政策的演变》,《湖北大学学报》(哲学社会科学版)2018年第6期。

可以看出，中国与巴基斯坦之间的双边贸易虽然自进入 21 世纪以来呈现不断发展态势，但双边贸易总额并非呈现单边上涨态势。由于受到 2008 年国际金融危机的冲击波及影响，中巴两国间贸易增长幅度在 2009 年开始曾一度出现负增长，这说明中巴贸易之间关系有一定脆弱性，受国际经济大环境影响明显。[①] 在此需要特别指出，中巴除了商业层面的正常经贸往来外，中国单方面对巴提供经济发展援助也是一个重要方面。这些援助不仅包括普通经济援助，还包括项目培训援助以及人道主义紧急援助等。如 2013 年巴基斯坦发生强地震后，中国及时派出搜救力量与医疗卫生人员参与当地救助活动，帮助巴基斯坦度过困难。

（二）构建中国周边政治经济新秩序的需要

从亚洲地区的地缘政治经济环境来看，中印不仅是该地区经济增长最快的经济体，也是相互移不走的邻居，都曾经在历史上辉煌过，也都受过帝国主义与殖民主义的迫害，"二战"后发展经济的路径也有很大相似性。共通的经历与相邻的地域使得中印在国际场合有很高的合作需求，同时在环喜马拉雅区域又存在一定竞争关系。[②] 但受制于中印战略互信不足影响以及各类历史遗留问题羁绊。印度在对中国的互动中多持有怀疑态度，甚至有些舆论认为中国今天的发展是在挑战印度在南亚的地区秩序，对中印关系的未来不看好。而中国与巴基斯坦关系发展也多被印度解读为战略遏制印度的行为，中巴安全领域的任何合作都会触动印度的神经。关于巴基斯坦方面，巴基斯坦工业基础薄弱，长期贸易逆差，已成为巴基斯坦对外贸易的"诟病"[③]。从历史上看，中国与巴基斯坦之间虽然很早就建立了良好经贸关系，中巴两国之间贸易总额也较高，也呈现较好增长发展趋势。但中巴间经贸还存在不少问题，其中经济贸易和中巴政治往来不协调现象较为突出。从战略上讲，中国与巴基斯坦之间是全天候战略伙伴关系，但两国在政治领域交往火热的时候，贸易方面并没有出现预期的热潮。从中国与巴基斯坦贸易额占中国与世界贸易额

[①] 王彤彤：《"一带一路"背景下中国对巴基斯坦贸易的机遇与挑战》，《现代商贸工业》2018 年第 31 期。

[②] 王业坤、宋惠：《中国与印度经贸合作发展现状比较分析》，《中国经贸》2016 年第 7 期。

[③] 阿不都外里·艾肯：《巴基斯坦贸易开放性探究》，《合作经济与科技》2019 年第 2 期。

的比重来看，2001—2013 年巴基斯坦与中国的贸易量仅仅占到中国与世界贸易量的 0.3% 左右，但是在 2013 年，中国与印度的贸易总额就已达到了 650 亿美元左右，接近中巴贸易额的 5 倍。由此也不难看出，中巴双方政治关系发展与中巴经贸发展是不匹配的，经贸发展严重落后。作为中国周边秩序中占有重要权重的环喜马拉雅区域，如何处理好印巴关系，通过经济来带动和改善中印巴三角关系在当前陆权安全显得日渐重要的背景下尤其要重视，诚然这也考验三方领导层智慧。

（三）经营中国周边地缘文化空间的需要

中国文化要走向世界并成为一种优势文化，这就要求我们不仅要积极参与全球层面的多元文化互动，并且要在地区层面上推动地区文化整合，特别是在中国周边地区，更是要通过相应文化战略打造出中国地缘文化优势。中国在通过系列步骤巩固自身在中华文化圈中核心地位的同时，也应不断深化圈内各成员合作，提升中国文化的凝聚力。而西藏文化作为中华文化重要组成部分，也应在中华文化构建影响力的过程中贡献一份力量。[①] 而对于其他跨界文化，中国也应接受它们的合理存在，并根据实际需要加以利用甚至帮助推广。实际上，无论从中国自身文化发展需要来讲，还是从地区文化多元竞争绽放光彩来看，没有中国文化的全面参与，亚洲文化国际影响力将很难有高度。而从实用性角度讲，我们在推动环喜马拉雅区域经济合作的过程中，能够有助于（其他）包容和接纳中国周边地区跨界文化认同，积极推动发展，并在此基础上进一步增进中国文化与中国大周边地区伊斯兰文化、印度教文化的合作。总体上看，若要有序提升亚洲地缘文化影响力和进行整合，一个基本前提是要认识到文化整合不是为了消除不同文化的"异质特性"，而是在尊重的基础上扩大不同文化之间的"同质性"。而亚洲地区层次上的文化整合，显然应该以整个亚洲为基础，这也就要求中国有效挖掘并推动亚洲地区不同文化的"同质性"扩大，实现不同文化的和谐相处。

---

① 崔延哲：《西藏优秀传统文化的特点及发展前景研究》，《鄂州大学学报》2017 年第 3 期。

本章小结

　　本章主要就"增长三角"理论、"点轴"理论、相互依存理论、跨国次区域经济合作实践、地缘功能主义合作等现实来源，论争等情况进行了客观述评，为环喜马拉雅区域经济合作研究提供理论支撑。实际上，无论"增长三角"理论还是地缘功能主义合作都暗含了对某个区域主观推动发展的语意，并且功能性合作真实意图并非在于实现经济收益。而环喜马拉雅区域作为地球上特殊生态环境和经济社会发展总体落后的现实，通过环保前提下以通道建设为空间布局的合作来促进地区发展，或将是实现亚洲区域经济均衡发展的一种选择。从地缘上讲，中国与域内多个国家接壤。而随着交通能力的提升，中国西藏地区日渐凸显出政策优势和地缘优势，成为环喜马拉雅区域经济合作的核心圈所在。在青藏铁路以及拉日铁路先后通车后，西藏对南亚国家的辐射影响力进一步凸显。考虑到喜马拉雅山麓特有的地理位置以及未来可观的发展前景，中国与印度、巴基斯坦、孟加拉国等南亚国家联合开展深层次经济合作，进一步提高合作的质量与经贸互惠频度，在"逆全球化"迹象抬头以及全球经济不均衡发展加剧背景下，探索适合有利于环喜马拉雅区域居民幸福生活的机制建设，有着极大的可期性与可塑性。总体上看，环喜马拉雅区域国家各民族间共通的文化发展脉络、共通的地域活动范围、共通的对未来美好生活的追求等因素，让我们不仅对通过经济合作来实现地区繁荣有了更多信心，也对高政治领域合作和政治收益有了新的期盼。

第二章

环喜马拉雅区域经济发展现状与合作挑战

中国与南亚国家之间近年来经贸发展非常快速，各类因经济合作而负载的共同利益在不断增加。作为14亿人口大国的中国越来越需要来自南亚的矿产资源、工业初级品等工业原材料，也更加倚重南亚这样一个同等体量的大市场来销售中国商品。根据统计，截至2015年，中国同南盟8国贸易总额高达1112.2亿美元，在2008年国际金融危机以来，能取得这样成绩确实不易。而2017年，中国与南亚国家贸易额达到1267亿美元，比2016年同比增长14.6%，中国与南亚国家新签约基础设施投资额高达280亿美元，其中对南亚国家直接投资17亿美元。而南亚地区自2000年以来，特别是2008年以来，抓住世界经济产业升级换代的机会和利用自身劳动力等资源优势，实现了经济快速增长，当地居民生活水平有了大幅提高，而国家间相互经贸也更加频繁。环喜马拉雅区域特有的旅游资源、文化资源以及医药产业等越来越受到世人的推崇，而作为世界第三极的喜马拉雅山麓环境保护问题、水环境治理问题等也日渐引起世人的关注。[1] 此章主要从该区域各国经济最新发展情况以及与中国经贸关系两个层面出发，梳理概括出环喜马拉雅地区经济发展的现状，并对合作面临的挑战进行解析。

---

[1] 李志斐：《气候变化对青藏高原水资源安全的影响》，《国际安全研究》2018年第3期。

第一节 域内各国经济发展最新状况

近年来,由于世界范围内大宗商品价格波动运行,金融市场稳定性弱,经济增长呈现疲软态势,贸易保护主义有重新抬头迹象。但从经贸发展实际情况来看,环喜马拉雅区域仍然显现出巨大的韧性和回旋余地,是世界上经济增长最快的地区之一。特别是印度,由于其经济总量在该地区举足轻重,其强劲增长拉动了整个域内经济较快增长。2016年以来,尽管不少域内国家进出口贸易依然呈现增长状态,但由于印度经济波动幅度较大,影响了整个域内贸易增长。由于进口在严格管控下有了减少,印度等国家国际收支不平衡状况有所缓解,外汇储备和物价总体水平保持了稳定。但域内经济发展也面临许多问题,多数国家改革进展缓慢,投资增长不如预期,工业增长减缓,就业形势严峻。考虑到环喜马拉雅区域地缘与历史因素,笔者此处将缅甸亦纳入分析对象。并且为对当前经济能有一个更好理解,笔者也特意将历史进程中不同阶段发展适当地做了一些数据补充。

一 经济强劲发展的印度

独立后印度经济获得了较大发展,不仅形成了较为完整的工业体系,粮食也基本实现了自足。自20世纪90年代以来,印度服务业发展迅速,其服务产业占印度GDP比重大幅提升。但2008年后,印度经济增速相较于其前些年有所放缓。从最新统计数据来看,印度2017年在第四季度GDP增速达到7.2%,再次成为目前世界上增速最快的大型经济体。印度统计局2018年2月数据,印度经济在2017年整体发展好于预期,与2016年的6.5%增速比有明显提升。印度经济回暖表明其已走出"废钞令"羁绊,并在莫迪当局新实施《商品服务税法》(*Goods and Services Tax Bill*, *GST*)下重新显现出活力。2016年11月,印度政府突然宣布"废钞令",当时对印度商业特别是零售业冲击特别大。值得强调的是,印度国内在日常消费过程中,老百姓更多习惯用现钞进行支付,而作为当时印度最主要币种被废除,印度当年经济大幅波动。印度2016—2017年经济增速曾触及 5.7%。① 在 2017 年 7 月，莫迪当局推行新税法，以减轻企业税负。总体上看，莫迪当局采取系列经济措施释放了印度经济活力，印度经济回暖不仅给印度国内创造了更多就业机会，也给世界经济增长产生了正面影响。根据印度 2018 财年预算，印度加大对喜马拉雅山麓地区农村投入，修建基础设施和改建民房等，给世人以未来经济发展巨大想象空间。

（1）经济增长一定程度上呈现强劲态势。2017 年印度经济在更大范围内见证了 GDP 增长波动。并且根据当时预测，2018 年 GDP 增长将再次回升。如果用 2011—2012 年作为基准年，2014—2015 年的实际 GDP 增长为 7.5%，在 2015—2016 年增至 8%，在 2016—2017 年降至 7.1%。最悲观的预测是，印度在 2017—2018 年的经济增长率在 6.5%—7.1%，较为乐观的预测是 2018 年经济增长率为 7.4%，并且在 2022 年之前经济增长率将不断提升。

（2）经济增长部门构成明显不同。2015—2016 年因厄尔尼诺效应造成全国干旱为特征导致歉收发生，而 2016—2017 年高降雨量又带来农业产值提升。农业、林业和渔业增值额在 2015—2016 年增长仅为 0.8%，但 2016—2017 年猛增至 4.4%。服务业在这一时期也经历较高增长。这些增长伴随矿业增长率从 2015—2016 年的 12.3% 骤降至 2016—2017 年的 1.3%。在支出方面，政府和私人消费在 2017 年增长明显。良好的季风和印度农村收入增加也推动了农村消费增长 11%，城市消费增长 7% 左右。2016—2017 年固定资本总值占 GDP 百分比比 2015—2016 年略有降低，表明国内资本形势依旧疲软。外国直接投资流入量依然强劲，而且这一趋势在 2017—2018 年继续。2017 年众多其他指标也很不错，数据显示印度出口放缓的情况或已触底，通胀也保持在印度储备银行认可的范围内。

（3）印度政府行政效率有所提高。长期以来，由于印度政府各部门之间缺少协调，一些大型项目一直处于停顿状态。莫迪上任后，直接进行干预并制定了一套程序，定期亲自主持内阁会议，就具体项目和政策问题进行决策。值得强调的是，莫迪政府在邦一级做出一项重大努力，

---

① 梁捷：《印度废钞令的长期影响》，2017 年 1 月，中国社会科学网（http://ex.cssn.cn/gj/gj_gwshkx/gj_jj/201701/t20170120_3391363.shtml）。

简化企业许可审批手续并实行数字化。这种努力使得印度在世界银行"经商便利度"排名从 2014 年的第 140 名跃升至 2018 年的第 100 名。与此同时，印度政府还采取了一些便民措施，比如数字化文凭认证，向 4000 万户农村贫困家庭提供使用液化石油气的炉子等。莫迪还以"改革印度全国学会"取代了国家计划委员会，从而大大提高了政府效率。印度政界已形成一种共识：印度自 1991 年改革以来已逐渐走向市场经济，国家计划委员会失去了意义。从 2015 年开始，"改革印度全国学会"成为莫迪政府改革议程的积极推动者。一方面，它向各邦提供政策建议；另一方面，它在制定中央政府政策时征求各邦意见。此外在结构性改革方面，取消国家补贴，解除汽柴油价格管制等方面力度颇大。国家补贴压低了消费价格，这种情况持续时间较长，助长了汽柴油过度消耗，最终增加了财政赤字。莫迪当局为严控赤字，随后完全取消了这些补贴，在原油价格上涨导致零售汽柴油价格大幅上涨的情况下，也坚持不恢复补贴。此外，在过去这 4 年里，印度政府对家庭烹饪用的液化气补贴也大幅减少。

（4）进一步向外商直接投资开放。2017 年 4 月至 12 月，印度的外商直接投资流入额达到 480 亿美元。莫迪上任之初，印度保险市场外商直接投资上限能否从 26% 放宽至 49% 被看作检验莫迪是否有决心让印度重新走上改革之路的试金石。莫迪政府不仅实行了这项改革，而且走得更远，将印度国防领域向外商直接投资开放。它还允许外资在印度食品加工领域全资经营，允许外资参与高铁科技和资本密集型项目以及电商市场。其中亚马逊和沃尔玛已进入印度电商领域。值得关注的是，莫迪当局在各行业引入固定期限雇佣制，提高用工灵活性。印度劳工法规定制约，工人规模超过 100 名的制造企业为获取最优利润更倾向于维持小规模，尤其是人均利润率很低的劳动密集型行业。莫迪当局在各行业引入了固定期限雇佣制，企业就可以雇佣固定劳动期限工人，在用工方面比过去拥有更大的灵活性。

（5）完成商品和服务税改革，推出"直接福利转移"机制①，提高

---

① 闫勇：《印度社会福利计划有待完善》，2018 年 9 月，中国社会科学网（http://www.cssn.cn/hqxx/bwych/201809/t20180905_ 4555248.shtml）。

社会利益分配的效率，遏制浪费、欺诈和滥用福利。这项复杂改革要求所有29个邦达成共识、要求通过一项宪法修正案和多项立法。尽管这一改革仍因保留多达4种不同税率及执行不力而遭到批评，但其主要好处是对每种产品全国实行统一征税，取代中央和邦多种间接税。并且包括对家庭烹饪用的罐装液化气的补贴和以补贴价出售粮食等的社会福利正在通过"直接福利转移"机制来提供，此举消除了几百万名冒名受益人。此外，颁布清算和破产法，系统清理不良资产。尽管自独立以来印度已走过近70年，但在莫迪上台时，印度仍没有一部有效的破产法，银行因此积累了大量不良资产。2016年5月，印度政府终于颁布了清算和破产法，引入了有时间限制的破产程序。印度储备银行成功利用这部法律系统清理了不良资产，制定了严格的偿还贷款规定。

（6）提高完成大规模项目能力。中印之间重要差别之一是中国快速完成大规模项目的能力较强，这也为印度所羡慕。在莫迪执政期间，印度至少朝着这个方向取得了一些进步。有三个具体例子值得一提：普及生物识别身份证、开立大众金融银行账户，以及在"清洁印度"运动下建造厕所。一是关于生物识别身份证，从上一届政府2010年开始推行"生物识别项目"至今已向12亿印度人发放了这种身份证，除了靠近边境的几个邦以外，几乎所有印度居民都已拥有生物识别身份证。仅在2017年8月，印度政府就发放了865万张。二是印度政府启动大众金融银行账户计划，将其作为提高金融普惠性努力的一部分。仅在2014年8月一个周里就为百姓开立了1800万个银行账户。今天，大众金融银行账户总数达到了3.16亿个。三是在"清洁印度"运动下，有厕所的农村家庭占比从38%升至84.2%。不存在随地大小便现象的邦达到17个，而莫迪刚上台时这一数字为零。莫迪提出的目标是：到2019年10月2日圣雄甘地诞辰150周年时，印度"无露天大小便现象"。

（7）关于印度不良债权问题。2013年就任印度储备银行（央行）行长的拉古拉姆·拉詹曾就不良债权的小幅增长进行过调查。结果发现，无论是私营还是官办，各家银行都积累了大量储备金，导致下一年度不良债权激增。原本想清除积弊、化解危机，但是反而导致不良债权继续增长。印度央行提出到2019年第三季度将国有银行不良债权率控制在16.3%，但悲观的预期甚至认为可能还会扩大至17.3%。市场相关人士中多数意见认为，压力测试过于乐观，实际上可能已经达到了20%以上。导致不良债权增加的最大问题出在借款方身上。不断有基建和建材行业的大企业出现债务违约，包括普绍钢铁、爱沙钢铁、Jaypee基建技术公司等近十年快速成长起来的具有财阀背景的行业巨头。印度的基建行业称得上是经济增长的标志性所在。但是曾经的理想投资标的和融资项目现在已经被彻底敬而远之。项目经费估值的漫不经心和工程进展缓慢导致延期造成进度大幅低于预期，负债激增，最终发生债务违约——这是不良债权积累的典型模式。

目前印度正在进行大规模城市旧房改造项目。作为基础设施投资一个单独资产类别，这种资产风险较低，因为经过了土地收购以及环境清理阶段。对这种资产来说，来源于养老金、保险和主权财富基金的机构投资者会更加积极踊跃。此外，印度作为亚投行第二大股东，持股比例超过8%，自成立以来亚投行批准了十几个国家多达25个项目，总融资额超过40亿美元。而印度自身受益于亚投行投资，这是一个良好开端。鉴于1000亿美元的承诺资金以及成员国对基础设施的巨大需求，莫迪当局很是期望亚投行在2020年之前把融资额从40亿美元增加到400亿美元，到2025年增加到1000亿美元。

二 内陆国家尼泊尔和不丹

尼泊尔是典型农业国家，经济发展极其落后。自20世纪90年代以来，尼泊尔由于政局不稳以及基础设施建设跟不上，经济发展效果不佳，其政府预算支出接近四分之一是来自美、日、英等西方发达国家的捐款和贷款。2016年人口2898万人，人均GDP为730美元。尼泊尔高达八成的国民以农业生产为主，但农业总产值却只占到该GDP的40%左右。20世纪90年代以来，尼泊尔虽然开始实行自由经济政策，但收效并不明显。尼泊尔作为一个内陆小国，经济严重依赖外国援助。根据统计，2014—2015财年外汇储备为75.6亿美元，通胀率为7.5%，国内生产总值增长率（2014—2015财年）为3.4%。尼泊尔工业基础非常薄弱，主要有制糖、纺织、食品加工等简单手工业生产和工艺不复杂的塑料生产等。[①]

---

① 黄正多：《尼泊尔经济发展中的比较优势分析》，《南亚研究季刊》2017年第4期。

2015年，尼泊尔货物进出口值为71亿美元。其中，出口7.2亿美元，同比下降19%；进口63.8亿美元，同比下降16%。尼泊尔商务服务贸易进出口总额为23.64亿美元。其中，出口11.39亿美元，占世界商务服务贸易出口总额的0.02%；进口12.25亿美元，占世界商务服务贸易进口总额的0.03%，同比增长7%。

2018年3月，世界旅行及旅游委员会发布《2018年旅行及旅游业经济影响力报告》，称2017年尼旅游业为GDP直接贡献达998亿卢比，占GDP比例为4%，接待游客人数94万人，同比增长24.86%。旅行及旅游业为GDP贡献1950亿卢比，占GDP比例为7.8%，直接或间接创造就业岗位102万个，金额及就业贡献在185个国家中分别排第110、34位；旅行及旅游业投资173亿卢比，占当年全部投资比例为2.3%。报告预测尼旅游业2018年贡献增长4.9%，此后年均增长3.8%，到2028年旅游业为GDP贡献达1524亿卢比。预测2018年接待游客104万人，到2028年达到167万人，游客消费达1271亿卢比；预测旅行及旅游业未来年均增长3.9%，到2028年将为GDP贡献达2995亿卢比，占GDP比例为8.2%。

尼泊尔经济发展相对落后并没有阻止尼泊尔人追求多元文化与探讨艺术的热情。在位于尼泊尔首都加德满都西部城郊地区，每学期周一至周五，孔子学院的学生正在全身心学习汉字等知识，孩子们或许没有意识到学习汉语的长远意义究竟是什么，但从他们接触中国文化到随着时间逐渐将文化负载的为人处世等逻辑规范融入日常的生活中，这或许是对他们个体来讲一生最大的收获，也许他们成人后的生活将深深印上中国文化的烙印。在这所学校，中文是大约1600名孩子的必修课。这标志着，除了增加经济投资，中国还在为这个喜马拉雅山区国家推广相互间通融的文化在努力。尼泊尔工业部称，中国是尼泊尔最大的外国投资者，仅2017财年，中国就向尼泊尔投资83.6亿尼泊尔卢比（约合8189万美元），比前一年增加近35%。尼泊尔旅游委员会提供的数据显示，前往尼泊尔旅游的中国游客数量也在增加，2016年增长20%，达到10.4万人次。

由于历史原因，尼泊尔和印度关系长期来比较敏感。曾经一度时间里尼泊尔经济高度依赖印度，特别是相关石化提炼和基础工业品，而印度也把尼泊尔当作自己商品销售市场和战略辐射地。但尼泊尔因国内选举问题而遭到印度燃油禁运一事的发生,使尼泊尔在对印关系倾向上不得不采取更加谨慎的立场。印度吞并锡金的阴影在尼泊尔始终挥之不去,而尼泊尔400多万印裔背景的马迪西人对尼印关系走向也有重要影响,作为尼当局为维持尼泊尔独立性,更倾向于与中国发展友好关系。

关于不丹,不丹经济社会发展主要采用GNH(国民幸福指数)标准,该指标主要体现在环境保护、文化保护、政府治理与可持续发展四个方面。早在1961年始,不丹就着手实行经济发展"五年计划"。此外,不丹还从印度、瑞士、联合国开发计划署等国家和国际组织争取各类经济援助。根据统计,"十五计划"(2008—2013年)期间,不丹总投资约1462.522亿努扎姆,比上一个五年增长111.4%。农业是不丹的支柱产业。不仅实现了粮食自给,而且几乎接近98%的农民也拥有自己的住房。值得强调的是,不丹水电资源极其丰富,并将该资源向印度出口。水电业以及相关旅游业成为拉动不丹经济增长的主要因素。

在不丹所接受的外援中,印度提供的外援占70%。印度政府曾承诺,在2013—2018年,印度将会向不丹政府提供450亿努扎姆援助。印度对不丹援助涵盖很多领域,包括教育、医疗等在内的社会事业,其中大量投资与援助更是用于不丹电力资源开发、公路建设等。在不丹"十一五"期间,印度向其提供了280亿卢比的项目援助(PTA)、85亿卢比的资助项目(PG)、85亿卢比小型发展项目(SDPS)。目前,印不双方就85个援助项目和485个小型发展项目达成了合作协议。根据测算,印度与不丹在水电项目上进行了深入的合作,从收益占比来看,水电项目上不丹收入甚至占到了不丹国家整体收入的40%。值得注意的是,由于不丹对外单方依赖性,使得不丹对印度的外债规模持续上升,特别是印度的援助+贷款模式(70%与30%占比的不时转变)加深了不丹对印度的经济依赖。从实际情况来看,不印水电项目从启动到运营,整个过程中并没雇佣多少不丹人,也没提供足够份额的就业岗位给不丹民众。追究其原因,印度方面更多指出这是印度公司与不丹方签署的,公司运作是以盈利为目的而不是带有过多公益性质。根据国际货币基金组织(IMF)数据,目前不丹政府总债务已占到GDP总量的118%,其中64%债务的债权方是印度。

2017年，不丹经济总体运行良好，经济增长率达到了8.5%，成了世界经济增长速度最快的国家之一。[①] 其经济发展主要靠不断扩大固定资产投资（Gross Fixed Investment）以及在印度政府的援助下不断加强大型水利工程项目建设。2017—2018财年，几个大型水利工程项目继续推进。不丹希望通过水利工程建设然后输出电力赢利以获得经济上的独立，减少对外援的依赖。[②] 除了水电和旅游两大支柱产业外，其他领域的开放程度非常低，这使得国际低迷的经济形势并没有对不丹造成大的影响。[③] 然而，由于严重依赖投资和消费以获高经济增长率，其经济有可能走下坡路，特别是经常项目严重赤字（Current Account Deficit）。2017年，由于受国际原油和食品价格等因素影响，不丹通货膨胀压力得以缓解。2017年9月，不丹通货膨胀率降至2.87%，同比下降0.69%。[④]

2017年1—8月，不丹水电产量、国内销售额大幅上升，而出口额同比明显下降。2015年1—8月，水电产量为49.92亿瓦，2016年1—8月，水电产量为42.56亿瓦，2017年1—8月，水电产量为76.57亿瓦，与去年同期相比增长了79.9%，见表2—1。

表2—1　　　　2015—2017年不丹四个主要水电站生产情况

（单位：百万努，兆瓦）

时间	2015年 产量	2015年 出口额	2015年 国内销售	2016年 产量	2016年 出口额	2016年 国内销售	2017年 产量	2017年 出口额	2017年 国内销售
1月	236.2	102.8	252.7	230.8	93.4	236.3	288.4	203.6	325.7
2月	180.8	67.7	204.2	198.1	42.0	225.9	253.3	96.4	286.2
3月	222.9	99.6	219.5	223.5	97.9	221.8	283.6	198.1	335.1

[①] Economist Intelligence Unit, Country Report：Bhutan, 2nd Quarter 2017, p. 11. 需要指出的是，该数据最初来源于世界银行，与不丹中央银行的数据不一致。
[②] Economist Intelligence Unit, Country Report：Bhutan, June 2016, p. 9.
[③] Economist Intelligence Unit, Country Report：Bhutan, 2nd Quarter 2017, p. 11.
[④] "Inflation at 2.87 percent", Kuensel, Sep. 1st, 2016, http：//www.kuenselonline.com/inflation-at-2-87-percent/.

续表

时间	2015年 产量	2015年 出口额	2015年 国内销售	2016年 产量	2016年 出口额	2016年 国内销售	2017年 产量	2017年 出口额	2017年 国内销售
4月	401.2	505.8	172.3	316.5	343.3	171.1	427.0	448.3	312.9
5月	621.7	927.4	143.7	429.7	547.5	175.9	456.0	724.3	303.7
6月	887.6	1435.2	114.0	735.5	883.2	110.2	724.5	1211.6	343.9
7月	1215.2	2147.2	79.3	881.2	2235.5	120.0	1271.6	2359.8	452.5
8月	1233.6	2197.0	93.0	1241.1	2271.7	106.4	1280.9	2374.8	447.8
9月	1203.8	2136.1	81.5	952.2	1506.6	1347.6	/	/	/
10月	802.5	1289.4	159.6	1143.2	1993.5	125.5	/	/	/
11月	439.4	545.4	203.7	599.9	905.5	180.6	/	/	/
12月	310.3	261.3	245.5	389.6	443.7	203.3	/	/	/
总计	7735.3	11714.9	1969	7341.3	11363.8	3224.6	4985.3	7656.9	2807.8

由于不丹国内缺乏制造业就业机会，使得不丹民众生活比较清闲。但值得注意的是，不丹经济社会生活成本并不低，其国民幸福指数指标实际已经不能真正反映该国真实的获得感情况。不丹反对党官员润参·詹姆特候（Rinzin Jamtsho）指出不丹日益攀升的失业率已经严重威胁到了本国的安定与发展。在过去三年，不丹年轻女性的失业率增加了43%，女性失业率增加了37%。另外，年轻人失业率上升了30%，这些数据表明不丹失业问题非常严峻，社会治理面临挑战。

三 发展潜力巨大的巴基斯坦和孟加拉国

当前巴基斯坦经济在中巴经济走廊相关项目等带动下发展快速，一改前些年发展疲软状态。但目前巴国内经济发展中面临通货膨胀率高，经济受地区动荡局势影响，巴基斯坦经济发展呈现地区发展不平衡，对外部援助有着极强的依赖性，财政赤字率高、基础设施落后等问题。巴基斯坦与中国关系特殊，中国方面界定巴方为"一带一路"建设重要示范国家，并且两国间长期以来作为"全天候"战略伙伴，在涉及重大地区利益特别是包括经济安全在内的国家核心利益时保持了高度协调。目前，中巴两国政府已经确定了以重点建设"中巴经济走廊"为主要抓手，具体围绕解决巴基斯坦就业和产业升级等展开深度合作，中国从资金贷款、产品销售和技术指导等方面给予巴方全面支持，目前瓜达尔港建设和东北西南输电等能源项目已取得了阶段性成果。从巴基斯坦国家经济运行来看，巴基斯坦对外经贸依赖度这些年在快速提高，外贸出口为巴经济发展带来了强劲动能，从另一方面讲，这也是巴方劳动密集型产业优势的一种价值回归。根据统计，早在 2014 年，巴国贸易总量已占到了其 GDP 的 29.7%。[1] 从进出口相关数据分析来看，巴基斯坦长期处于贸易逆差状态，并且其逆差额也呈现逐年扩大态势。作为净进口国来讲，国际大宗商品价格下跌有利于巴基斯坦，但也要注意部分低廉外来工业品也在挤占其国内产品市场。从出口产品品种看，多以原材料类和劳动密集型商品为主。其中，巴基斯坦出口商品占比排名前三的都属纺织类，该类占到了总出口额的一半。此外，谷物、石料等也是主要出口商品。这些出口商品由于附加值低，对巴基斯坦国内经济影响不是很直接，对百姓就业等方面效用不明显。发展的带动作用不明显。从出口目的地来分析，巴基斯坦主要出口对象国是美国、中国等[2]。

巴基斯坦一度处于非常糟糕的地区安全局势中。近几年得到明显改善，这得益于一系列打击驻扎在阿富汗边境的基地组织和叛乱团体军事行动。由于 2014 年巴政府采取了强烈反恐攻势，巴基斯坦的恐怖主义暴力活动大幅减少。[3] 但值得注意的是，虽然消灭了许多恐怖分子，但推动和培育好战分子的仇恨意识形态仍然根深蒂固，一系列有影响力的信息源（从神职人员和电视新闻主持人到公立学校教科书）仍然在传播极端主义和宣扬暴力。

关于巴基斯坦内政经济方面，数十年来巴基斯坦长期为信德省精英阶层布托家族以及靠山是旁遮普族的谢里夫家族所掌控。由于目前巴外

---

[1] Ministry of Finance, "Government of Pakistan", *Pakistan Economic Survey 2014 – 2015*, Islamabad, 2015, Chapter 12.

[2] 李慧玲、马海霞：《巴基斯坦经济发展机遇与"一带一路"建设》，《学术探索》2016 年第 7 期。

[3] 孙兴杰：《巴基斯坦反恐之困》，2014 年 12 月，人民网（http://military.people.com.cn/n/2014/1217/c1011 – 26222083.html）。

汇储备和国际收支问题比较严峻，该国面临的金融压力不容小觑。而在巴基斯坦，求助于国际货币基金组织从来都不是受欢迎的政治举动。2018年巴基斯坦大选，正义运动党领导人伊姆兰·汗赢得大选后，在中国12月份举办进口博览会之际访问了中国。中巴双方同意根据《中华人民共和国和巴基斯坦伊斯兰共和国睦邻友好合作条约》（2005年签署）确立的原则，将中巴全天候战略合作伙伴关系进一步加强，通过推动务实性合作特别是中巴经济走廊建设，打造新时代更紧密的中巴命运共同体。中巴双方认为，今后双边合作应聚焦巴方产业升级需要和要素优势的发挥，在此基础上提升中巴双方经济合作的质量，也关键是进一步增强和提升巴基斯坦自身经济发展基础上的国家综合实力。中国方面为支持巴基斯坦发展，愿意通过加大农产品采购以及初级工业品通关便利化措施等具体方案，来解决双边贸易不平衡问题。此处尤为值得强调的是，中巴双方原则上同意尽快完成中巴自贸协定第二阶段谈判。

孟加拉国作为世界上最不发达的国家之一，其经济发展路径也一直被世人所关注。从其经济结构来看，不仅经济基础薄弱，而且目前经济中工业发展层级低，服务业也很落后，包括旅游等在内的经济发展带来的经济效应并不明显。长期以来，孟政府通过推行私有化政策和加强私有资产保护等具体措施来吸引国际的投资，并且取得了一定效果。2008年，孟加拉国受到国际金融危机影响，出口大幅下降。孟加拉国农产品主要有甘蔗、黄麻及其制品、茶叶等农产品及相关粗加工产品。根据统计，孟加拉国是世界第一大黄麻出口国，其出口量仅次于印度。孟加拉国第二产业薄弱，制造业并不发达，多以原材料和初级产品生产为主。孟加拉国的主要直接投资来源国为美国、英国等国家。

表2—2　2015财年孟加拉国国内生产总值（2014年7月至2015年6月）

国内生产总值	1951.6亿美元
人均国内生产总值	1316美元
货币名称	塔卡（Taka）
汇率	1美元=85塔卡

资料来源：http://bd.mofcom.gov.cn/article/jmxw/201802/20180202715804.shtml。

据孟加拉国统计局数据，2017—2018 财年 GDP 为 22.5 万亿塔卡（2741.1 亿美元），同比增长 7.86%，增长率创历史新高。其中，农业、工业和服务业分别占 GDP 的 13.82%、30.17% 和 56%。2005—2006 财年粮食产量为 2727 万吨，2016—2017 财年为 3969 万吨，人民的温饱问题不断解决。[①] 2017—2018 财年孟人均收入为 1751 美元，同比增长 8.76%。孟加拉国经济增速自 2012 年以来保持在 6% 以上，2016—2017 财年达 7.28%。截至 2018 年 3 月底，孟加拉国拥有 324 亿美元外汇储备。2018 年 3 月，联合国发函给孟加拉国，认定该国符合最不发达国家标准，如果接下来几年孟国经济发展有所起色，将会确认该国为发展中国家。该国预计未来 15 年要建设 100 个经济发展区。

孟加拉国制定了到 2021 年跨入中等收入国家行列，到 2041 年成为发达国家的发展目标，但是目前水、电、气供应、交通运输、港口等基础设施落后，已成为其经济发展的瓶颈。由于政府缺乏必要的资金和技术实力来推动其交通运输、电力、电信等领域的建设和升级，因此吸引和利用外资成了必然选择。孟加拉国实行投资自由化政策，严格保护私权，对来自国外的投资者全部给予国民待遇，接受法律保护，并且相关产品享受不发达国家出口优惠。[②] 正是基于优惠的投资政策，2016 年孟加拉国能够在最不发达经济体外国直接投资普遍下滑（亚洲国家中缅甸下降了 22.5%，老挝下降了 20%）的背景下保持了 4.4% 的增长率，吸引外资金额达到创历史新高的 23 亿美元，成为最不发达国家中的第四大外国直接投资国家。[③] 2016—2017 财年，孟加拉国货物出口额为 340.19 亿美元（按离岸价计算，包括出口加工区），比上一财年同比增长 1.73%，进口额为 434.91 亿美元（按离岸价计算，包括出口加工区），比上一财年同比增长 9%，贸易逆差为 94.72 亿美元。中国是孟加拉国最大的贸易伙伴，对中国的进出口商品主要包括棉花（各种类型）和棉织物、核反应

---

① Bangladesh Bureau of Statistics, "Gross Domestic Product (GDP)", http://www.bbs.gov.bd/site/page/58b1c0c8-34b9-45b5-954d-53a2737e7bb1/Foreign-Trade-Statistics.

② http://www.mofcom.gov.cn/article/i/jyjl/j/201406/20140600628087.shtm.

③ "United Nations Conference on Trade and Development", World Investment Report 2017, p. 82, http://unctad.org/en/Pages/DIAE/World%20Investment%20Report/World_Investment_Report.aspx.

堆、锅炉、机械和机械设备、电机设备及其配件、录音机、扬声器、电视图像、化学纤维、针织物及钩编织物、钢铁、有机化学等。①

表2—3　　　　　　　孟加拉国2015—2017财年侨汇收入

	2015财年	2016财年	2017财年（截至4月）	2017年4月
侨汇收入（亿美元）	153.17	149.31	102.87	10.92
同比变动（%）	7.65	-2.52	-16.03	-8.27
占GDP比重（%）	7.85	6.74	4.15	0.44
占出口比重（%）	49.08	43.58	35.82	35.14

数据来源：Ministry of Finance Government of the People's Republic of Bangladesh, http://www.mof.gov.bd/en/budget1/mfmu/mfmu_April_17.pdf, p.11。

四　长期受政局不稳困扰的阿富汗和缅甸

阿富汗是欧亚腹地国家，地处环喜马拉雅区域东北方向，地理位置的特殊性使其成为国际大国博弈的重要场所。该国北邻塔吉克斯坦和乌兹别克斯坦，东北部与中国接壤。是一个典型的农牧业国家。经过20世纪多年战乱和美国小布什发动的阿富汗战争影响，阿富汗经济遭到了严重破坏，当地居民生活不仅大幅倒退，孩子接受不到良好教育，甚至曾发生过高达600多万人流亡国外沦为难民的悲惨情境。对外贸易方面，阿富汗主要出口棉花、地毯、干果等。而其进口也多与保障基本生活的食品、石油等物资有关。2013—2014财年其国内生产总值为212亿美元，对外贸易总额58.47亿美元。

2014—2015财年，阿富汗GDP增长率仅为2.2%；2015—2016财年，国内生产总值约为193.7亿美元，同比下降2.4%，人均GDP为677美元，通胀率为3.8%，失业率高达40%，主要原因是2015年鸦片产量下降以及本币阿尼对美元贬值严重。其中，农牧业占GDP比重为22.12%，产值同比下降16.9%，吸收了国内近40%的劳动力；工业占GDP比重为22.13%，产值同比增长4.5%，建筑业增长8.1%，食品业增加1.5%，

---

① Central Bank of Bangladesh, https://www.bb.org.bd/econdata/index.php.

矿产业下降7.9%，服务业占GDP比重为52.28%，产值同比增长1.3%。同时，在投资、消费和出口中，消费占主要地位。当前，阿富汗经济形势不容乐观，受美国和北约撤军致使国际社会对阿援助减少以及阿国内政治安全形势不稳等多种因素影响，经济将持续低迷，根据世界银行估计2016年经济增长率为1.2%，通胀率为3.2%，2017年和2018年分别有望达到3%和3.6%。国际货币基金组织估计2016年阿富汗GDP增长率为2%，预计2017年和2018年分别达到3.4%和4.3%。[1] 由于安全因素仍然是阿富汗经济发展的最大威胁，商业投资和消费信心都备受压抑。阿富汗一直保持着巨大的贸易赤字，贸易赤字占GDP的比重2015和2016年分别达到-36.7%和-35%。据世行数据，2016年阿富汗贸易和服务出口仅占GDP的7%，而进口则占到了GDP的49%。[2] 2016年阿富汗的贸易逆差占GDP的42%，高达81.77亿美元。由于2017年全球物价特别是油价波动，阿富汗贸易赤字也一直处在波动式扩大中。目前，欧盟是阿富汗最大的援助国，针对阿富汗难民问题，2017年5月欧盟曾专门提供了2600万欧元给阿富汗以帮助国内流离失所者和遣返的难民。[3]

关于阿富汗未来经济前景，低速增长是大概率。阿富汗经济缺乏内生动力，发展依然要依靠大量外援。目前，阿富汗自身的优势所在在于其独特的地理位置。阿富汗地处南亚、西亚和东亚的连接枢纽位置，在转口贸易方面有着不可替代的作用，并且其自身资源丰富，如果各派能够实现政治妥协，阿富汗可以利用后发优势来发展经济。值得注意的是，目前阿富汗平均年龄不超过25岁，有着大量的年轻人，这是阿富汗的优势。但鉴于阿富汗周边国际形势复杂，大国博弈日渐加剧的背景下，阿富汗能否在左右逢源中走出符合阿富汗条件现状的路径值得期待。此外，阿富汗经济还面临各种经济犯罪特别是毒品恐怖主义等侵扰。有一种观点认为，阿富汗要实现经济自主快速发展，必须改变严重依赖外援这条

---

[1] Economist Intelligence Unit, Country Report: Afghanistan, 1st Quarter 2017, p. 13.
[2] Country Profile, Afghanistan, the World Bank, http://databank.worldbank.org/data/Views/Reports/ReportWidgetCustom.aspx? Report _ Name = CountryProfile&Id = b450fd57&tbar = y&dd = y&inf = n&zm = n&country = AFG.
[3] Economist Intelligence Unit, Country Report: Afghanistan, 2nd Quarter 2017-Afghanistan, p. 22.

路径，并相信阿富汗政府若能高效廉洁，通过提高政府治理能力来增强其内生性经济活力，并通过相关的系列法律制度等完善，阿富汗可以走出一条繁荣之路。笔者认为这种观点过于简单化了，实际上阿富汗周边问题环境极其复杂，阿富汗内部各派利益分歧巨大并且长期积累的矛盾非一朝一夕就能化解，在此背景下想当然的期望政府发挥正面作用不现实。笔者认为，阿富汗与中国作为邻国，在今后经济发展的进程中应重点加强与中国的经贸互动，通过中国的大量资本和产业项目的投入带动来发展经济或是可行选择之一。目前中国正在大力推动丝绸之路经济带建设，阿富汗可以搭上中国经济发展的便车，在相关经贸合作方面东方通过与中国合作，南方通过与印度和伊朗加强合作，发挥好自身的地缘优势，或许能最终取得所预期的目标。

阿富汗国际身份角色可进一步挖掘。一是阿富汗政府可以积极拓宽贸易领域，通过参加区域经济合作组织比如南盟、中亚区经组织、中南亚运贸论坛以及上海合作组织等，在这些系列的合作进程中通过自身地缘优势的发挥来实现阿富汗相关利益诉求。值得强调的是，环喜马拉雅区域经济合作，阿富汗可以通过发挥自身地缘优势的方式加入进来。比如中巴经济走廊的阿富汗方向如何进一步推进等，这方面可以进一步探讨。中国是阿富汗重要贸易伙伴，阿富汗国内所需要的大量生活必需品和日用品甚至一些关键的机械设备等主要来自中国。阿富汗对中国的出口产品则更多以农产品为主。近些年来，随着阿富汗国内局势的不稳定性加剧，中阿贸易曾一度陷入停滞状态。二是加快基础设施互联互通。著名地缘理论学者布热津斯基曾提到阿富汗所处的地理位置的特殊性和战略意义。而近些年来由于各种原因使得阿富汗并没有发挥出它该有的地缘优势。中国一带一路建设的推进，在区域性的互联互通方面，阿富汗的地理价值或将被有效激发出来，而阿富汗政府在这些年虽然一直受到恐怖主义活动的困扰，但并没有停止修路计划，公路建设一直在推进中，今后如若在中国帮助下，完全可能实现其连接东西南北"交通枢纽"的长远目标。[①]

[①] 何杰：《中国与阿富汗经贸合作的现状、问题与对策》，《国际研究参考》2017年第5期。

在经济和人道主义援助领域,中国已成为阿富汗一个重要伙伴。2001年至2013年,中国向阿富汗提供了大约2.4亿美元的发展援助和资助,仅2014年就提供了大约8000万美元。2016年5月,两国签署了一项技术合作协议(价值约7600万美元)和一项非紧急人道主义援助协议。自2015年以来,中国已在不同领域培训了2300多名阿富汗专业人员,并向150多名阿富汗学生提供奖学金。而自2015年实行免税以来,阿富汗与中国贸易发展迅速。中国现在是阿富汗第三大贸易伙伴,超过了欧盟。在基础设施方面,中国专注于相对较小的项目,如住宅建设。喀布尔与新疆首府乌鲁木齐之间的直飞航班于2016年7月恢复。同年9月,来自中国南通的第一列货运火车抵达阿富汗的海拉坦。在2017年5月举行的"一带一路"论坛期间,中国与阿富汗签署了关于信息技术和电信合作的谅解备忘录,为一个由世界银行资助的跨境光纤项目铺平了道路。

处于阿富汗麻醉品网中心的罂粟种植与加工业依然"兴盛",因此,现在有必要为阿富汗农民寻找其他生计来源。认识到这一点,中国已开始更加关注阿富汗的农业。超过80%的阿富汗人依靠农业来获取收入——尽管农业仅占该国国内生产总值的四分之一。根据阿富汗农业部的数据,阿富汗有750万公顷可耕地,而耕种的只有大约250万公顷,由于缺乏水灌溉系统,其余可耕地无法耕种。中国农业部已开始支持旨在为阿富汗农民寻找罂粟替代品的项目。阿富汗于2017年10月加入中国支持的亚洲基础设施投资银行(亚投行)。该银行可资助阿富汗小规模基础设施项目。

缅甸联邦共和国。5390万人口(2015年),共有130多个民族,其中主要的民族有缅族、克伦族、掸族等,而缅族约占总人口的65%。缅甸国内不同的少数民族之间,不仅各自有自己的语言,甚至有些民族如克钦、克伦、掸和孟等都有自己比较完备的文化习俗,其中也包括自己的文字。缅甸85%以上的人信奉佛教,其中约8%的人信奉伊斯兰教。2015—2016财年,缅甸国内生产总值约670亿美元,人均GDP约1291美元。经济增长率7.0%。外国直接投资637.22亿美元,外债余额91亿美元。缅甸商务部数据显示,2015—2016财年,缅甸主要出口产品为天然气、玉石、大米等,主要进口产品为石油与汽油、商业用机械、汽车零配件等。世界银行和缅甸工商联合会(UMFCCI)2018年5月17日在仰光举行了《缅甸经济观察》报告发布会。报告称，2018—2019 年，缅甸经济增速将达到 6.8%，通货膨胀率将从 2017—2018 年的 5.5% 降至 4.9%。报告还称，缅甸 2016—2017 年的国内生产总值增速为 5.9%，2017—2018 年为 6.4%。

2016 年 10 月，缅甸罗兴亚穆斯林人用"冷兵器"袭击缅甸边防军，造成 9 名边防战士死亡，一批枪支弹药被抢。事发后，缅甸政府军开始追杀罗兴亚人，有超过 6.5 万名罗兴亚穆斯林人逃离了缅甸的若开邦进入孟加拉国。① 2017 年 8 月 25 日，缅甸若开邦政府军与罗兴亚人再次发生暴力冲突，罗兴亚武装分子包围了若开邦的边境哨所，造成至少 89 人死亡。此后，冲突一直没有中断。截至 2017 年 9 月 5 日，累计大约有 400 人在冲突中丧生，其中有不少人是平民，近 9 万名罗兴亚人逃离他们的家园进入孟加拉国以逃避暴力。② 至 9 月 25 日，已有 43 万名难民涌到孟加拉国，其中有 24 万名是孩子。③ 孟加拉国总理谢赫·哈西娜 9 月 5 日敦促国际社会向缅甸施加压力，要求其停止将本国国民推向孟加拉国，并接回留在孟加拉国的难民，同时确保他们的安全，赋予他们公民的权利。哈西娜说："接待大量缅甸国民是孟加拉国的一大负担，我们只能在人道主义的基础上给他们提供庇护。"④ 哈西娜总理的表态并没有显著效果，罗兴亚难民仍然源源不断涌入孟加拉国，孟加拉国外交部部长向缅甸驻孟加拉国大使递交了一份措辞强硬的报告，对难民潮的涌入表示抗议，强烈反对"缅甸部队过分使用武力和严重侵犯人权"，并要求缅甸在任何行动中严格尊重国际人权法和国际公认的准则。⑤ 哈西娜总理谴责缅

---

① 和红梅：《民族国家构建视野下的缅甸罗兴伽难民问题》，《世界民族》2018 年第 3 期。

② "News Analysis: World concerned, but result zero", The Daily Star, Sep. 22nd, 2017, http://www.thedailystar.net/frontpage/news-analysis-unending-brutality-impotent-world-1457602.

③ "Rohingya crisis: A month of misery in Myanmar's Rakhine", ALJAZEERA, Sep. 26th, 2017, http://www.aljazeera.com/news/2017/09/rohingya-crisis-month-misery-myanmar-rakhine-170925035409435.html? from = singlemessage.

④ "Mount pressure on Myanmar", The Daily Star, Sep. 22nd, 2017, http://www.thedailystar.net/frontpage/mount-pressure-myanmar-1457974.

⑤ "Dhaka summons Myanmar envoy, protests Rohingya influx", ProthomAlo, Sep. 22nd, 2017, http://en.prothom-alo.com/bangladesh/news/158669/Dhaka-summons-Myanmar-envoy-protests-Rohingya.

甸政府对暴乱的应对方式，认为相关行动给孟加拉国制造了麻烦。① 9月18日，至少有2万名孟加拉国穆斯林在街头抗议缅甸罗兴亚难民事件，要求孟加拉国政府对缅甸开战。根据联合国难民署数据，"罗兴亚"难民危机是近几十年来全球层面规模最大的难民危机之一。② 缅甸境内的"罗兴亚人"一直是"伊斯兰国"有意拉拢的对象，以图发展成员并以该民族所处地为跳板，搞更大规模的恐怖活动。③

同时，自缅甸罗兴亚人危机以来，缅甸军用无人机和直升机多次飞越孟加拉国领空，孟加拉国外交部表示，缅军直升机越境行为不符合两个友好邻国间的交往关系，此举直接影响到两国的互信与合作关系。同时警告缅甸这些挑衅行为可能导致不可预估的后果，并要求缅甸立即采取措施，确保这种侵犯主权的行为不会再次发生。④ 2017年11月18至19日，中国时任外长王毅分别访问了孟加拉国和缅甸，提出分三步解决罗兴亚人问题：首先停火，使民众不再流离失所，其次，孟缅双方保持和加强沟通，尽快找到切实可行的办法来解决问题，最后直面问题根源，探讨治本之策。当时王毅外长的三步走方案得到了孟加拉国和缅甸的赞同和积极响应。目前，孟加拉国和缅甸已经达成协议，妥善将遣返罗兴亚人工作落实好。⑤ 僵持已久的罗兴亚人难民问题开始出现转机。

五　海洋资源丰富的马尔代夫和斯里兰卡

马尔代夫因其独特的地理位置以及海洋资源优势，形成了以旅游

---

① "PM criticises Myanmar's handling of crisis", The Daily Star, Sep. 22nd, 2017, http://www.thedailystar.net/frontpage/pm-criticises-myanmars-handling-crisis-1459060.

② "Rohingya Refugee Emergency at a Glance: the Influx to Bangladesh is One of the Largest and Fastest Growing Refugee Crises in Decades", *The UN Refugee Agency*, March 21, 2018, https://unhcr.maps.arcgis.com/apps/Cascade/index.html?appid=5fdca0f47f1a46498002f39894fcd26f.

③ Iftekharul Bashar, Counter Terrorist Trends and Analysis, Vol. 7, No. 11 (January 2016), p. 25, http://www.rsis.edu.sg/wp-content/uploads/2014/07/CTTA-January-2016.pdf.

④ "Airspace Violation: Dhaka again protests", The Daily Star, Sep. 22nd, 2017, http://www.thedailystar.net/frontpage/airspace-violation-dhaka-again-protests-1462751.

⑤ "Rohingya Refugees in Bangladesh: Return to start in two months", Nov. 24th, 2017, http://www.thedailystar.net/frontpage/myanmar-rohingya-refugees-crisis-bangladesh-return-start-two-months-1495759.

业、航运业以及渔业为主要支柱的产业结构。由于地处印度洋中,其独特的地理位置使其旅游资源异常丰富,马政府强调发展特色经济特别是旅游经济取得了重大成功。对外贸易方面,主要出口成衣以及海产品,在进口方面多以食品、纺织品和生活用品以及小规模的奢侈品为主。马尔代夫的主要贸易伙伴有印度、马来西亚和新加坡等国家。中国与马尔代夫经贸合作关系开始于 1981 年。实际上,中国长期以来一直对马奉行友好支持的外交政策。自 1972 年开始,中国不仅援建了马外交部大楼,还援建了马国家博物馆等项目。2014 年 12 月,马尔代夫的马累海水淡化厂失火引发供水危机,中国政府在其紧急求助后按照就近支援方式立即向马方提供了现汇援助和包括饮用水、便捷食品在内的物资援助。

表 2—4　　　　　　　2011—2014 年马尔代夫外贸情况　　　（单位:亿美元)

进出口数据 \ 年份	2011 年	2012 年	2013 年	2014 年
出口额	3.46	3.14	3.29	3.01
进口额	14.65	15.54	17.33	19.92
差额	-11.19	-12.4	-14.04	-16.91

2014 年 9 月 14 日,国家主席习近平作为主席身份代表中国出访是历史上第一次,受到了马方的热烈欢迎。亚明总统表示,中马建交 42 年以来,习主席访问代表着马中关系发展到一个新阶段,对未来马中关系,马人民对此充满期待。2015 年 6 月,亚明总统来华出席第三届中国—南亚博览会。"一带一路"建设下的中马合作项目——马尔代夫纳西尔国际机场改扩建项目和中马友谊大桥项目。其中马尔代夫纳西尔国际机场改扩建项目自立项以来就受到了马中两边政府的高度关注和大力支持。从 2014 年 3 月开始,北京城建集团就与马方展开接触并最终签署了相关谅解备忘录,城建集团成为工程总承包商。同年 9 月 15 日,在习近平主席和亚明总统的见证下,双方签订了《纳西尔国际机场改扩建项目初步合同协议书》。

根据统计测算,马尔代夫在 2017 年实际 GDP 总值为 22.647 亿美元，增幅为 4.7%，较 2016 年同期上涨 0.8 个百分点，GDP 的上涨得益于建筑业和旅游业的发展。① 亚明政府注重通过产品创新来提升产品的竞争力，并继续通过提供优惠政策、优化执法环境等措施吸引来自北美、欧洲、亚洲等国家的外商投资，以助力国家的经济发展，同时政府立志把马尔代夫打造成伊斯兰国家在南亚地区的金融枢纽，并强调国家建立的特别经济区以及实施的大型项目建设将让民众在未来享受到发展的红利。此外，马尔代夫公共财政状况为得到改善，使得经济运行稳中有进，对印度关系进行了极大调整。2017 年政府减少了公共部门的投资项目，经常性支出、资本性支出和总体支出随之降低，预计降幅将分别为 76%、24% 和 19%；而国家财政资金亦随着税收收入的增加而大幅增长，2017 年上半年，国家总收入达到 100 亿拉菲亚，边际增长了 2.0%，即 1.63 亿拉菲亚，其中税收收入占总收入的 77.0%，截至一季度上涨了 11.0%，达到 77 亿拉菲亚，进口税、营业税和财产税是导致税收收入增加的主要税源；政府继续采用证券和保险的形式来为财政预算赤字融资，其中国内借款数额截至 2017 年 6 月达到 270 亿拉菲亚，较 2016 年同期上涨了 9.3%；外汇储备在 2015 和 2016 年连续两年呈现负增长。

斯里兰卡作为印度洋上的一个岛国，战略位置极其特殊，有"印度洋上的珍珠"之称，西北方向隔保克海峡与印度相望。斯里兰卡工业发展落后，多以农产品和服装加工业为主，其中种植作物多为茶叶、橡胶、椰子和稻米。1978 年以来，斯里兰卡开始实施外向型的开放政策。2008 年受到国际金融危机的冲击，外汇储备大幅减少，而传统出口商品也随着国际需求市场的萎缩而大幅下降。斯里兰卡实行自由外贸政策，除了石油作为唯一的一个管制商品外，其他国际上的商品都可自由进口，不受限制。虽然茶叶、橡胶和椰子种植是斯里兰卡农业经济收入主要来源，但由于其农业生产的成本高、生产效率低等因素，这些年其农业产值占 GDP 的比重呈现下降态势，在 2013 年下降到 GDP 比重的 10.8%。

---

① Maldives Monetary Authority, Monthly Statistics, Sep. 2017, Vol. 18. https://islamicbanker.com/publications/maldives-monthly-statistics-september-2017.

表2—5　　2008—2013年斯里兰卡第一、二、三产业占GDP份额　　（%）

行业	年份	2008年	2009年	2010年	2011年	2012年	2013年
农业	农产品、畜牧、林	10.9	10.9	10.7	9.9	9.8	9.5
	渔业	1.2	1.2	1.2	1.3	1.3	1.3
	总计	12.1	12	11.9	11.2	11.1	10.8
工业	采矿、采石业	2.0	2.1	2.3	2.5	2.8	2.9
	加工、制造业	17.5	17.4	17.3	17.3	17.1	17.1
	电、气、水	2.4	2.4	2.4	2.4	2.4	2.4
	建筑	6.5	6.6	6.7	7.1	8.1	8.7
	总计	28.4	28.6	28.7	29.3	30.4	31.1
服务业	批发、零售	24.2	23.3	23.2	23.6	23.0	22.7
	宾馆、饭店	0.4	0.4	0.5	0.6	0.7	0.8
	交通、通信	13.1	13.5	13.9	14.3	14.3	14.6
	金融、地产	8.7	8.9	8.9	8.8	8.9	8.7
	房产	3.1	3.0	2.8	2.6	2.5	2.4
	政府服务	7.7	7.8	7.6	7.1	6.8	6.5
	私人服务	2.4	2.4	2.4	2.3	2.3	2.3

资料来源：中华人民共和国驻斯里兰卡大使馆经济商务参赞处，http://lk.mofcom.gov.cn/article/ddgk/201405/20140500603144.shtml。

三大产业发展不均衡，农业生产脆弱性突出。2017年斯里兰卡经济总体增速放缓，虽然国家有针对性地推出系列战略规划促进农业和工业发展，但农业和工业增长形成强烈反差。工业增长走上快车道，农业因客观条件制约，增长出现大幅下滑。其中，受气候不力和全球经济复苏放缓影响，2016年斯里兰卡实际增长率从2015年（4.8%）下滑了0.1个百分点的基础上，进一步下跌至4.4%，以市场价格衡量的GDP总额约为11.839万亿卢比，人均GDP达到3835美元。2003年，斯里兰卡外债中相关贷款配置比较合理，其中非优惠贷款的比重仅为

2.0%①，但是到了 2016 年，随着债务成本的提升，这一贷款比重却上升至 51.2%②。从贷款的期限结构来看，2017 年斯里兰卡长期外债占比为 85.2%，短期外债远低于国际通用标准的短期外债占比 25% 的警戒线水平，说明其外债期限结构配置较为合理。2015 年，新总统西里塞纳上台后提出了"愿景 2025"计划，将道路、工业区建设以及液化天然气站等项目列为建设重点。③ 在三大产业中，农业受天气影响比较大，使得政府层针对农业发展方向产生了内部分歧，关于是精细化农业道路还是要把重心放在第三产业上意见不一。根据相关数据，斯里兰卡农业占比在三大产业中权重从 2015 年的 4.8% 跌至 4.2%，对 GDP 的贡献率从 2015 年的 7.8% 缩水至 2016 年的 7.1%。四大农作物水稻、茶叶、橡胶和椰子分别减产 8.3%，11.0%，10.7% 和 1.5%。工业增速 6.7%，对 GDP 的贡献率为 26.8%，其中建筑业和采矿业拉动最大，增速分别为 14.9% 和 14.4%。两个行业对 GDP 的贡献率高达 10.0%。但制造业增速较慢，仅为 1.7% 的水平。对 GDP 贡献率超过一半的服务业，增速 4.2%。其中金融服务业增速最快，达到 12.4% 的两位数水平，保险业屈居第二，增速为 8.5%，再次是电信，增速为 8.3%。④

西南经济走廊计划为斯里兰卡重点项目。该计划涵盖乌沃省在内的 6 个省，目的是提升毗邻地区互联互通水平和促进沿线地区经济社会发展。2016 年 1 月，斯里兰卡和世界银行签订了贷款 1.25 亿美元用于 6 省发展的协议书。虽然该计划覆盖了发展滞后的乌哇省，但国家依然推行工业和服务业优先发展战略，大部分资金仍然会持续投入到发展中心所在——科伦坡及周边地区。长期看，乌沃省还将依赖农业立省。为提升乌沃的农业现代化水平和提高农业效率，斯中央政府已于 2016 年 3 月将欧盟支持的 3000 万美元资金拨付给乌沃省，用于农村项目建设。

---

① http：//lk.mofcom.gov.cn/article/ztdy/200504/20050400083596.shtml.
② http：//lk.mofcom.gov.cn/sys/print.shtml?/ddgk/201709/20170902645115.
③ "Vision 2015：A Country Enriched", Government of Sri Lanka, September 2017. http://www.pmoffice.gov.lk/download/press/D00000000061_EN.pdf.
④ "Economic, Price and Financial System Stability, Outlook and Policies", *Central Bank of Sri Lanka Annual Report* 2016, pp. 2 – 7.

总体上来看，域内国家经济发展自进入 21 世纪以后，呈现一种积极向上的态势，各国抓住了经济全球化契机和世界经济产业转移的东风，驶上了经济发展的快车道。但由于各国历史传承与自身禀赋条件差异，各国经济增长也呈现出发展不平衡性加剧，伴随债务危机隐忧以及印度经济强劲发展与其他国家相对总量提升缓慢这样一种情况出现。

第二节　域内经济发展整体概况及其与中国经贸关系

自 2000 年以来，环喜马拉雅区域内国家间贸易发展快速。自 2000 年到 2016 年，中国与南亚国家之间的贸易总额已从最初的 57 亿美元增长到了 1100 多亿美元。[①] 实际上自 2008 年国际金融危机以来，全球经济发展增速都不同程度放缓，包括中国和印度在内的亚洲国家都各自面临新的经济战略调整，意图是为分散经济贸易风险。在这一大的国际经济调整背景下，印度的东向合作战略与中国的西向战略不谋而合。两者都共同认识到降低对欧美市场依赖度对国家经济发展的重要性。

一　跨国经济合作的各类项目日渐增多

近年来，随着环喜马拉雅区域各国国内需求的增加、基础设施建设的推进、开放步伐的加快，域内经济继续保持较高的增长速度，跨国项目合作日渐增多，并成为全球最具经济活力的地区之一。

（1）工程承包合作在环喜马拉雅区域发展迅速。当前环喜马拉雅区域国家间基础设施建设和投资需求较大，而中国在工程承包领域有着技术与人力资本优势。根据统计，2015 年，中资企业在印巴等南亚国家新签工程承包合同额高达 212.8 亿美元。

（2）双向投资如火如荼，其中中国对环喜马拉雅区域投资增幅相较

---

① 王艳龙：《中国与南亚各国贸易额十年翻一番　中企掀投资南亚热》，2017 年 6 月，中国新闻网（http://www.chinanews.com/cj/2017/06-12/8248789.shtml）。

偏多。以 2015 年为样本，中国当年对印巴等国家新增投资约 8.4 亿美元，总计存量已高达 122.9 亿美元。但根据中国的统计，南亚所有国家在中国的存量投资仅有约 8.9 亿美元。[1] 在相关经济自贸区建设方面，也取得了骄人业绩。目前中国正在加快推进与斯里兰卡、马尔代夫等双边自贸区谈判等事项，此外关于产业合作园方面目前也进展较为顺利。2017 年 4 月 18 日至 20 日，孟加拉国总理哈西娜对不丹进行了为期 3 天国事访问，进一步加强了双边关系。一是双边领导人就合作重要领域达成了一致。其间，不丹首相策林·托杰与哈西娜就水电产业、水资源合作、互联互通、经济贸易、旅游、文化、教育、健康、信息联通技术及农业等领域进行细节磋商。最后，双方领导人就水电产业、水资源合作和互联互通 3 个领域之间双边及次区域合作达成了一致。二是双方签署了 3 个项目协议。会晤期间，双边国家领导人高度肯定了不孟自建交以来的友好关系，两国签署了避免双重征税和防止逃税等多项协议，双方一致同意今后要加强文化合作，其中也包括近期驻不丹大使馆建设等项目。三是双边签署了 4 项备忘录。不孟双方围绕农业开发合作以及乡村教育等达成一系列共识，此外包括围绕内陆巷道以及边境运输等方面进一步探求合作空间，其中也包括就具体的吉大港和蒙格拉（Mongla）两个港口运营和使用权租借等达成了初步谅解。四是双方就加强其他领域合作达成了共识，其中具体包括不孟双边在加强旅游合作、信息合作（ICT）包括加强互联网冗余（包括信息、语言、代码、结构、服务、软件、硬件等）、共建数据中心等方面。此外不丹还免除了从孟加拉国进口的 90 种商品的进口税，相应孟加拉国免除了从不丹进口的 18 种商品进口税。

（3）智能手机领域跨国生产销售亮点颇多。以 2018 年第二季度为例，印度手机市场中排名前五的五大智能手机品牌中，有四家企业来自中国，中国军团市场份额总和达到 2/3。印度智能手机市场目前正在成为全球手机制造商重要的战场，其中韩国、中国台湾和中国大陆的手机制造商之间竞争激烈。从全球层面来看，世界上无论欧洲市场还是北美市场在手机销量出现疲软的时候，印度手机市场却保持了增长。据美国

---

[1] 蔡梦晓、袁晗：《中国企业在南亚国家新签工程承包合同额同比增两倍》，2016 年 5 月，新华网（http://www.xinhuanet.com/live/2016－05/05/c_1118807734.htm）。

康特波因特研究公司统计，2018 年 7 月份印度市场的新款手机高达 42 款新品，与去年同期的 25 款相比有了大幅增加。其中这些新款手机大多来自中国的 OPPO、VIVO、传音等手机制造商。排在首位的是小米公司。2017 年，小米结束了三星公司五年占据头把交椅的局面。根据美国国籍数据公司统计，2018 年 4 月至 6 月，小米公司市场份额占到了印度手机市场的 29.7%，成为印度手机产品销量的头牌。小米公司在印度推出价格低、质量高的智能手机，沉重打击了竞争对手。此外，其他三家中国公司还包括 OPPO（市场份额 7.6%）、VIVO（12.6%）和传音（5%）。小米公司最初进入印度市场时，完全通过网络渠道销售手机，希望降低运营成本。与小米不同的是，OPPO 和 VIVO 始终依靠实体店，因为这种销售模式比网络渠道更受印度市场欢迎。除了扩大在印度的零售网络，中国企业还大举投资当地制造业，为印度当地中小公司提供更多产业配套发展的机遇，而这某种程度上与印度政府所长期主张的"印度制造"计划相匹配。"印度制造"鼓励外国企业在印度本地组织生产，向参与计划的企业提供多项免税优惠。比如，小米在印度各地建立了六家智能手机制造厂。一位小米公司发言人说："小米品牌的制造能力可以达到在生产时段的每一秒钟造出两台智能手机。"据介绍，小米在印度的公司有员工一万多名，并且这些员工中 95% 以上是印度女性。而根据销售后的统计，小米在印度销售的智能手机中，约占 95% 的产品是在印度本土生产。小米的这种做法除了能够降低一定的生产成本外，对印度方面的意义在于带动当地零部件生产本土化，解决就业等一系列问题。

二　域内经贸往来与彼此互动频度提升

2005—2018 年中国与域内国家相关贸易情况，从表 2—6 可以看出，增速非常快，并且与中国贸易占该国外贸比重非常高。21 世纪以来，通过全球层面商品、要素等的自由流动，环喜马拉雅区域国家无论被动还是主动都已置身于世界多边贸易体系的框架之下，域内国家与中国贸易数量和规模不断膨胀。特别是 2008 年后，随着域内经济发展受各种条件制约，经济增速有所放缓，出口增长率波动也更加明显。

见表2—6①。

表2—6 (单位:%)

国家	双边贸易额占该国贸易总额比重平均值	与中国贸易增长率均值
不丹	0.5	452.0
尼泊尔	15.7	34.8
阿富汗	4.0	33.2
马尔代夫	3.4	25.4
孟加拉国	13.3	20.8
印度	9.3	18.3
斯里兰卡	9.4	18.0

域内部分国家对中国出口变化情况（2014—2018年）。2008年国际金融危机发生后，域内国家中，占比较高的印度与中国贸易曾一度出现了较大幅度的波动，其中2012年下降幅度较大，但2014年后又呈现快速增长态势，折射出中国与域内以印度为主的国家经贸发展具有一定脆弱性。见表2—7②：

表2—7 (单位：亿美元)

国家	伙伴国	2014年	2015年	2016年	2017年	2018年
阿富汗	中国	0.2	0.15	0.1	1.14	0.24
孟加拉国	中国	7.02	8.06	—	—	—
印度	中国	108	96.9	117.6	124.8	188.3
马尔代夫	中国	0.0038	—	0.01	0.0062	—
尼泊尔	中国	0.47	0.32	0.22	0.2	0.4

---

① http：//www. saarcstat. org/db/trade_ stat/inter_ saarc_ exports_ to_ partner_ countries? partner_ country =156&from_ year =2008&to_ year =2018&search =.

② http：//www. saarcstat. org/db/trade_ stat/inter_ saarc_ exports_ to_ partner_ countries? partner_ country =156&from_ year =2008&to_ year =2018&search =.

续表

国家	伙伴国	2014 年	2015 年	2016 年	2017 年	2018 年
巴基斯坦	中国	27.6	19.3	—	14.63	17.44
斯里兰卡	中国	1.7	3.0	2.7	4.1	—
缅甸	中国	5.28	16.84	46.00	47.65	24.73

域内主要国家对中国进口变化情况（2014—2018 年）。其中域内国家从中国进口一直维持在增长状态，但在 2017 年有了某种程度上的下降。见表 2—8[①]：

表 2—8　　　　　　　　　　　　　　　　　　　　（单位：亿美元）

国家	伙伴国	2014 年	2015 年	2016 年	2017 年	2018 年
阿富汗	中国	4.17	10.23	10.34	4.3	6.7
孟加拉国	中国	117.85	139.01	—	—	—
印度	中国	387	611.4	583.9	720.5	767.1
马尔代夫	中国	1.036	—	2.95	2.9574	—
尼泊尔	中国	22.83	8.34	8.66	9.7	10.6
巴基斯坦	中国	132.5	110.2	—	141.3	114.58
斯里兰卡	中国	34.4	37.3	42.9	41.9	—
缅甸	中国	8.55	28.95	56.00	57.32	30.64

三　域内各国与中国人文合作密度增强

环喜马拉雅区域经济合作的初始目标是立足于通过经贸的互通建设来改善该地区基础设施环境，进而带动当地经济发展，也即主要以低层次贸易便利化目标为起点，逐步扩展到人文合作领域以及安全等高政治领域合作。环喜马拉雅区域国家多为经济发展中国家，共同拥有一个近 28 亿人口的超级大市场，无论从商品需求角度还是从合作潜力角度来讲都有着不可轻估的论述，特别是中国与印度在某些商品互补和竞争方面

---

① http://www.saarcstat.org/db/trade_stat/inter_saarc_imports_from_partner_countries?partner_country=156&from_year=2008&to_year=2018&search=.

有很大共通性和竞争性,彼此间竞争性合作有助于极大激发出市场活力,也有助于文化的相互传播和交流。

从目前发展的实际情况来看,经济领域某种类似阶梯式的发展态势业已形成。但值得强调的是,关于地区未来发展走向和牵扯国家间战略利益的重大事项都已经上升到域内国家邻国外交的头等大事,而如何在经济合作中进一步推动人文交流和发挥其作用也一直是热议话题。在这里特别需要说明的是,印度可以与中国在很多行业与领域实现水平分工。此外,中印双方围绕一些相关领域如电子器材、光电板等已经进行了深度合作,在今后也可以共同在环喜马拉雅区域进行一些民生环保领域的合作,如针对抗洪大坝的修建,污水项目的治理等,以实现共赢。

除了中印间经贸合作取得的成绩可圈可点外,中国与巴基斯坦和孟加拉国等的合作也已经全面展开,特别是关于中巴经济走廊和孟中印缅走廊建设的全面铺开,也标志着域内国家间合作到了一个新的层级。这个层级即与经贸合作同步推进的是,各种人文合作应该而且也必须提上议程,进而形成强大的合力机制。追溯历史,早在2004年,中国和南亚各国就已经建立中国—南亚商务论坛。另外,孟中印缅地区合作论坛的举办、中国南亚博览会的召开、昆交会的筹备等都逐渐成为中国—南亚合作交流的重要平台。而包括印度、巴基斯坦等在内的多数南亚国家也都在昆明设立办事处。此外中国还与斯里兰卡、尼泊尔等国启动建设联合研究中心。所有这些机制的建立都在不断提升中国—南亚合作的层次。

第三节 域内各方竞合博弈下的主要问题与挑战

与其他地区相比,环喜马拉雅区域有着大量的年轻人口,消费前景可期,但目前人均国内生产总值比较低,道路设施建设落后,联通不畅。这个区域无疑未来将会成为"一带一路"建设重要的主战场。

一 中印围绕地区经济影响力竞争加速

目前中印之间围绕经济影响力和地区主导权的竞争正在加速。这种竞争关系的出现与加强与其说是两个大国在快速崛起中的一种必然,倒不如说是全球化进程中地区秩序构建的一种自然状态。实际上，地区层面的这种竞争关键在于中印两国政府能否超越传统国家关系博弈而实现一种共赢。过去几年中印两国关系发展出现波折，这与中国"一带一路"建设推进过程中与印度方面有效沟通不足有关，也与中印之间长期存在的战略互信不足有关。一种观点认为印度愿意参加早些时候中国牵头的一些倡议，例如亚洲基础设施投资银行，是与当时中国外交具有一定灵活性和秉持多边主义精神有关。但实际上并非如表面上这样简单，如孟中印缅经济走廊一开始受到了印度积极支持，但在随后的实施细化阶段则出现了变数，印度并没有积极投入。争议的另一个理由是中国宣布的"一带一路"中包括中巴经济走廊，因为该线路经过印巴之间有争议的领土，所以印度极力反对。事实上，中巴经济走廊争议地段吉尔吉特－伯尔蒂斯坦地区的项目规模很小。中巴经济走廊建设是以改善民生与带动就业为主的经济项目，而非一个针对挤压印度战略空间的政治项目。但巴基斯坦对于未来铁路和管道的过度宣传以及长期以来中巴间关系，让印度备感不安。"一带一路"建设在欧亚空间这个区域里被一些别有用心国家过分解读引发了对中国日益强大的经济影响力扩张的担忧。此外，围绕尼泊尔基础设施建设的竞争也在加速。而中尼印之间能否通过努力实现道路设施联通，打通跨喜马拉雅大通道，中印经济项目实现对接考验两国领导人智慧。

　　诚然，中印围绕地区经济影响力难免会有利益上的碰撞和战略上的顾虑，但如何通过一系列努力而让国内民众过上高质量生活是当下政府所关心的重中之重。环喜马拉雅区域国家经济在21世纪的头十年里在波动中快速增长，目前来看依然有巨大的发展潜力。考虑到为了能够更好认清域内国家经济增长发展脉络，此处笔者根据GDP、人均GDP、国内总需求结构、通货膨胀率、国际收支赤字等作为测算指标，得出判断认为，环喜马拉雅区域经济权力博弈也有有利的一面，即刺激域内国家旧产业升级与政策扶持方面加快合作，改变经济结构不合理状态。此外还有对一国内部需求结构是否合理问题的判断，比如投资需求、消费需求等，也能反应该国经济发展的水平和活力。而三大产业结构比例是衡量该地区的工业化程度的重要指标。考虑到域内国家具体情况，可以通过1988年到2013年这个时间段为样本，得出对当前国内生产总值最高的印度与人均 GDP 最高的马尔代夫为什么都需要通过彼此合作来实现进一步优化发展的深层次原因。

二 域内各方急需经贸合作打开局面

（1）财政赤字相当巨大、外债规模也不容乐观，有相互合作支持的需要。近年来，域内国家经济发展呈现一个畸形怪圈。由于税收来源不足，再加上政府机构臃肿，造成域内国家财政赤字巨大，政府只能靠发债来弥补。政府支出超过投资会导致经济增长动力不足，为发展经济政府又只能通过购买来继续扩大赤字，这样高额债务对国内投资有挤压效用，进一步恶化了经济形势。比如以巴基斯坦为例，据巴基斯坦央行数据，截至 2018 年 6 月底，巴基斯坦外部债务规模增长约 14% 至 950.97 亿美元。2016—2017 财年巴外债规模为 834.31 亿美元。[1] 在外部债务中，国家公共债务为 753.57 亿美元，同比增长 14%。而 2016 年，巴基斯坦 GDP 生产总值为约 2789 亿美元。外部债务占其国民生产总值的 1/3。

（2）当地居民生活基本需要。广大南亚市场是一个拥有着近 14 亿人庞大人口规模的地区，各种涉及民众基本生活的物资等需求量大。以缅甸为例，该国电力资源长期紧张，但靠自身短期内又没有能力突破这个瓶颈。而中国在这方面有着丰富的资源和技术，可以通过修建电网的方式直接将中国电力能源向缅甸进行输送。目前，缅甸北克钦邦主干网输电工程于 2017 年 11 月的开工，标志着中缅两国电力能源领域合作的又一个重大进展。[2] 根据计划，将采用中国标准再新建 1 座 230 千伏变电站以及扩建 1 座 230 千伏变电站等，用以满足缅甸家庭居民生活用电需求。

比如印度是一个发展中的人口大国，2/3 人口仍然直接或间接依靠农业维生。印度农村发展也不均衡，有比较富裕的乡镇，也有很多落后村落。切蒂斯格尔邦位于印度中北部，是印度比较落后的地区。印度农村

---

[1] 许振威：《2017—18 财年巴基斯坦外部债务规模同比增长 14% 至 950 亿美元》，2018 年 8 月，新华网（http://silkroad.news.cn/2018/0817/106810.shtml）。

[2] 孙广勇：《中缅两国电力能源领域合作又取得重大进展——缅甸"北电南送"主干网联通输变电项目开工》，2017 年 11 月，人民网（http://world.people.com.cn/n1/2017/1111/c1002-29640093.html）。

还比较贫穷，基础设施也不配套，大多数村里没有自来水，特别是夏季季风季节雨水较大，排水设施落后，不时发生洪涝灾害。而印度东北部地区民族构成非常复杂，矛盾也很突出。当地人的纳迦后人也与当地印度文化非常不同。例如，印度的宗教包括印度教、耆那教、锡克教等，但其东北地区主要信奉原始宗教，对印度的宗教和文化渗透非常反感，这进一步增加了该地区的离心力量。同时，该地区经济发展情况不太好，基础设施建设不足，各种犯罪活动汹涌澎湃。再加上外来力量参与其中，印度东北部的离心力不断增加。而所有这些的直接原因实际也与当地经济发展落后有关。道路不通，现代化信息传入不及时，教育跟不上等使得印度北部地区邦落居民有迫切愿望，希望能够在生活方面得到改善。

（3）政府层面也期望能够有所作为。以巴基斯坦为例，伊姆拉·汗上台后期望能够为巴基斯坦当前经济社会发展做出一些业绩出来，比如在增加就业岗位，改善和提高居民受教育水平以及在医疗等领域能够有所突破。目前，巴基斯坦总理办公室已经公布了相关巴基斯坦政府的中短期目标和规划，其中对中巴经济走廊项目非常看重，期望能够在中国的帮助下，在电力设施、产业园区建设以及公路扩建和铁路建设等方面取得实效。①

三 保护主义无法解决贸易失衡问题

近段时间以来，美国总统特朗普在"美国优先"旗号下，对一些国家间正常贸易进行关税征收，严重影响了正常的国际贸易秩序，给国际社会正常经贸带了个坏头。实际上，世界层面不同国家间贸易互动和资本流动是一种时时动态均衡状态，加征关税等做法并非是解决问题之道。第一种情况，例如贸易保护主义措施可能导致一国 A 对另一国 B 的资本出口增加。在这种情况下，尽管一国 A 对另一国 B 的贸易顺差下降，但 A 国对其他国家的赤字将以更大的幅度增加，从而增加整体贸易赤字，这要么是由于债务增加，要么是失业率上升。第二种情况，如果贸易保护主义措施破坏了一国 A 的资本出口，那么资本赤字和贸易顺差就会下

---

① Government of Pakistan（2017），"Long Term Plan of China Pakistan Economic Corridor（CPEC）2017 – 2030"，Available at：http：//cpec. gov. pk/long-term-plan-cpec.

降，B国的资本顺差和贸易赤字也会下降。这将导致B国整体贸易赤字下降，或因债务减少，或因失业率下降。第三种情况，如果A国对世界的贸易赤字保持不变，因为它对B国的部分贸易赤字将转移到其他国家。这似乎有悖直觉，但如果A国出口商还像以前那样向B国输入大量资本，那么由此对经济产生的影响——对该国货币、利率、贷款标准等——将使赤字保持在与过去一样高的水平上，A国的债务和失业率都不会有任何变化。

实际上，几个世纪以来，资本流动规模相当小，而且主要由贸易融资构成，资本账户根据贸易账户的变化自动调节。这就很容易预测保护主义措施的后果：它们将减少双边贸易赤字，从而减少整体赤字。但目前的情况是，现在全球资本流动规模巨大，而且主要受美国国内数百万投资者的独立决定所驱动。但是，由于资本账户和贸易账户仍然必须收支相抵，余额为零，因此干预的直接影响通常包含在资本流动的间接影响之下。那么，目前的政策将可能带来的影响——保护主义措施将会直接影响到域内国家间贸易，因为这些贸易结算主要以美元结算。

保护主义措施为何可能增加流入美国的资本？如果它加剧包括中国在内的金融和经济不确定性，就可能导致域内国家有关资本外逃现象急剧增加。通过加强美国的增长前景，它也可以促进资本流入美国。需要认清的是，近年来困扰美国的严重贸易失衡主要反映了其他国家可以自由利用美国的资本账户准入。美国的资本市场规模庞大、灵活自由且完全开放，那些希望保持贸易顺差的国家可以轻而易举地将过剩的储蓄放在那里。结果是，美国被迫吸纳大约全球一半过剩储蓄。尽管美国企业廉价资本已经饱和，而且坐拥大量闲置现金，但资金仍在涌入美国，迫使其资本账户出现盈余。因此，美国不应该直接干预，那样只会破坏全球贸易并加剧失衡现象，而是必须解决美国在吸纳全球资本方面所起的作用。

中国政府倡导的"一带一路"建设和当前的进一步扩大开放的举措，都在向世界说明中国的基本立场和观点，正如习近平总书记在党的十九大报告中所强调指出的，各国应通力合作，为建设清洁美丽与共同繁荣的新世界而努力。① 中国在自身通过加大改革开放促进本国经济发展的同时,也将继续与世界各国一起努力,推动世界经济向着更加均衡的方向发展。中国将继续旗帜鲜明地反对各种形式的保护主义,支持多边贸易体制,继续积极参与多边贸易谈判,维护世贸组织主渠道地位,利用促贸援助等项目,帮助发展中国家和最不发达国家更好地融入经济全球化,推动世贸组织在全球经济治理中发挥更大作用。

四 竞合博弈下派系利益与反腐挑战

环喜马拉雅区域经济合作,绕不开一个现实问题,那就是政府间在推动相关项目时可能遇到的腐败问题。而根据多年来的实际案例来看,腐败现象需要引起重视。印度国有银行旁遮普国民银行在2018年2月曝出20亿美元诈骗案后不久,印度总理纳伦德拉·莫迪与诈骗嫌疑人的一张合影就浮出了水面。照片显示,莫迪1月23日与出席世界经济论坛达沃斯会议的大型工商代表团合了影,处于诈骗丑闻中心的珠宝巨商尼拉夫·莫迪也在人群当中。仅仅一张照片就足以促使莫迪总理的反对者,甚至执政伙伴,跳出来质疑总理根除腐败的承诺——毕竟反腐是其吸引选民的重要议题。尼拉夫·莫迪与总理的姓氏相同,但两人并无亲缘关系。有政府官员称,那位珠宝商只是碰巧参加了这个松散的非正式代表团,而总理只是路过拍了张照而已。即便如此,丑闻已经开始发酵。2018年12月中旬,印度中央邦、恰蒂斯加尔邦、特伦甘纳邦、拉贾斯坦邦和米佐拉姆邦五个邦议会选举结果出炉,莫迪的印度人民党在原来执政的中央邦、恰蒂斯加尔邦和拉贾斯坦邦均惨败给国大党,其中印人党在中央邦、恰蒂斯加尔邦已经连续执政15年。②

这桩印度历史上规模最大的银行诈骗案仍在调查当中,补缺选举的结果说明印度人民党的声誉岌岌可危。纳伦德拉·莫迪曾承诺要曝光隐匿的财富,以此为由在2016年11月宣布禁止使用全国86%的纸币。由

---

① 《习近平在中国共产党第十九次全国代表大会上的报告》,2017年10月,人民网(http://cpc.people.com.cn/n1/2017/1028/c64094-29613660.html)。

② 龙兴春:《地方邦选举失利敲响莫迪连任警钟》,2018年12月,环球网(http://opinion.huanqiu.com/opinion_world/2018-12/13839380.html)。

于执行不力，这项反腐政策对经济造成了冲击。珠宝商尼拉夫·莫迪和他的舅舅梅休尔·乔克西被指欺骗了旁遮普国民银行。该银行声称这两人及其手下伙同多名银行员工，利用虚假担保书骗取海外贷款。尼拉夫·莫迪与乔克西均矢口否认。除了上述合影，批评人士还试图利用一段视频来打击政府。这段拍摄于2015年的视频显示，莫迪总理亲切地称呼乔克西为"兄弟"，总理办公厅发言人杰格迪什·塔卡尔没有就此做出回应。反对者认为，嫌疑人依然待在国外，不受印度法律制约，这说明莫迪政府过于放任那些满世界游荡的印度实业家。反对者还提到维贾伊·马利亚的例子，这位推出了印度最畅销啤酒的酒业大亨正在英国法庭上与引渡规定做斗争，企图逃避印度诈骗指控。

软弱的反对党。有人会怀疑作为反对党的国大党能否有效利用此次丑闻打击纳伦德拉·莫迪。国大党领导人拉胡尔·甘地甚至没能把其他更具破坏性和轰动性的事件转化成自己的优势，比如废除纸币行动以及2017年全国消费税改革。湿婆军是印度人民党的政治盟友，该党发言人阿尼尔·德赛说："此事影响了政府形象，我们会在这一问题上紧盯政府的后续行为。"莫迪政府已经发动四名部长以及强大的印度人民党主席阿米特·沙阿帮助政府撇清与丑闻的关系。印度司法部长拉维·尚卡尔·普拉萨德在该件事情立场上承诺"不会对任何人网开一面，无论其地位如何"。印度财政部则努力撇清作为旁遮普国民银行所有者的印度政府的责任，把脏水泼向银行的管理和监督方印度储备银行。而印度国防部长和副外长将诈骗案推到前国大党政府头上。两人指出，2014年莫迪上台前几天，国大党政府放开了一个原本只面向国有公司的黄金计划，纳入了尼拉夫·莫迪那样的民营厂商。国大党发言人桑贾伊·杰哈则说："针对黄金进口计划的指控是在转移注意力。之所以编造这种毫无根据的指控，是因为现政府压力巨大。"

印度历史发展到今天，其政治生态与历史上文化传承有巨大关联，有学者认为当前印度这种党派政治很大程度上是与其种姓制度密切相连的。一方面印度出身高级种姓的一些政治家通过政治掮客能够继续保有权力，另一方面底层平民在选举制的架构下虽然也有选举权，但更多是选择支持这些来自望族的政治家，而这一悖论现象则长期以来都是作为印度选举所关注的热点与特色。随着莫迪政府加大对经济改革的力度，印人党在印度国内的影响力日渐提高,这给包括国大党在内的其他党派带来了不少压力。导致印度各邦在反腐立场上有了很大的改观,例如旁遮普邦、比哈尔邦、阿萨姆邦等政治层就明确祭出反腐败大旗。但从实际情况来看,反腐并非如看上去的这样容易,例如旁遮普邦的主要党派和当地企业家之间就存在着各种联系,政治献金问题一直持续不断,这些占据了权力的政客不仅在公共财政支出方面大搞腐败,违规使用资金,还在侵占农村土地和集体财产方面有塌方式腐败的诸多迹象。总体上看,这些腐败问题的产生与印度的党派政治生态环境不无关系。

首先,在地方一级的政治选举中,村庄一级的政治掮客与其所支持的派系达成妥协,建立起进退同盟。一方面掮客帮这些派系争取村民选票,另一方面,这些党派作为回报也会为这些掮客提供一些公共财政方面的支持,这样实际上就会出现公共财政被有目的滥用的这种情况发生。其次,由于基层的村民并没有其他的渠道来申诉和保障地方的具体利益,因为包括信息证据材料的不足和可能的报复,这些村民往往更多与历史传承下来的这些掮客和地方企业主之间进行利益捆绑,通过配合他们的相关行动以确保自己利益的实现。由于在一次次具体利益博弈中,总会有一部分村民的利益认为受到了损害,并且难以伸张正义的情况下,印度基层腐败问题的派系特点就凸显了。特别是这些认为利益受到损害的村民往往会借助选举机会,来支持倾向于自身利益的党派。

总体而言,印度基层的腐败是与党派政治利益密切联系在一起的。无论是历史遗留下来的利益纠葛难题还是当前现实政治的博弈需要,政治掮客们穿梭于村民和派系之间,使得基层腐败难以得到有效控制和根本上改观。某种程度上讲,印度基层的公共服务呈现出派系明显特点,而政治领导者则利用这一局面,通过各种明里暗里手段进一步加强活动,以锁定自身的政治地位。而印度基层腐败又将直接影响印度相关经济政策和对外战略,无疑对环喜马拉雅区域经济合作正常进展带来负面影响。

本章小结

本章主要围绕环喜马拉雅区域经济合作发展现状与合作挑战进行论述评价。主要从域内各国经济发展最新情况、各国与中国经贸合作等角度分析了环喜马拉雅区域经济合作发展态势特点，并在此基础上深入挖掘了环喜马拉雅区域经济合作的竞合关系、经济权力空间等方面交互因素。并就贸易保护主义问题，腐败问题等进行解析。近年来，环喜马拉雅区域内各国间相互贸易额持续增长，产业不断升级，相互间彼此经济、人文合作项目日渐增多，相互依存度增加，人员流动速度加快，与中国经济合作更加紧密。旅游资源、文化资源乃至医药产业等越来越受到世界市场推崇，但环境污染、工业增长减缓、就业形势严峻、财政压力增大、贸易保护主义抬头等也需要引起关注。从各国经济发展情况来看，印度经济发展强劲，莫迪政府推动的系列改革释放出巨大活力，目前印度经济发展存在的问题主要是贫富分化加剧，广大底层百姓生活压力增大。而尼泊尔和不丹作为内陆国家，近来在旅游业和宗教文化产业方面发展迅速。巴基斯坦和孟加拉国在中国一带一路建设项目带动下，后发优势更加明显。阿富汗和缅甸则因政局不稳因素致使经济发展严重受到影响，并且这两个国家深受毒品问题困扰。马尔代夫和斯里兰卡则在经济发展方面有印度严重干预的影子。总体上看，域内国家间合作领域不断扩大，贸易往来更加密切，强劲的域内市场需求也需要更多中国商品销售。但同时也要看到，域内国家间相互不信任感虽然有一定程度下降，但针对涉及区域层面的重大事项因历史原因与现实利益等，相互妥协有一定难度，战略利益上的过度考量也将限制环喜马拉雅区域未来经济合作的紧密度，并考验中国提供地区公共品的智慧。

第 三 章

环喜马拉雅区域经济合作主要特征与态势走向

印太地区在1990年至2010年实现年均7.6%的经济高速增长,但快速城市化和农耕面积的扩大对环境造成了巨大负担。[①] 比如森林因农场开发和木材供应造成的森林和草地退化进而使哺乳动物和鸟类呈现减少趋势。再从印太经济产业发展结构来看,原来以美国产业梯次配置的经济结构或将迎来重大改变。根据统计,2016年东盟对中国出口额高达1430亿美元,超过了时年对美出口额近10%。到2030年前后,中国、印度、日本、印尼等国家经济总量在世界经济的排名将再次提升已是大概率事件,特别是中国对亚洲各国的辐射力很有可能大大超过美国,而环喜马拉雅区域"中国化"进程一定程度上也将呈现加速态势,并给域内经济社会发展带来积极意义。

第一节 环喜马拉雅区域经济合作主要特征

2008年全球金融危机后,各国监管机构虽然加强了对银行系统的监管,但为发展经济而适度宽松的金融条件造成高负债率和资产估值过高等金融隐患。短期看全球金融风险有所升高,市场参与者对于金融环境突然收紧的风险准备不足。当前来看,地区层面金融系统可能面临的冲击更多,而冲击造成的严重程度取决于该国金融体系的脆弱性与否,包

[①] 丁晓燕:《面临21世纪的亚太经济合作》,《科学战线》1995年第4期。

括如何应对不断升高的非金融领域债务水平，传统银行系统之外的贷款标准如何降低以及过高的资产价格如何平抑等现实问题。目前一些世界主要经济体增长有放缓迹象，但发达国家和新兴经济体的科技差距却在扩大。美联储缩表、美元走强以及中美贸易摩擦加剧已经开始对包括广大环喜马拉雅区域的发展中国家产生重要影响。而对环喜马拉雅区域经济合作的发展现状进行深度分析，是研究当前"一带一路"背景下环喜马拉雅区域经济合作模式的重要基础。本章将在全面梳理分析环喜马拉雅区域经济合作发展现状的基础上，对环喜马拉雅区域相关国家与中国经济的依赖敏感度进行评价，研判环喜马拉雅区域国家经济合作融合发展程度，并梳理归纳出环喜马拉雅区域经济发展的一些新态势。

一 产业同构性与商品同质化并存

区域产业同构化的趋势不断增强导致地区资源配置效率低下，不利于当地经济发展。产业同构指的是在经济发展进程中不同国家和地区的产业组成类型、数量比例、空间分布、关联方式等方面在产业结构不断优化的过程中不断趋于一致，结构差异在逐步缩小这种现象。[1] 有学者认为这种同构性有利于缩小地区差异，有利于区域经济均衡发展。而所谓"同质化"主要指同一大类商品中不同品牌的商品在性能以及外观甚至营销手段上不断相互模仿，最后以致逐渐趋同的这种现象。在商品同质化基础上形成的这种市场竞争行为被称为同质化竞争。其中手机行业同质化竞争的表现尤为突出，如不同品牌的手机性能、外观等关键参数差异逐渐变小这种情况。在管理方面则主要是指产品、服务等的趋同。同质化发展的一个结果就是不利于消费者识别，无特色。

具体就制造业来讲，中国和印度作为人口大国，都具有丰富的人力资源优势，在此基础上生产出的产品也多以劳动密集型产品为主。由此导致两国在外贸方面不可避免在一些领域会出现竞争关系。[2] 中印两国传统产业基础都比较雄厚，出口的商品如纺织品、医药化工原料、初级电

---

[1] 涂岩：《产业结构调整与区域经济发展互动研究》，《经济与社会发展》2010 年第 3 期。
[2] 刘玹泽：《中印出口贸易结构与国际竞争力比较研究：1995—2012》，《新疆农垦经济》2016 年第 6 期。

板等有很大的相似性，并且这些出口行业是外汇的主要来源，对两个国家的经济发展都有着特殊意义。但此处需要指出的是，由于印度的广大腹地基础设施极其落后，印度政府近年来也有意在该领域加大投资力度，如修建新的机场，重新规划铁路网等，这为中国工程类企业进入印度提供了非常好的契机。近年来，印度为实现其工业化和确保国家能源安全，不断加大进口，这样就让印度对一些具有一定竞争力的技术密集型机械设备产生强烈依赖。由于这些技术密集产品价格比较昂贵，而中国方面生产的相关替代产品价格优惠，由此印度对来自中国的这类产品逐渐形成了依赖。中国对环喜马拉雅区域国家相关出口的技术密集产品竞争优势明显。印度从中国进口多以高科技产品为主。而从中国进口的初级产品、资源密集型和低技术含量商品进口占到总份额约1/3。相较于印度经济发展，中国经济总量与产品结构优势突出。并且从中国1978—2008年的发展来看，中国和印度比较可以看出中国第二产业一直占据重要位置，但在印度占重要位置的则是其服务业。印度的产业结构与发达国家则更为相似。

二 贸易不平衡特征明显

从中印两国的经贸关系来看，两国从1984年签订第一个政府间贸易协定开始，相互给予了贸易最惠国待遇，促使中印两国经贸合作快速发展，双边贸易额也在不断刷新纪录。进入21世纪的头十年里，中印两国贸易额更是在10年内增长了近20倍，如此业绩值得肯定。在2010年冬，中国国务院总理温家宝访印期间曾提出，中印双方要通过共同努力，让中印实现双边贸易额达到1000亿美元的年度目标。由此也推断出预计到2030年，中国和印度将成为世界上最大的贸易伙伴。

从现实层面来看，虽然这些年中印两边贸易额在快速增长，但不容回避的一个问题是印度的对华贸易逆差也在不断扩大，这在中印经贸关系中该问题变得日渐突出，并引起印度方面的高度关注。如若中印之间处理不当，两者间贸易逆差问题不排除将有可能成为中印贸易中一个十分棘手的挑战。根据有关报道，印度的商业和工业部门几乎每个月都要向中国派遣出口商代表，试图游说中国从印度购买更多高附加值产品，而不是仅仅一些原材料。根据调研，印度目前也已经成立了一个和经贸、科技相关的联合工作小组,用来专门处理与应对印度对外贸易逆差扩大问题。早在2012年,印度联邦出口组织主席艾哈迈德九曾率领由52家参展商组成的代表团参加中国进出口商品交易会,游说与宣传印度商品,争取加大印度产品在中国市场的占有率。印度的艾哈迈德自信地表示,考虑到最近几年来中国的生产成本大幅上升,印度有把握在向中国出口生活家居产品中获得竞争力,并且印度也将寻求包括汽车零部件、医药等高端产品打入中国市场。

中国与南亚之间存在非对称相互依赖的关系,主要反映在外交、贸易、投资、经济自由化与技术等领域,不过这种非对称相互依赖正随印度经济快速发展以及中国世界政治经济地位在世界层面的渐趋增强而发生演变。目前中印之间在环喜马拉雅区域开展经济合作过程中,也是域内国家之间非对称相互依存及空间经济权力变迁的过程。而从理论层面来考虑,中印两国非对称相互依赖及其权力变迁的根本原因在于两国在市场经济博弈过程中,经济竞争优势的一方胜出的结果,其中市场体量尤其是中国与印度市场体量是决定中印权力资源配置的关键要素。[①] 虽然目前在中印双边关系中国仍处于有利位势,但是印度的权力位势正在逐步增加。目前中印外交关系的大幅度改善、中国经济总体实力的上升,特别是随着中国投资权力的增强和技术实力的上升,有助于增强中国在国际上的经济影响力;目前我们中方应抓住中印经济合作非对称相互依赖变迁中中国更趋主动的这样一个机遇,积极主动推进对印经济合作共赢战略,将环喜马拉雅区域经济合作推向更有利于地区整合发展的高度。

除了环喜马拉雅区域内国家具体围绕经济合作细节方面有一定分歧外,我们在很大程度上也要注意环喜马拉雅区域经济合作还将受到来自区域外国家和组织的变量因素,特别是来自美国、日本等域外大国的影响,由此,环喜马拉雅区域经济合作要尽量避免在该地区引发新的贸易战的可能。同时面对越来越复杂的国际经济形势,环喜马拉雅区域经济合作应当多专注于经济、金融领域的合作共赢,并且在一些项目合作方面要坚持对外开放的态度立场,并保证每个成员国的话语权。此外,环

[①] 张默含:《中国与发达国家间直接投资非对称性相互依赖分析》,《全球化》2014年第12期。

喜马拉雅区域经济合作要考虑到合作的难易程度与可行性思路，在相关项目建设中有把握的就着手做，存在重大分歧的可考虑采取进两步退一步的做法，目的是为了有效促进亚洲经济特别是环喜马拉雅区域落后面貌的改善与经济的持续稳定发展。

三　新科技领域竞争加强

世界上规模最为庞大的商业战场或在环喜马拉雅区域展开。较量的双方是美国和中国高技术顶级巨头，一方以被称为"狼牙"的脸书网、亚马逊、苹果、奈飞及谷歌的母公司"字母表"公司等企业为首，另一方则以被称为"蝙蝠"的百度、阿里巴巴和腾讯集团为首。这些企业是目前国际上一些规模较大的企业，股票市值总额超过4万亿美元。它们争夺的是全球某些领域最有前途的市场。目前大家都没特别注意这个，原因之一在于这场争斗发生的地方不那么张扬。这些巨头在各自的国内市场避开了对方，而不断上升的贸易摩擦使得在各自母国发生冲突的可能性下降。除亚马逊和苹果外，"狼牙"中其他企业在中国已经几乎被禁。与此同时，美国正在给中国企业竖起壁垒。特朗普政府不仅于2018年8月宣布了世界最大移动通信运营商中国移动公司是美国安全的潜在威胁，阿里巴巴下属的蚂蚁金服公司被制止收购一家美国支付企业，并且更加严厉的投资限制也在美国政府酝酿出台的路上。由此，美中两国精英企业或将只能在第三场地比如印度展开直接较量。

这场争斗保持低调的另一个原因在于它并不是公开进行。美国企业大体上把它们业务移植到其他市场，例如亚马逊承诺投入超过50亿美元在印度复制其业务模式。但是中国巨头们采取的是不同做法，即买下当地企业股份并把它们编织成为复杂的业务集合。拥有超过1000家外国公司股权的腾讯和阿里巴巴生态系统中包括有新兴市场数十家企业。加上蚂蚁金服，它们对亚洲全部独角兽企业——即价值超过10亿美元初创企业中的43%给予了支持。2017年中国高技术企业向印度初创公司输送了50亿美元投资，同比增长4倍。美国高技术巨头在国外身穿制服，而中国巨头们则融入了背景当中。中美之间的高技术领域博弈对全球技术巨头都有影响。谷歌有超过一半营收来自美国之外；脸书用户人数最多的10个地区中有8个是新兴市场。阿里巴巴希望到2025年把其平台的海外销售额占比提高到50%，意味着要在印度等地方实现高速增长。

此外，适度的东西方技术竞争有望带来巨大经济利益。在国外，它们争夺消费者和企业。例如，蚂蚁金服和腾讯正在向德国人推介自己的移动支付系统支付宝和微信支付的便利。[①] 亚马逊帮助在印度建立了大型仓储和其他电子商务基础设施。随着时间推移，许多数字市场倾向于变得更加集中，因为规模将造就更大的规模，赢家将集多数宠爱于一身。就目前而言，在第三国，竞争将激烈进行。关注这场正在展开的战役最后一个原因是地缘政治。美国和中国正在争夺数字领域的至高权力。两国技术优胜者在其他市场搏杀将不可避免带来政治含义。中国技术是由将会与当局合作的企业出售。在线数据为人工智能提供能量——有关它们将流入中国还是美国的云计算平台的决定，可能对各国将在多大程度上依赖于某个超级大国产生影响。

目前在国际层面主要大国之间围绕新科技领域竞争正在呈现加速态势，并且各国对该领域资源投入特别是在人工智能领域的争夺被称为全球"科技冷战"。在具体研发领域，各国侧重和优势不同，投入来源也不一样，如美国重心不只是在创新研发领域，更关注民用产品的军用可能带来的风险。中国对人工智能这块巨额投入等，推动力一方面来源于国资委企业，另一方面则是直接来自一些专业研究机构和较大民营企业。众所周知，对各国如何在 AI 这一领域抢占制高点在未来竞争中至关重要，各国在推动这一领域发展的同时也正在加强保护其知识产权和进步成果。其中欧洲国家、日本、印度和美国等在一些敏感技术领域已经设置了高级门槛，对非本国科研人员在一些关键技术部门采取一票否决制，以保护本国的技术不被外窃。围绕大数据、5G 技术、AI 在内的高科技竞争，某种程度上讲已经上升到了国家战略层面，并且资金投入也出现巨额增长。根据统计，该领域全球投资已由 2011 年的 2.82 亿美元增加到 2015 年的 24 亿美元，并且主要大国都参与其中。

而围绕人类未来发展的高科技竞争，因技术的难度和科研的深度需要国家间联合力量进行攻关。例如俄罗斯曾提出《在国际安全背景下信

---

① 朱晟、乔继红：《德国日化巨头引入支付宝服务中国顾客》，2017 年 8 月，新华网（http://www.xinhuanet.com/world/2017-08/02/c_1121420175.htm）。

息和通信领域的发展》的倡议，主张国际社会在信息技术、金融安全等领域共同合作来应对共同的挑战。再如由马来西亚倡议成立的"国际反网络威胁多边伙伴联盟"得到多达40个国家的支持，也说明了国际社会对高科技领域的关注和重视程度。① 此外，云安全威胁目前正在成为国际社会担忧的新对象，而如何防止信息强国将云技术用作制衡他国手段，进而防止云主导竞赛的发生目前正成为国际社会关注争议的焦点。

四 能源安全供给脆弱性

印度是全球第二人口大国，人均国内生产总值却仅排在第144位，需要持续支持其工业化和经济增长来满足民众在就业和收入方面的期待。自2014年实施的"印度制造"政策显示出该国意在借鉴中国曾经的经验，在诸多行业引进外国投资，从而最终实现在世界舞台崛起的意愿。鉴于印度目前技术状况，其经济持续增长只能通过能源消耗来实现，而该国已经是全球能源消耗第三大国。② 在这个能源储备不多（煤炭除外）的国家，能源依赖问题成为政府要处理的一项当务之急。值得强调的是，截至2015年，印度全国80%原油进口需要通过海上通道，而石油产业产值占到了印度全国GDP总量的15%。从广义经济视角看，印度石油产业经济依赖海洋的部分总占比达到93%。

虽然印度政府计划在将来发展可再生能源，但它在化石能源方面的政策说明短期内为保证经济增速只能依赖石化能源。而关于石化项目污染问题（2017年的一份报告指出，印度30%过早死的病例归咎于大气污染）的同时，印度今后需要找到一条道路，在经济增长、减少石化能源依赖以及满足气候与环境的迫切要求之间找到平衡点。印度是仅次于中国和美国的全球第三大能源消耗国，如果它保持自2015年以来每年在可再生能源领域的100亿美元左右的投资水平（约占全球总投资的4%；中国在2016年的投资额将近783亿美元，占全球总投资额的33%），其工业意志主义以及能源与石油政策会面临诸多问题；特别是对其将工业化

---

① 余丽：《关于互联网国家安全的理论探讨》，《国际观察》2018年第3期。
② 刘磊：《莫迪执政以来印度海洋安全战略的观念与实践》，《国际安全研究》2018年第5期。

与大气治理相结合的能力方面面临问题。2015年3月，莫迪政府推出萨迦玛拉计划，印度港口经济得到大幅度改观，蓝海经济中港口吞吐能力对印度GDP增长的贡献率达到2%。

根据统计，2000年至2016年，印度的能源消耗翻番。然而，该国人均消耗量仍然相对很低，目前印度仅占全球能源消耗总量的6.5%左右，远远低于中国（22.0%）和美国（16.0%）。在石油市场上，印度如今是全球第三大消耗国和进口国。不过，将近15.0%的进口石油又以石油产品的形式在该地区再度出口。近十年来，印度的石油生产停滞在每天85万桶的水平。煤炭市场，印度是全球第四大生产国，占据近8.0%的全球生产量，2016年起煤炭消耗量在全球占比约11.0%。在天然气市场，印度的产量和消耗量都很低（全球占比分别为0.8%和1.4%）。在承担海上运输任务的商船中，印度籍商船占比8.5%，印度籍的海员数量（包括国际服役）占世界海员总数6.6%左右。[①] 印度南向印度洋，在其东西两岸和其所控制的岛屿上目前建有12座大型港口，小型港口有187座，这些海港处理印度近乎90%以上的对外贸易。[②]

（一）依赖进口

如今印度在石油、天然气、煤炭方面对外部市场的依赖分别为81%、55%和30%。2015年，印度石油进口59%来自中东，其中沙特阿拉伯是最大供应国（20%），其次是伊拉克（17%），非洲国家（共占19%，其中11%来自尼日利亚）和委内瑞拉（11%）。印度能源在很大程度上依赖于煤炭，煤炭在一次能源和化石能源中所占比重分别为44%和73%。在电力系统方面，2016年将近75%的发电量来自火电厂。就目前来看，石油和煤炭仍然是印度最倚重的能源消费品，天然气（在电力生产中占8%）则要往后排。根据国际能源署预测，2040年印度石油需求将达到将近1000万桶/日，相当于2015年石油进口量的两倍。目前印度煤炭消耗所占份额自2000年以来增加了12个百分点，主要是由于煤炭发电站的发

[①] Ministry of Shipping, Government of India, "Indian Shipping Statistics 2016", p.1, http://shipping.gov.in/showfile.php?lid=2487.

[②] Ministry of Shipping, http://shipping.nic.in/index1.php?lang=1&level=0&linkid=16&lid=64.

展以及钢铁工业对焦炭的需求。煤炭相对于其他能源价格低是它在印度得到广泛使用的重要因素。印度的煤炭储备在全球排名第五，估计其储量可以满足137年的生产需求。

(二) 再生能源项目规划

与此同时，印度政府在可再生能源领域正在实施重大专项规划。如今印度电网中62吉瓦来自可再生能源，到2022年力图增至175吉瓦，其中风能提供60吉瓦，生物能提供10吉瓦，水能提供5吉瓦。太阳能独自提供100吉瓦，相当于法国核工业园供电量的1.6倍，其中40吉瓦来自太阳能电池，60吉瓦来自太阳能发电站。

(1) 大力发展太阳能。2015年第21届联合国气候变化大会召开时，印度与法国一道发起"国际太阳能联盟 (ISA)"，集合121个太阳能丰富的国家，承诺在国际上支持推广太阳能。2017年11月，19个国家批准了ISA框架协议，该协议在同年12月初得以实施。首要目标是筹集一万亿美元来推动全球太阳能的发展。印度希望这一举措能惠及没有用上电的3亿印度人，并推广太阳能在农业领域的应用。此外，印度拟对中国产光伏组件产品征收保护性关税。根据统计，2017年印度成为中国光伏面板和组件产品的最大进口国。印度财政部的文件显示，中国太阳能产品对印度出口2012年时占其全球出口总值的1.52%，这一比例到2016年升至22.00%。

(2) 大力投资核能。印度还拥有21座核反应堆，分布在6个地方，总发电量5.7吉瓦，不足总发电量（300吉瓦）的2%。2017年有5座新的核反应堆在建，落成后将增加3.8吉瓦发电能力。按照投资计划，到2020年和2032年，核能发电量分别为14.6吉瓦和63吉瓦。印度计划在核能领域大举投资，最终到2050年，核能发电量将占总发电量的25%左右，也就是150吉瓦至200吉瓦。不过考虑到成本、期限、建设以及合格程度等限制，2050年的核能发电量并非如此乐观。诚然印度核能发展在未来几年将会加速。

(3) 电动汽车推广。印度政府目前已宣布措施，争取到2030年实现其汽车工业园电气化。这个目标现在看来算是过高，这将增加对金属和能源（特别是煤炭）的需求，以满足汽车行业和电力行业的新胃口。电动汽车已经享受12%的税费（根据2017年7月实施的税收新政），比热能汽车28%的税费优惠得多。不过单独出售电池税费仍是28%。这对国家提倡的清洁发展模式（直换电池）构成了严重的制约。该模式主要是用一块预先充好电的电池直接更换汽车用完的电池，避免漫长充电时间。这就需要大量电池储备以及汽车工业园内部技术一致性。不论在印度还是世界其他地区，挑战在于充电设施以及生产电池的成本过高。不过印度相对于发达国家拥有一个显著优势：汽车工业园正在快速发展当中。印度目前的汽车保有量仅为2.3%，未来发展空间很大，也为电动汽车发展提供了机会。

（4）经济增长与环境治理的迫切要求。印度是全球第二人口大国，人均国内生产总值却仅排在第144位，需要持续支持其工业化和经济增长来满足民众在就业和收入方面的期待。2014年实施"印度制造"政策显示出该国意在借鉴中国经验，通过引入外资方式来推动经济发展。鉴于印度目前产业结构状况，特别是服务业占比过高，其经济持续增长或只能通过大幅度能源消耗来实现，但现实是该国已经为全球能源消耗第三大国。在这个能源储备不多（煤炭除外）的国家，能源依赖问题成为政府要处理的一项当务之急。虽然印度政府计划在将来大力发展可再生能源，致力于解决污染问题（2017年的一份报告指出，印度30%过早死亡的病例归咎于大气污染），但在经济增长、减少能源依赖以及满足气候与环境的迫切要求之间找到平衡点，也不是一件容易的事情。

第二节　域内中印经济权力空间格局演化

在全球化时代，不对称相互依存替代军事实力成为国家权力的重要来源，在此背景下和平崛起的中国、印度等正在以经济实力改写世界政治版图特别是南亚格局。基于国家间相互依存理论，利用中国与南亚国家间贸易数据分析中国与南亚各国经济相互依存的非对称性，以此就环喜马拉雅地区国家经济权力进行评价，研判当前环喜马拉雅区域经济权力的空间格局演变。

根据《2017—2018年度全球竞争力报告》，不丹年度全球竞争力排名由2016年的第97位上升到了第82位。在南亚地区，不丹全球竞争力排名位居第二，仅次于印度（第四十名）。斯里兰卡位居第85位、孟加拉国排名第99位、巴基斯坦第115位,马尔代夫和阿富汗并未列入全球主要138个经济体之列。① 根据竞争力指数总分,在满分为7分的竞争力指数中,不丹为4.1分,去年同期为3.87分。② 根据报告,影响不丹经济竞争力主要因素是资金融通问题、劳工标准问题、基础设施供应不足、职业道德问题、官僚主义严重、行政低效等。此外,提高信息和通信技术基础设施和增加信息和通信技术的使用仍然是不丹面临的最大挑战之一。诚然竞争力排名仅仅是展现国家实力一个方面,而用经济权力概念或许更能有效分析环喜马拉雅区域国家间关系脉络。

经济权力概念从一开始提出虽然引来诸多争议,但还是有不少学者对其给出了理解与阐释。约瑟夫·奈强调指出,"经济权力将替代政治权力并最终成为世界政治博弈进程中国家战略成功的关键"。③ 克劳斯·诺尔则认为,经济权力是"一国可以使用经济或金融等手段,来迫使对方做出让步或牺牲的能力,目的是为了使自身获得收益"。④ 此外,国内外也有不少学者专门研究经济权力的各个侧面,比如具体在贸易权力、金融权力、货币权力等方面。笔者此处给出的定义为:通过经济施加影响力迫使其他国家做其原本不愿意做的事情的能力。

一 中印经济权力空间扩展格局测算:指标与公式

关于经济权力来源,这与不同国家间经济相互依存的不对称性有直接关系。此外学者们研究发现,经济权力中最重要的方面是敏感性和脆弱性的不对称⑤。为此,有学者通过构建经济权力静态比较模型来研究。并且试图通过分析不同时段表现出的差异性,探讨不同国家在围绕具体资源争夺中其经济权力的变化。具体围绕敏感性和脆弱性的解释,可以

---

① "Bhutan improves in global competitiveness index", Kuensel, Oct. 11th, 2017, http://www.kuenselonline.com/bhutan-improves-in-global-competitiveness-index/.

② "Bhutan improves in global competitiveness index", Kuensel, Oct. 11th, 2017, http://www.kuenselonline.com/bhutan-improves-in-global-competitiveness-index/.

③ Joseph S. Nye, "The Future of Power", New York: Public Affairs, 2011, p.51.

④ Klaus Knorr, "The Power of Nations: The Political Economy of International Relations", New York: Basic Books, 1975, p.79.

⑤ 杜德斌、段德忠等:《中国经济权力空间格局演化研究:基于国家间相互依存的敏感性与脆弱性分析》,《地理学报》2016年第10期。

这样来进行理解：敏感性反映一国经济政策变化导致另一国发生变化成本有多高；而脆弱性则是反映一国变化对另一国国内经济造成的损害有多大。

（一）非对称相互依存的敏感性与脆弱性

从学理角度讲，非对称性相互依存主要划分为两个类型依存关系，即敏感性相互依存和脆弱性相互依存。而在当前经济全球化快速发展甚至逆全球化有抬头迹象的这样一个时代，国家经济相互影响多通过经济合作中的双边经贸关系以及投资关系来实现，由此也可以利用不同国家间在具体经济合作中经贸以及投资方面的敏感程度和脆弱程度的对称性与否来测度一国经济实力。通过采用近年来中国与域内各国之间的贸易和 GDP 数据，特别是近年来经贸增长的动态性来进行测度环喜马拉雅区域国家之间相互依存的敏感性和脆弱性，根据计算测出这两个指标的大小及变动情况，以此来全面认识中国与域内国家在具体围绕环喜马拉雅区域经济权力的空间扩展格局，特别是比较分析出中印之间在经济权力空间格局方面的消长态势。

敏感性：

$$S_{a \to b, y} = (E_{ba, y} + I_{ba, y}) / Y_{a, y}$$

式中：$E_{ba, y}$ 是 y 年份里面 b 国家向 a 国家出口统计；而 $I_{ba, y}$ 则是 y 年份里面 b 国家对来自 a 国里的进口统计；$Y_{a, y}$ 是 y 年份里面 a 国的贸易统计；$S_{a \to b, y}$ 为 y 年份里 a 国对 b 国的敏感性，该数值大，则说明 a 国对 b 国的贸易政策敏感，反之则就越不敏感。

脆弱性：

$$V_{a \to b, y} = (E_{ba, y} + I_{ba, y}) / G_{a, y}$$

式中：$E_{ba, y}$ 是 y 年份里面 b 国家相关贸易产品通过向 a 国家的出口总额进行的统计量；$I_{ba, y}$ 是 y 年份里面 b 国家对来自 a 国家相关贸易产品的进口总量统计；$G_{a, y}$ 是 y 年份里面 a 国家的 GDP；$V_{a \to b, y}$ 为 y 年份里面 a 国家对来自 b 国家的脆弱性，特别是从理论角度将如若该值越大，则就越能说明 a 国家对 b 国家的政策就具有脆弱性，如果反之也就是说越不脆弱。

（二）静态比较模型

$$EP_{b, y} = (V_{a \to b, y} \times D_1 + S_{a \to b, y} \times D_2) \times 100$$

$$EP_{(H-I) \to a, y} = (EP_{H \to a, y} - EP_{I \to a, y}) / EP_{I \to a, y} \times 100$$

该公式中：$EP_{b, y}$ 表示 b 国家在 y 时间里面其自身经济实力所展现出来的经济权力核心参考量指数，指 b 国家可以利用自身经济实力来试图改变 a 国意志的能力；关于 D_1 和 D_2 则分别表示 b 国在具体关涉到脆弱性和敏感性两个指标的具体权重；$EP_{(H-I) \to a, y}$ 表示 H、I 两国家在 y 年份里面对 a 国家经权影响大小差别；$EP_{H \to a, y}$ 表示 H 国家在 y 年份里面对 a 国的经济权力指数，$EP_{I \to a, y}$ 表示 I 国家在 y 年份里面对 a 国家的经权指数；如果 $EP_{(H-I) \to a, y}$ 的值大于 0，并且其数值越大，则表明 H 国家相比较于 I 国家更对 a 国家的经济权力影响更大，相反地，如果 $EP_{(H-I) \to a, y}$ 的值小于 0，并且其数值越小，则表明 H 国家相比较于 I 国对 a 国的经权影响更小。

二 竞争态势下中印经济权力的互动和反馈

目前从具体现实经济环境来看，近些年来印度经济发展的不平衡性使得普通百姓感觉并没有获得发展带来的多少好处，印度国内贫富差距在扩大，这种有增长无就业或就业机会减少甚至引起印度青年群体的反感。印人党执政后，印度经济发展的不平衡性有呈现进一步扩大趋势。根据 OXFAM 调查显示，2017 年，印度 1% 的富人阶层占据了全国 73% 的财富。这个 1% 的群体在 2017 年财富增加了 20.9 万亿卢比，相当于印度联邦政府 2017—2018 财年预算总和。根据瑞信集团数据，2018 年印度基尼系数已经上升到了 0.854。从历史传统来看，虽然印度传统上仇富意识不浓厚，但现实社会状况也会促使一些具有现代化思想的中下层进行反思。

（一）两国经济权力的空间类型划分

具体来讲，低敏感性和低脆弱性的国家由于具有非常强的经济实力，握有经济支配权，所以在双方经济互动交往进程中逐渐具备了迫使他国改变政策的能力，而另一方则由于高度依赖与对方的经济联系，所以讲后者相关政策怎么弄也只能根据对方的政策而进行调整。从逻辑角度来讲，地区层面的经济权力空间划分，主要取决于处于彼此竞争状态下的两个国家相互之间被依存的深度和广度。在具体某国的经济权力强度方面，参考的指标主要是彼此依存关系，比如假设 U 国对处于竞争关系的

R、C 两国都具经济依赖性，那么 R、C 两国被 U 国依存更高的一方，其经济权力将更强。而在空间广度比较方面，如若存在竞争关系的 R、C 两国，其中某一方被依存的国家数量越多甚至是翻倍的话，其对这些产生依存国家的经济影响力和支配力也就将更强，其经济权力辐射的地域空间也就越广。

（二）经济权力的互动和反馈

从学术角度讲，某一国经济行为的选择与偏好很大程度上取决于与该国有着密切竞争关系的另一国经济相互依存的深度和广度，并且该国的经济偏好行为甚至有可能影响其他国家相关战略行为选择。而从经济与政治的互动关系来看，显然经济要素作为主要内生变量，但也不能回避这样一种互动关系，即经济要素在竞争均势态势下与国际关系系统的运行机制遵循与否这样一种情况。[1] 这里可以具体用案例假设进行推导论证，来探求出这样一组关系的互动逻辑。如先假定 R 国和 C 国对 U 国的经济权力相对等时，而且 U 国也因其国情等原因而具有不同的偏好，并且这种偏好里面蕴含着稀缺信息甚至是敏感信息，那么在这种情况下，R 国和 C 国无疑将会根据 U 国释放出来的信号围绕自身国家利益的最优化考虑，进一步对其偏好进行判断，进而最终做出政策选择。同样逻辑，当 C 国对 U 国打算采取强制性经济政策时，那么最终也会在两国间形成一种均衡。而国家的这些行为无疑都是在国家理性思维驱动下，竞争状态下国家在具体相关政策选择上必然会重点关注该政策可能对第三方产生的影响，并在此基础上研判分析出第三方相关政策偏好以及本国对这种影响可能要支付的成本代价。由此可见，环喜马拉雅区域中印两国作为主要竞争国家，必然会对域内其他国家展开互动，以形成某种有利于自己的战略空间。

而根据历史互动轨迹的考察，由中印两国之间经济权力时空演化特征可以看出，中印两国在 2008 年国际金融危机后经济权力外扩都受到自身经济发展的影响，虽然中印这种全球影响力外扩发生在同一个时间段，但两者间的影响力实际是在拉大的，虽然表面上看是空间上面形成中印

---

[1] 单许昌：《霸权兴衰逻辑：三种权力的反馈环机制解读》，《太平洋学报》2013 年第 9 期。

影响力在环喜马拉雅区域并立的情境。但此处特别需要说明的是，中国强劲经济实力和所处地理位置使其优势日渐显现。而在中印两个大国经济权力博弈过程中，科技距离也将成为中印两个国家经济权力资源投送的重要限制条件。

从经济理性来判断，环喜马拉雅经济合作的模式构建，特别是量力、择时与保质推进中巴经济走廊和中缅孟经济走廊建设，打造中尼印经济通道建设预期，不但不会削弱域内各国在域内影响力，还反过来进一步佐证了中国角色只会为地区带来和平与幸福。由此，书稿认为环喜马拉雅区域经济合作的大方向是毋庸置疑的，中国与域内各国经济合作前景看好，需要解决的是如何在推动这一区域经济合作做到量力而行与尽力而为的统一，经济收益与地缘政治收益的统一，传统安全与非传统安全的统一，道路连通与民心相通的统一。

2018年4月，中印领导人武汉非正式会晤为两国关系回暖奠定了基调。此后中印在双边贸易、地区合作等方面确实做了一些改善。但当前中印关系远非牢固。印度官方和智库十分清楚美国拉拢印度制衡中国的目的，也了解地缘政治的变化为印度发展带来的机遇。目前来看，印度还只是希望在中美贸易战中抓住机会，吸引更多外资，招来从中国转移出来的制造业企业。长期来看，如果印度不能从中国得到更多实惠，中国没能在印度传统势力范围给予印度足够的"大国面子"，印度随时都有可能与美日建立"类同盟"关系，给中国"一带一路"建设制造麻烦。印度当前国内问题仍然很多，种姓冲突、宗教冲突依然尖锐，政治腐败案件依然层出不穷，就连印度近年来引以为豪的经济增长数据，也远没有外界所描述的那般光鲜亮丽。印度可持续就业中心在2018年10月发布的报告显示，尽管印度经济增长迅速，却没能为印度创造出足够的工作岗位。在经济平均增速6.8%的近5年间，印度就业增速只有0.6%。印度年轻人失业率已高达16%。

三 中印经济权力博弈及其扩展效应

印度作为经济快速发展的国家，不仅在环喜马拉雅区域与中国展开激烈竞争，也开始跟中国在非洲大陆展开争夺。相比中国，印度的软肋是印度企业不得不主要依赖自身财力。印度进出口银行只向行业翘楚发放贷款,且规定印度承包商在工程中所占份额不得低于85%。正是这一因素极大掣肘了印度与中国之间的竞争,也不利于印度在非洲市场上进一步站稳脚跟。

印度对非洲的兴趣具有深厚历史渊源。[①] 在非洲大陆上,很早便有数量庞大且极具影响力的印度人群体居住,尤其是东部和南端,总人数接近280万人。半数以上的印度人生活在南非境内,约150万人,其中近89万人分布在毛里求斯、8万人在肯尼亚、6万人在坦桑尼亚。乌干达、莫桑比克、津巴布韦各有2.5万—3万名印度人。这些国家在20世纪50年代末60年代初取得独立后,除了毛里求斯外,非洲各地的印度人都不得不因为种种原因远离政治,但他们在生意上的影响力至今仍不容小觑。[②] 在非洲东部及南部,大部分国家的首都都有印度街区、商业中心和文化娱乐设施。印度担心,当前迅猛发展的中国不只会将印度从非洲的消费市场上排挤出去,还将攫取印度洋地区的战略主动权。中国正不断强化在非洲大陆的经济、文化和人文影响力,无形中给印度刺激不小。

印度与日本共同主导的"亚非增长走廊"计划,开发非洲基础设施,跟中国"一带一路"建设形成某种相互竞争态势。[③] 印度在非洲的油气领域拥有巨大的利益。目前该国所使用的石油中,17%来自热带非洲国家。尽管从总量而言,它比不过中国,毕竟后者自非洲十国进口石油。印度石油天然气公司维德什子公司已向苏丹境内的石油勘探及开采投入了25亿美元,埃萨尔石油公司2009年到2016年一直是位于肯尼亚蒙巴萨的东非最大炼油厂的主要股东。此外,印度在加蓬、加纳、科特迪瓦、莫桑比克、圣多美和普林西比的石油开采行业也占据了一定份额。值得注意的是,印度企业还在非洲的货运市场上处于举足轻重的地位,近20年来,该行业发展可谓风生水起。在撒哈拉沙漠以南几乎所有国家,都有印度的塔塔牌货车在驰骋。在东非,塔塔在非洲的子公司依托印度进出口银行,兴建了若干汽车组装企业,并布设了庞大经销代理网络。在铁

---

① 时宏远:《非洲的印度移民及其对印非关系的影响》,《世界民族》2018年第5期。

② Amar Anwar and Mazhar Mughal, "The role of diaspora in attracting Indian outward FDI", *International Journal of Social Economics*, Vol. 11, 2013, pp. 944–955.

③ 张力:《日益扩展中的印度海外战略布局》,《人民论坛·学术前沿》2018年第1期。

路领域，印度的国企如印度铁路建筑公司和印度铁路餐饮和旅游公司一直与肯尼亚、莫桑比克、塞内加尔和苏丹等国合作。

总体来看，印度拥有引以为傲的资本，2007—2018年印度与非洲之间贸易额增长了4倍，从120亿美元跃升至550亿美元左右。至于对非洲国家直接投资，评估机构给出的估算值在500亿—600亿美元。跟中国与非洲每年1800亿—2000亿美元的规模相比，这当然要逊色很多，但依旧亮眼。然而根据统计数据，印度对非洲大陆直接投资不超过100亿—150亿美元。其他资金都是通过毛里求斯进行离岸投资，利用该国的融资设施及优惠税收条件。印度的主要软肋和阿喀琉斯之踵在于它跟中国不同，后者积极利用国家资金，扶植本国企业在非洲开疆拓土，但印度企业不得不主要依赖自身财力。

此外，印度之所以加强其在阿曼湾军事存在，是因为它想把伊朗当成通往阿富汗和中亚的进门。一方面巴基斯坦通过陆路阻碍它进入这个地区，另一方面印度深度犹疑中国"一带一路"建设。目前印度正在规划经由伊朗恰巴哈尔港的南北线运输倡议，以此来从地缘战略层面改变不利格局。在鲁哈尼访问印度期间（这是伊朗总统10年来首次访印），两国签署了一项租借协议，将准许印度企业投资8500万美元规划恰巴哈尔港的一部分。印度还与伊朗研究规划"南北国际运输通道"，它有可能将孟买经伊朗的阿巴斯港与中亚甚至与欧洲连接起来。[①] 海湾地区和中东各国并不认为与印度拉近关系存在任何问题。莫迪在阿联酋主持了首个印度教寺庙落成仪式。鲁哈尼则称印度是"各宗教间和平共处的有生命的博物馆"。

第三节　域内各方经济合作前景

从全球化进程来看，伴随网络科技革命、智能手机、智能机器人等的广泛应用，世界层面的经济互动增长快速，不仅货物、人员以及资本

[①] Tehran Times (2018), "Tehran, Islamabad to expand co-op in road transportation", 28th December 2018. Available at: https://www.tehrantimes.com/news/431204/Tehran-Islamabad-to-expand-co-op-in-road-transportation.

与信息前所未有的大范围流通，而且也包括跨国人才流动、移民、直接投资等的交相出现，这给全球大多数国家和地区带来了繁荣愿景。但是，全球化进程中有些国家和地区却没有为产业发展升级抓住机会而相对落伍了。如在英格兰城郊、南欧地区以及美国广大"白郊区"，这些年来经济地位的相对下降和社会福利水平的不断降低诱发的各类社会问题层出不穷，各类枪击案发生的背后折射出的是在社会发展过程中人们因经济发展不平衡等因素而引发的极端案例。

近年来，域内国家经济增长波动幅度大，印巴等国家的经济增长速度都不同程度上有所放缓，其中只有孟加拉国经济增长保持着较好优势。其他国家经济增长波动幅度较大，显示了其经济抗风险能力的薄弱。巴基斯坦、孟加拉国、尼泊尔等国也都是农业国家，居民主要从事农业生产，工业发展落后。以斯里兰卡为例，该国工业基础薄弱，主要也是以服装等劳动密集型产业为主，国际市场需求方面稍微有一点风吹草动就会受到波及。值得强调的是，斯里兰卡是古老"海上丝绸之路"上一个非常重要的交通连接点，在海路通道上扮演了枢纽角色，是当时世界大国中国以及罗马、波斯等通商的关键商路集散地。在当前，斯里兰卡也已经发展成为连接亚洲与欧洲、非洲经贸往来的现代化市场交会区域。[①] 再以中尼贸易为例，在目前中国正在加大推进"一带一路"建设，特别期望能够在周边邻国通过一系列经济合作来让它们享受到中国发展带来的红利。而在亲诚惠容的周边外交方针指导下，中国与尼泊尔关系无疑将进一步发展。近些年来，尼泊尔国内的主要消耗品大多是从中国进口，并且增幅巨大，而在尼泊尔旅游的游客来自中国的数量也在大幅增加。[②]

考虑到环喜马拉雅区域所处的地理位置以及未来可观的发展前景，中国与印度、巴基斯坦、孟加拉国等国家开展深层次合作，进一步提高合作的质量与经贸互惠频度，在"逆全球化"趋势抬头以及全球经济博弈加剧背景下，探索有利于环喜马拉雅区域居民幸福生活的机制建设，有着极大的可期性与可塑性。

[①] 韩露：《中国—斯里兰卡经贸合作：现状与前景》，《国际经济合作》2017年第3期。
[②] 苏加：《中国与尼泊尔双边贸易及投资前景分析》，《经济论坛》2011年第1期。

一 友好交往的历史传承

巴基斯坦、印度、尼泊尔等位于喜马拉雅山脉南坡，与中国山水相连。两千多年来，中国和这些国家往来密切。[1] 根据史书记载，早在公元前二世纪西汉时候，就已经有了中国与环喜马拉雅区域土邦之间的往来。汉武帝时期曾派出张骞两次出使西域，在张骞第二次出访时，张骞的副使到达了身毒国。两晋南北朝时期，中国与天竺关系日趋密切，并同当时的狮子国建立了关系。东晋时，狮子国送来朝贡的贡品玉像高约四尺二。唐代则和尼婆罗开始建立了使臣互访。狮子国几次遣使来唐。宋辽金元时期，中国和环喜马拉雅区域内各国往来更趋频繁。北宋时期，由东印王子穰结说罗来中国。元世祖时我们曾经先后派出唆都、亦黑迷失等人出使马八儿、俱兰等国家。明代郑和下西洋，于1409年在锡兰山立佛寺建布施石碑。永乐元年（1403年），西洋锁里使臣来时"附载胡椒于民市"。而自十七世纪西方殖民主义者来到后，中国与环喜马拉雅区域内各国除了发展传统友谊外，反对殖民主义者共同斗争把我们更紧密联系在一起。目前在中国西藏与南亚的崇山峻岭间，有多条线路相通。根据统计，通往尼泊尔的通道就有180多条。樟木、普兰口岸等一直在中国对南亚交往中发挥着重要作用。近年来随着青藏铁路的修建以及开通，特别是拉日铁路的通车，极大改善了中国境内西藏地区的交通运输条件，为进一步发展中国与南亚经济奠定了基础。

关于中尼关系，早在唐代，尼泊尔的尺尊公主出嫁给松赞干布，此后相当长一段时间，尼泊尔和西藏一直保持着紧密关系，尼泊尔壁画以及雕塑等文化对吐蕃文化发展产生了极其深远的影响。[2] 18世纪上半叶，廓尔喀王朝建立后，清朝考虑到西部疆域安全的重要性，对来自各国赴西藏经商的商人进行登记管理，其中准许了尼泊尔商人可以每年来藏三次[3]。自1955年8月中国和尼泊尔建交以来，友好合作关系不断发展。国家主席江泽民于1996年对尼泊尔进行了国事访问。2002年7月，尼泊

---

[1] 耿引曾：《中国与南亚的友好关系源远流长》，《南亚研究》1982年第2期。
[2] 董莉英：《中国西藏与尼泊尔关系探微》，《西藏民族学院学报》2004年第3期。
[3] 张羽新：《清朝治藏典章研究》，中国藏学出版社2002年版，第131页。

尔贾南德拉国王对中国进行国事访问。随后在2009年12月，尼泊尔总理马达夫对中国进行正式访问。这次访问两国领导人就中尼关系发展等问题深入交换意见。双方同意进一步加强两国陆路和航空联系，为加强双方交流合作和经贸往来提供便利。也支持对方在本国开展宣传推广活动等。2012年1月，中国总理温家宝访问尼泊尔获得了很大成功，其间签署了《中华人民共和国和尼泊尔联合声明》，双方围绕经贸和人文等领域合作达成深度理解，并肯定了自1955年建交后双边关系发展的轨迹脉络，双方同意期望今后继续就友好合作进一步挖掘潜力。[1] 此外，新中国与巴基斯坦、印度、斯里兰卡等在历史互动过程中也有过多次可圈可点的过往，此处限于篇幅不再赘述。

再如中孟关系。中国与孟加拉国自1975年建立外交关系以来，双边关系进展顺利。建交后，两国通过努力，友好合作关系一直健康、低调、平淡顺利地向前发展。中孟双方在经济、军事等领域开展了有一定深度的合作。两国在一系列重大国际和地区性问题上保持了高度协调，在地区重大的国际事务中密切配合。两国高层近些年来互访频繁，包括经贸往来在内的各种交往不断增加，人文等合作领域不断扩大。2015年5月刘延东副总理访孟期间，中国宣布增加对孟提供的中国政府奖学金和为孟培训汉语教师数量。[2] 中孟自1976年开始互派留学生，加强教育等领域的合作。目前中国已通过政府渠道接受的孟方428名留学生，在医学、经济学和环境科学等领域进行了针对性培养。实际上，早在2006年，中国就已经在孟加拉国的南北大学设立了孔子学院，三年后在孟加拉国的山度玛丽亚大学也设立了孔子课程，围绕中国文化展开教育。2005年5月，中国北京直飞达卡的航线开通。2014年，中孟双边往来总人数为10.6万人次，中国公民赴孟加拉国3.69万人次。2014年双边贸易额已经达到125.47亿美元，跟上一年同比增长幅度高达21.98%。具体来看，中国对孟加拉国出口额为117.85亿美元，从孟国的进口额为7.62亿美

---

[1] 张永攀：《论中国—尼泊尔关系在西藏稳定和发展中的价值、影响与展望》，《南亚研究季刊》2015年第3期。

[2] 焦新：《深化人文交流 锻造金色友谊》，2015年5月，人民网（http：//edu. people. com. cn/n/2015/0527/c1053-27062982. html）。

元。2015 年 1—11 月，中孟双边贸易额 133.64 亿美元、同比增长 19.2%。目前华为、中兴通讯、小米等都已在孟加拉国经营，孟信息产业市场潜力巨大，孟方希望这些中国企业不仅做好短期经营，还要做好规划实现长远发展。①

再如中缅关系。客观评价缅甸民盟新政，就有必要辩证看待新政府执政的局限问题，特别是面对缅甸复杂的政治派系关系和民族间长期争斗残存的互疑传承。从民盟新政的发展、面临的挑战与中缅关系近来发展势头看，中缅全面战略合作有望在各个具体层面得以落实与推进。2016 年 4 月时任外交部部长王毅应邀访问缅甸，随后 2016 年 8 月，昂山素季也应邀访问了中国，缅甸的吴廷觉总统随后在 2017 年 4 月 6 日至 11 日访华，昂山素季 2017 年 5 月来北京出席"'一带一路'国际合作高峰论坛"②，这一系列高层互动反映出中缅关系正在健康稳定发展。昂山素季等缅甸领导非常重视中缅关系发展，长期以来采取积极主动合作的方针策略，但有时因其国内复杂政治对中国边界安全产生一些负面影响。值得强调的是，在新的国际形势下，民盟新政府就一些外交方向进行了调整优化。其中缅甸积极回应和参与中国的"一带一路"建设倡议，围绕孟中印缅经济走廊建设积极投入和配合，缅方做法无疑将推动中缅孟等地区经济社会发展。

此外，域内各国之间相互交往频繁，也为今天的经贸合作打下了坚实基础。关于域内国家之间关系可以从以下四类来看待。③ 第一类为印巴对抗关系。多年来虽然两国领导人有意改善彼此关系，但并未有实质性突破。第二类是对印半依附关系。这一类国家包括孟加拉国、斯里兰卡和马尔代夫。第三类为对印完全依附关系。这里主要指的是不丹。此外尼泊尔对印度也是高度依附状态。第四类是若即若离关系，主要指的是阿富汗。

---

① 刘春涛：《专访：欢迎中国投资孟加拉国信息产业——访孟国务部长帕拉克》，2017 年 12 月，新华网（http：//www.xinhuanet.com/fortune/2017-12/06/c_1122068356.htm）。

② 昂山素季：《"一带一路"是和平之路》，2017 年 5 月，人民网（http：//ydyl.people.com.cn/n1/2017/0517/c411837-29281799.html）。

③ 杨思灵：《一带一路：南亚地区国家间关系分析视角》，《印度洋经济体研究》2015 年第 5 期。

二 当前战略机遇期判断

作为世界新兴经济体的重要成员，中国、印度、孟加拉国、巴基斯坦等国在发展过程中依然面临许多难得的机遇，这些国家之间不仅经济互补性强，经济有后发优势，更重要的是目前都拥有一个相对稳定的地缘环境。环喜马拉雅区域经济合作的推进无疑将进一步推动域内国家各行业发展以及国家整体实力的提升。

（一）相对稳定的国际环境

一个国家发展离不开良好的外部环境。而对历史战略机遇期依然存在的这种判断，是基于当前新时代我们在总结过去并对现状进行战略性审视得出的结论。以理性思维和通过对历史的考察来分析战略机遇期，有利于更好的汲取历史教训。[①] 在当前经济全球化与地区经济一体化的大背景下，世界格局处于大变革、大调整时代。中国"一带一路"建设的提出，美国"美国优先"政策推出，印度版本的"亚非发展走廊"计划等也都展现着这个暗流涌动与相互竞争的博弈世界。总体上看，国际秩序仍然处于相对稳定的状态中，并没有大的战争或地区大规模动荡局势出现。相对稳定和谐的地区安全环境为环喜马拉雅国家今后发展营造出了良好经济合作氛围，使域内国家之间今后各层次合作成为可能。特别值得强调的是，中国、印度等大国在地区安全等重大议题上能够保持定力，重心放在谋求经济发展上，这为地区安全提供了可靠的依托条件，环喜马拉雅区域国家迎来了新的发展机遇。考虑到以美国为首的西方势力对东方社会价值观念的偏见，对巴基斯坦境内的恐怖主义组织滋生以及反恐不力存在一定不满，因此美国可能会对环喜马拉雅区域国家进行分化与拉拢，达到将部分国家纳入西方发展轨道的目的。值得信赖的是，中国和印度等域内主要大国能够理性处理相关分歧，将边界争议进行有效管控，共同营造良好的发展环境。

金融危机对环喜马拉雅区域国家产生的长时段影响可能刺激当地政府对经济发展的债务管理更加审慎。从长远角度看，这些国家能够克服

[①] 孟宪波、王继芳：《战略机遇期的百年历史考察与对策思考》，《学理论》2009年第5期。

国家内部存在的不利因素，保持经济持续增长。但从现实情况来看，环喜马拉雅区域内国家内部也都存在不少问题，如就业问题、环保问题、贫富差距问题等，这些问题成为国家持续发展的阻碍因素。从外部大环境来看，2008年爆发的美国金融危机和随后的欧债危机对环喜马拉雅区域这些国家经济发展也产生了一定破坏作用。而如何通过合作应对新的世界经济动荡冲击和国际金融风险，对环喜马拉雅区域这些国家来讲将是一个现实挑战。欧盟委员会负责就业、增长、投资的副主席于尔基·卡泰宁接受采访时，就亚洲基础设施建设方面特别是与亚投行合作方面表示持乐观态度。他表示欧盟的政策金融机构欧洲投资银行非常愿意与中国主导的亚洲基础设施投资银行进行合作。其中，欧洲投资银行充分利用欧盟预算，为基础设施建设等提供融资。卡泰宁指出，欧盟28个成员国中，"已经有14个国家加入了亚投行，还有5个正在申请加入。投资银行之间也必须进行合作"。

（二）发展差异中的优势互补

环喜马拉雅区域国家具有国情的相似性和发展阶段的同步性，使相互间合作共同进步成为可能。近年来中国与域内国家签署了很多协议，形成了很多首脑峰会和外长会晤机制。所有这些进一步巩固了环喜马拉雅区域经济合作的基础。此外，共同的对美好生活的追求，为环喜马拉雅区域国家间经济合作也带来新的机遇。"世界办公室"印度，"世界工厂"中国，"旅游天堂"尼泊尔，"青涩"孟加拉国，这些不同称谓反映出了环喜马拉雅区域国家各自的发展特点。值得注意的是，这些国家不缺少自然资源、人力资源，也不缺少消费市场，所以在资本与项目带动下有助于这些国家在现代化进程实现发展。目前来看，中国和印度在产业结构方面有高度的互补性，虽然在国际贸易中存在竞争，但两国经济、特别是共同开放市场以及政治等领域合作将更有利于提高中印作为一个整体在国际市场上的竞争力。[①]

成员国间的有序竞争有助于为地区各类治理带来活力。由于各成员国间在发展阶段和具体利益诉求方面的不同，使得在面临重大社会问题的共同应对与协力合作时有很多分歧，立场不一致及国家相互之

---

① 张炳政、黄欣：《中印贸易：分歧与共赢》，《中国海关》2010年第2期。

间不信任感会导致这些问题不好处理。环喜马拉雅区域经济合作则是对相关国家设置一定标准,以确保在处理这些问题上能高度一致。随着 2015 年《亚洲基础设施投资银行协定》的签署,中国开始利用自身优势加快对外战略新布局的动作。环喜马拉雅区域经济合作的开展,也是在中国快速崛起的新时代背景下的地区公共品提供行为。从中国国内情况来看,一是中国经过 40 多年改革开放,积累了较为雄厚的实力,二是中国经济产业升级发展的需要,三是针对当前国际需求不足以及全球化发展面临新挑战的情况下,如何避免受到其冲击而主动构建新的有利于地区经济发展的贸易秩序。中国长期以来坚持对外开放发展战略,不断深化与各国发展的合作层级。中国与印度作为世界上数一数二的最大发展中国家,环喜马拉雅区域经济合作某种程度上代表着广大发展中国家一种新发展趋势,传统能源、矿产、基础建设等产业与网络科技、新金融合作等密切相连,环喜马拉雅区域经济体的身份归属也将呼之欲出。

三 技术进步推动国家间互融发展

纵观全球地缘政治格局演变的历史进程,格局的转换多是伴随着大国的兴衰交替、力量的分化与组合和权利的失衡与平衡,规律性的现象是不变的动力机制所致,这种机制对当今全球地缘政治格局的发展与演化依然有着重要作用和深远影响。[1] 随着科技进步对人类生产生活空间的扩展,地缘政治的战略核心不断更新。信息时代,在以往的陆、海、空、天这四维空间之外,又增加了第五维空间——"信息空间"。[2]

在当前科技水平下,地理因素依然对人类活动的半径和活动频度产生着制约性影响。但值得注意的是,随着道路基础设施和治水能力等的提高,人类对大山大河的征服给社会发展带来了深远影响。实际上,科学技术作为目前深度影响和制约地缘政治发展的极其重要因素,自 19 世纪以来就发挥出威力,铁路的建设、水坝的修筑、港口的升级等无不对

---

[1] 刘大庆、白玲:《全球地缘政治格局演变的动力机制——基于变量与变量关系的解析》,《地理研究》2018 年第 2 期。

[2] 张妍:《信息时代的地缘政治与"科技权"》,《现代国际关系》2001 年第 7 期。

各国经济发展产生影响。某种意义上讲，恰恰是科技进步在不断推动着地缘政治面貌的改观，使其在不同性质的地理空间中切换，也在理论层面不断推动着地缘政治理论的发展。虽然当前地缘政治方面进行研究的学者们也已经关注到技术、地理和地缘政治之间的关联性，但具体到某一个区域技术进步如何甚至以哪种方式对地缘政治施加影响则因文化差异和国家发展阶段等不同而有着不同评判甚至是分歧。环喜马拉雅区域地缘政治如何因技术进步而改变等都值得研究。

传统的国家间博弈，更多是对土地、能源矿产和海上战略通道等资源进行争夺，而在今天快速发展的全球化进程中，不同国家也对信息权、碳排放权等相对虚拟的资源进行争夺。此外，域内国家也将更加重视新的能源类型和新的地域空间对地缘政治格局的影响，更加关注如何通过高度的政治协调来实现关系国家重大命脉的石油、天然气管道建设等。而从中国方面来看，中国经济发展的强劲和整体实力的提升使中国能够在相应的地区经济格局演变进程中提供公共品，为地缘政治合理转向带来机遇。①

总体上看，随着科技发展，影响地缘政治格局演变的因素发生了显著变化。第一，高速运输工具的出现，传统地理空间关系和地域联系都发生了很大变化，空间距离所产生的效应在降低。② 另一个层面讲，喜马拉雅山麓在阻隔中国与南亚国家间陆路交往的障碍因素作用在降低。第二，地缘政治博弈主体间的力量对比发生变化，借助互联网，原来相对弱势的个人和非政府组织的地位和作用在上升。第三，在全球化背景下，经济利益在国家战略中地位上升，地缘政治的冲突逻辑正逐渐让位于地缘经济的竞争逻辑。第四，与气候变化相关联的新因素对地缘政治格局的影响越来越显著，碳排放权等相对虚化的权利发展成为新的地缘政治争夺对象。在上述驱动力的作用下，环喜马拉雅区域国家间在进行国家治理的同时，也将会更加关注全球性问题。

---

① 王礼茂、牟初夫：《地缘政治演变驱动力变化与地缘政治学研究新趋势》，《地理研究》2016 年第 1 期。

② 胡志丁、葛岳静：《地缘战略制定原则与中国地缘战略》，《世界地理研究》2018 年第 5 期。

本章小结

本章在全面梳理分析环喜马拉雅区域经济合作发展现状基础上，通过对环喜马拉雅区域相关国家与中国经济依赖敏感度指标进行分析，研判中国与域内国家经济合作融合发展程度，并梳理归纳出环喜马拉雅区域经济发展新态势。近年来，环喜马拉雅区域相关国家抓住世界经济产业转移机会，通过有效发挥自身劳动力禀赋等优势，实现了经济快速增长，当地居民生活水平有了大幅提高，而国家间相互经贸联系也更加频繁。从经贸发展的实际情况来看，环喜马拉雅区域经济发展显现出巨大的韧性，是世界上经济增长最快的地区之一。特别是印度，由于其经济总量在该区域举足轻重，其强劲的增长拉动了整个域内经济。而从亚洲整体政治和经济发展整合高度来看，环喜马拉雅区域经济合作发展有助于亚洲地区经济集合效应发挥，而中国和域内国家进行经贸与交流的相互意愿也越来越强。跨国家经济合作项目日渐增多，域内各国与中国经济合作的紧密度也日渐增强。从域内经济发展主要特征来看，产品相似性与互补性并存以及区域贸易不平衡性加剧这两大特征突出。关于经济权力空间部分研究主要结论为：中国在环喜马拉雅区域贸易由过度集中于印度向其他国家更加均衡格局转变；域内对华贸易依存度最高的国家并不是印度；域内各国对华贸易高敏感呈现出由印度向其他国家转移趋向，而高脆弱区域则呈现出由点状散布向连片生长这样一个态势；实际上中国经济权力已开始超越环喜马拉雅区域并向印度洋周边地区辐射，而同时期印度经济权力空间也呈现外扩趋势。本章认为，在环喜马拉雅区域经济发展呈现出国家间互动频度加强，相互依存程度提高以及产业链层面相互嵌进等说明，如若中国不主动并审慎参与该区域经济合作，那么印度无疑将主导该区域产业结构升级。今后中印之间围绕经济权力空间的竞争将会是常态。

第四章

环喜马拉雅区域经济深度合作影响因素

围绕环喜马拉雅区域经济社会发展，大国力量博弈与地区秩序安排等重大课题，不仅包括中印等在内的域内国家极其关切，以图向有利于自身利益的方向发展，包括美日以及联合国、上合组织、南盟等在内的域外大国和国际性组织也有所关切。此外，尤其值得注意的是，近年来非政府组织在环喜马拉雅区域发展快速，它们或以环保、保护妇女儿童等旗号，或以防治疾病与扫除贫困、净化心灵等口号在活动。各类参与主体显然有着不同利益诉求与关切，这无疑又对该区域合作发展增添新的变量。本章重点分析关于环喜马拉雅区域经济合作各影响因素，分析外来力量行为逻辑，考量其政策偏好，以期能对域内经济合作的真实环境做立体评估。

第一节 环喜马拉雅区域经济合作推进中的大国博弈

遵循大多数国际政治经济学定性与定量分析结合的原则，笔者先考虑权重占比较大的参与因子，而后再引入其他影响因子。对环喜马拉雅经济合作建设的理论问题进行研究，以行为体收益、行为体成本、加权安全、行为体损失、时间成本等为核心数值来推演行为体博弈的逻辑，以期能为可行性合作路径、具体模式、方案等提供理论层面的借鉴与解读。

一　世界经济通缩预期下行为体博弈逻辑

（一）博弈进程中的受损与获益

以中印尼三方利益博弈为案例进行解析。主要关联数据：国家意愿、风险因子、成本获益率、时间轴；模型假设：国家为主要行为体、国家是理性的、国家是有意图的；这里的 U 为效用或者说目标合作国 X，这里也可以理解为尼泊尔选择与中国或者印度获取的行为收益。P 为另一方（中国或印度）愿意合作的可能性或者说合作意愿高低（Country X's estimated probability that action is necessary）；B 为合作收益；C 为合作成本或者说代价。

从近代以来历史发展轨迹来看，印度国家安全战略长期纠结究竟是以北方陆路还是以南方海洋为国防重点。印度前外长贾斯万特·辛格在其撰写《印度的防务》一书中指出印度应重点防范来自海洋的威胁而不是北方陆上威胁，他强调说正是失去了对印度洋的控制才是印度近代亡国的重要"分水岭"。[1] 此处为论述行为体逻辑的自洽直观性，刨去历史经验的成分，单就以中国、印度、尼泊尔三方现实层面利益博弈为例进行分析：

当满足下列条件时，合作的情况会出现：

(1) P|U| +B > C, or, U > 0, and B > C

尼泊尔收益 + 印度（或中国）意愿 × 印度（或中国）收益大于行为成本；

或者说印度（或中国）收益大于零，尼泊尔收益大于行为成本（或曰代价）；

当满足下列条件时，不合作的情况会出现：

(2) P|U| +B ≤ C

尼泊尔收益 + 印度（或中国）意愿 × 印度（或中国）收益小于行为成本；

或者说印度（或中国）收益大于零，尼泊尔收益小于行为成本（或曰代价）；

---

[1] Jaswant Singh, "Defending India", Britain, Macmillan Press Ltd, 1999, pp. 265–266.

当满足合作与一方收益要大于另一方的（敌视性）反应。

D 的意思是尼泊尔与印度或者中国合作的成本代价。尼泊尔是个独立国家，中国或者印度在尼泊尔竞争行为的损耗（代价）可能包括：失去商业机会、丢失人们心中的商誉、国际压力、与其他邻居的关系等。

尼泊尔不得不考虑可能的获益以及与中国或印度合作可能的代价，合作之后另一方的反应。尼泊尔界定自己为理性行为者，如果与印度或者中国合作，收益远远大于另一方反应。

（3）｜UIvC｜≤D，UIvC = UI － UC

当与一方合作和与另一方合作收益相等时，尼泊尔可选择不合作；当与一方合作成本远远大于代价时，选择不合作。如以巴基斯坦和阿富汗安全博弈来看，第三方大国角色在其中也起着至关重要作用。[①]

（二）囚徒困境与最优化选择

在表 4—1 描述的模型中，可以将每一次行为主体间的博弈均认作一个子博弈。

表 4—1

		不同行为主体间的博弈及其收益	
		A	
		参与合作	不参与合作
B	参与合作	(a－c) /2, (a－c) /2	a－c, 0
	不参与合作	0, a－c	0, 0

在表 4—1 中，a 代表只有一个行为主体参与环喜马拉雅区域经济合作时所带来的收益份额，c 代表该行为主体参与合作所需付出的成本。当只有一个行为主体参与环喜马拉雅区域经济合作时将会获得参与带来的全部收益（a－c），而当两个主体同时参与时，相对收益将会均沾（a－c）/2。一般情况下"a－c＞0"，则很明显在这个博弈的具体过程中，（参与，参与）肯定是一个纳什均衡，从更严格的角度讲，这是一个更加严格的优势策略均衡。并且在此基础上进行类推我们可以得出结论，在

[①] 朱永彪、魏丽珺：《周边大国博弈背景下的巴阿局势》，《南亚研究》2018 年第 4 期。

每一次新的合作收益后，（参与，参与）这个策略都将是至下次新合作出现前的子博弈的纳什均衡。① 因此，在收益的驱动下，行为主体都会选择创新这样一个策略。

假设有 n 个这样不同的博弈过程需要参与，而且参与方为了自身利益最大化必然会选择既定的策略并且也不会改变这个策略，那么所有参与这个博弈过程的不同参与者的策略所构成的这个组合，就被称为纳什均衡。文章在理论部分重点提及非合作博弈，主要是基于目前中印战略互信存在不确定性背景下，中国的善意行为或提议经常被印度当作"敌意"而采取行动，故中方在环喜马拉雅区域经济合作相关行动上必须要防范可能出现的负和博弈陷阱。此处值得强调的是，与以前社会的传统负和博弈发生在有形地理空间内的形式完全不同，网络攻击则显得更加隐蔽，并且网络恐怖主义带来的破坏性远远会超出常规战争的破坏性。目前无论是银行金融还是电商、海关通关，网络的依赖性和网络安全的脆弱性都让我们不得不重视网络安全建设，因为信息网络空间已经成为未来战争的重要战场，在很大程度上决定着未来国家军事安全的总体态势。"信息战威慑或者太空战"② 已经成为"战略威慑"的新类型。

二 域内各方不同利益诉求带来的难题

国家间战略互信与否对一个地区国家间持续合作至关重要，而影响战略信任的各类因素往往相互交织，又叠加影响，对国家间关系向好发展产生极其重要的影响。从地缘政治、历史进程和现实利益碰撞来看，环喜马拉雅区域内国家都既是中国的邻国也是发展中国家，在当前世界经济需求疲软，面临各种不确定性因素增加和各自利益诉求不同等，都将无形中对环喜马拉雅区域经济合作带来影响。

（一）印度的安全关切

有句俗语对印度的中国观非常有影响，即"印度可以选择朋友，不能选择邻居"。印度自独立以来，出于对自身的安全考量，印度在南亚地区并没有实行类似当年美国所实行的门罗主义这种政策，但在对邻国政

---

① 高鸿业：《西方经济学》，中国人民大学出版社 2011 年版，第 292—296 页。
② 俞晓秋：《国家信息安全综论》，《现代国际关系》2005 年第 4 期。

策的实施方面又带有明显门罗主义特点。印度自莫迪上台以来，中印双方领导人互访频繁并在多个重要场合进行了会晤，中印这种领导高层互动机制有助于两国保持战略沟通，对中印关系发展起到了积极作用。但是，从国际层面特别是经贸关系来讲，近年来中印在经贸领域各种竞争在增多，而随着全球与地区层面问题的叠加，老问题很多都没解决，又出现了不少新问题。2017 年春夏发生的中印边界"洞朗事件"，严重伤害了中国人的感情，使中印两国之间边界问题变得更加复杂。中印关系这种交织与变化，某种程度上也反映了在中印战略互信受到严重损害情况下，两国之间如何共事以及如何合作共赢这一难题。

（1）印度外交重心一直以来放在其周边邻国。无论从当年"古杰拉尔主义"来讲还是对瓦杰帕伊的印巴和平外交，我们都能清晰看到印度外交的侧重。莫迪就职典礼当天邀请的主要是南亚国家领导人，并且还把首访放在不丹。此外，印度也注重实际问题的解决，特别是印孟边界问题极其复杂，印度和孟加拉国围绕飞地问题没少发生摩擦，莫迪上台后经过努力最终使问题得以解决，显示出印度务实的一面。此外，莫迪政府还对阿富汗、不丹、马尔代夫等国提供援助，通过胡萝卜政策来获取在这些国家的影响力。值得注意的是，印度也注重大棒政策的实施，如在 2015 年，印度就曾因制宪问题对尼泊尔进行过燃油禁运。当地时间 2017 年 12 月 3 日，伊朗总统鲁哈尼出席恰巴哈尔港一期落成典礼，这一本应为伊朗人兴奋的消息，却成为印度当天最热的新闻之一，这也从侧面反映出了印度对其周边邻国及秩序维护的战略性。[①] 印度《经济时报》道出其中缘由称，该港口为印度绕过巴基斯坦联通阿富汗和中亚打开一条新战略通道。当天和鲁哈尼一起参加揭幕典礼的，还有来自 13 个国家的大使和交通部长等官员。伊朗《金融论坛报》报道称，恰巴哈尔港一期被称为沙希德·贝赫什提港，年吞吐量达 850 万吨，可以停靠 10 万吨级至 12 万吨级超大型集装箱船，是伊朗的战略性港口。而整个恰巴哈尔港分 4 个阶段建成，总吞吐量将达 7700 万吨。印度的阿富汗战略，重心在于保持与阿富汗良好的双边合作关系，预防可能来自阿富汗地区的恐

[①] Harsh V. Pant, "India and Iran: An 'Axis' in the Making?" *Asian Survey*, Vol. 3, 2004, pp. 369–383.

怖组织活动，削弱巴塔和阿塔在阿富汗的影响力，提升印度在中亚的政治影响力等。

（2）东西并进，强化并希冀再次发挥印度的地区影响力。2014年莫迪政府上台后，印度再次提出"东向行动"战略（Act East），在相关印度与东盟合作方面积极发声。而根据相关报道，印度2018年共和国节的庆祝活动之一就是邀请东盟十国的领导人访问印度。印度目前已推出印度版本的东西走廊建设规划，被称作印度"东向行动"。其重点之一的基础设施建设，包括推进印度东北部地区道路建设，加快加尔各答港与缅甸实兑港"卡拉丹多模式过境运输通道"推进速度，该通道印度段已经全面开工。值得强调的是，联通印度—缅甸—泰国的高速公路基建项目也在加快推进中。

（3）印度为有效引领治理印度洋事务而努力。目前印度正在加快推进其"五位一体"的印度洋新战略。印度通过重点加强与毛里求斯、斯里兰卡以及马尔代夫等开展的海上安全合作以体现其影响力。此外印度还大力邀请日本、澳大利亚等国参与安达曼海海军基地建设。目前印度已经明确提出：印度洋事务"主要应该由印度洋地区国家进行管理"，印度竭力排斥其他外来力量在印度洋战略存在，意在防止对其在印度洋主导地位构成挑战。但印度自身国内民族成分复杂，地区安全局势并不乐观，很多地区政府甚至都不能有效提供基础服务，如其北部靠近喜马拉雅山区一侧经济发展落后，从尼泊尔边境到印度东部区域，一条红色走廊已然形成。目前来看，在这条红色走廊上，聚集着像比哈尔邦这样印度最穷的地方，该地区山脉险峻、丛林连绵，印度毛派在这一代活跃，他们靠扶持当地人从事挖矿和砍伐林木等而获取些许收益，而与之相对的则是在许多地方面对的是缺员多达35%的印度警察和他们落后的武器。①

（4）投资法律法规障碍。2008年3月，印度国家安全委员会向各邦下发通知，要求各邦审查并禁止来自敏感国家、涉及安全问题的投资，中国被列入"敏感国家"列表中。随后，印度内阁安全委员会通过一份

---

① John Harriss, "What is going on in India's 'red corridor'? Questions about India's Maoist insurgency —Literature Review", *Pacific Affairs*, Vol. 2, 2011, pp. 309–327.

关乎国家安全的限制政策，针对印度敏感地区相关项目设立以及边境区和军事区等水电项目需要进行特别审查。外国承包商如若获取了这些项目，也必须在印方政府的监督下进行相关项目运营。目前，印度政府将东北部和其他边境敏感地区设定为安全排除区域，而这些地区正好是孟中印缅走廊印度段的主要组成部分。所以经济走廊建设可能面临法律政策方面的困难。在建筑与工程项目方面，印度政府只允许用卢比进行支付和结算，能够用外币结算的项目必须由相关国际发展机构出资。此外，除非是印度国内的公司无法独自完成项目任务，否则外国建筑项目只能和印度本地公司进行合资才能参与相关政府项目。在法律服务方面，印度有明文规定，外国注册的律师事务所不允许在印度开设办事处。外国背景的律师可以在印度本地律所进行服务，但不能签署文件以及代理客户等业务。印度政府对外国工程人员签证政策一向收得比较紧。印度签证政策规定，赴印度从事工程项目人员应申请"工作签证"，但由于在印度工作的工作签必须经印内政部审批，审核周期又特别长，所以导致在印方受理后不予回复率也是非常高。

（5）民族宗教矛盾与挑战。长期以来，印度国内种姓制度极大影响了印度经济结构发展。相比较而言，孟中印缅经济走廊涉及的地区是印度比较封闭的地区，在这些地区，种姓差别非常严重。不同种姓的人职业划分是固定的，人们很难共同做一件事情，这种按照种姓进行的职业划分阻碍了劳动力资源的流动。此外民族宗教矛盾也比较突出，印度的部落民是印度国内各地方邦里面的特殊群体，并且有一个特定称谓，印度宪法称为"表列部族"。这些部落民在社会和文化上有相对的独立性，用通俗语言讲是"少数民族中的少数民族"。目前印度东北地区部族有200多个，部族人口占到东北部总人口30%。近年来，部落民与穆斯林移民在土地、就业和政治权利方面展开竞争，甚至各自组建社会团体和武装组织，导致双方矛盾深化。因民族宗教矛盾而起的冲突不仅给该地区人民生命和财产造成巨大损失，也会影响孟中印缅经济走廊的建设。

（二）尼泊尔的"中立"关切

近年来，内陆国家尼泊尔在政治上进入历史转型期，但发展并不顺利，其国内各种政治力量分化组合，经常导致尼国内政局动荡。尼泊尔国内经济起点低，并且贫困人口多，其抗击国际经济危机风险的能力很弱。在安全方面，尼泊尔也是一个处于矛盾多发的地区，尼泊尔与周边国家的边界管控能力比较弱，传统固有的种族、宗教和领土等矛盾困扰，跨国恐怖主义活动不时发生。此外，受到锡金被印度吞并的前车之鉴，尼泊尔无论政府还是国内民众对印度真实意图多少怀有恐惧。总体而言，无论从哪个国家的民族主义角度来讲，也可以说成是印度大国心理与尼泊尔小国心态的一种碰撞纠葛。正是两国体量对应的差距对印尼关系发展产生了不可避免的影响。

（1）两难选择与其中立立场。尼泊尔是处于中印之间的内陆国。从尼泊尔国家发展进程来看，其经济议程或者说经济决策对于尼泊尔政治变革能否具有可持续性具有非常重要的作用。从现实需要来看，尼泊尔经济转型需要非常务实的政策和可行的具体规划，对此尼泊尔一直坚持不懈地在争取结交更多亲密朋友和争取国际社会的支持。在这一进程中，尼泊尔对与周边强大的邻国伙伴关系抱有很高的期望。时间进入21世纪后，尼泊尔政府经过通盘考量最终确立了将尼泊尔打造成为中印两个大国之间"转口经济体"战略，而印度针对这一战略未持有异议。[①] 实际上追溯政策轨迹，恰恰是印度首先提出要让尼泊尔成为印度商品打开中国市场的联通桥梁。尽管对此有不少尼泊尔人担心中印两国商品在尼大量倾销，以及来自印度和中国的外来人口大量涌入，尼国内安全将面临不小压力，而尼泊尔自身很多产品也将面临严峻竞争等问题。但尼泊尔也可以通过开展中转贸易来大幅增加本国商品的附加值，这些中转贸易将给尼泊尔增加很多就业机会，比如仓储、餐饮、旅馆等服务行业也将会因中转贸易而繁荣起来。经由尼泊尔中转，中国也完全可以扩大同南亚国家之间的经贸往来规模。中国青藏铁路从拉萨延伸到日喀则后，目前正在计划再延伸出两条支线：其中的一条是通往聂拉木县的樟木口岸，再到中尼边界；而另外一条则是通往亚东县，再到中国西藏和锡金的交界处，这条线实际是直接通向印度的交通线。此外，在网络服务方面，尼泊尔也有望进一步改善对印度单边依赖的情况。

（2）开放边界以及由此导致的问题。正如大家所周知的一样，尼泊

[①] 尹政平、杜磊：《中国与尼泊尔双边关系及合作展望》，《国际经济合作》2018年第11期。

尔与印度之间并没有对边界进行严格的管控。印度居民可以随时进入尼泊尔，尼泊尔人也可以不用签证就进入印度。这种开放式边界对印尼两国的经贸联系与人员往来提供了极大便利，但我们必须要重视的是这种开放边界也为印尼两国带来了安全隐患。比如印度就担心可能巴基斯坦情报人员利用这种开放边界从事不利于印度的活动，而尼泊尔也在毒品贩运、武器走私等方面有担心，同时也担心来自印度的恐怖主义活动影响。目前尼泊尔作为一个小国，也不时会担心来自印度大量移民的压力，尼泊尔不希望最后所有生活都离不开印度最后被印度吞并。

（三）巴基斯坦、孟加拉国等国的发展诉求

当前巴基斯坦宏观经济形势逐步好转，在伊姆拉·汗的带领下，经济总体处于稳步增长状态。但从总体上看，国内经济发展依然面临通货膨胀率高，经济受政局动荡影响；经济结构不合理，工业发展相对缓慢；对外援依赖性强，也严重影响了巴自主发展能力；高财政赤字率和低储蓄率与投资率对国内经济发展造成制约等问题。"一带一路"建设为新时期巴基斯坦经济社会发展带来新机遇。"中巴经济走廊"建设不仅从中国的经济政治利益和双边经贸关系来考虑，更多也是从巴长远战略需求来布局。发展对外经济和出口贸易，使瓜达尔港成为"一带一路"建设中的商品集散地；让巴在一些关键城区主动抓住世界产业结构转移的机会，改善国内产业结构；依托能源通道建设，构建"中巴命运共同体"[①]。此外，借助我们中国新疆相关文化科教中心建设，帮助巴基斯坦提升人力资源素质，解决当前巴经济发展遇到的各种难题，也是助力巴方发展应有之意。此外需要特别关注的是，巴基斯坦与沙特在长期交往中形成了独特的友好关系，两国高度的文化认同，在经济、资源、防务等方面的互补性，构成了两国特殊关系的要件。在国际关系新格局下，巴—沙关系虽面临一些问题，仍具有良好发展前景。巴—沙友好关系与中国的印度洋地区外交有较强关联性，对中国推进海上丝绸之路具有积极意义，可使中巴经济走廊的影响范围扩展到海湾和印度洋地区。

---

① 《中华人民共和国和巴基斯坦伊斯兰共和国关于加强中巴全天候战略合作伙伴关系、打造新时代更紧密中巴命运共同体的联合声明》，2018年11月，新华网（http：//www.xinhua-net.com/world/2018－11/04/c_1123660432.htm）。

孟加拉国地处热带，其沿海地区多达47201平方公里，占到了国土面积的32%，其中在孟加拉国有多达19个区拥有海岸带地区。孟加拉国沿海地区人口约3500万，这些人口占到了全国人口总数29%左右。孟加拉国内政治环境复杂，民主化过程一波三折，至今依然深受政党斗争和极端主义兴起的困扰。但尽管如此，孟加拉国经济强劲，不断取得6%以上的年增长率，被誉为"未来11国（Next-11）"经济体之一。该国在周边地区和国际政治中的重要性也在逐步上升。美国日益重视孟加拉国的战略重要性，提升对孟加拉国的关注，出发点主要是以下几个：在战略上，将孟加拉国作为再平衡战略的南亚支点之一，帮助美分担地区维稳压力，增强美国在孟加拉湾和印度洋的影响力；在反恐上，通过加强美孟军事、信息情报问题上的合作，避免孟加拉国成为第二个阿富汗，将孟塑造成民主、温和的伊斯兰国家的"样板"；在经贸上，长期以来，美国是孟加拉国最大的援助国，但目前美国更希望将孟加拉国培育成新兴市场，以此来巩固孟加拉国的政治民主化成果。目前，美国与孟加拉国的贸易也在转型，由过去侧重经济援助和人道救助向提升双边经贸质量合作转变。此外，侨汇经济也是孟一大看点内容。

（四）不丹与中国至今尚未建交

这是所有南亚邻国中唯一一个未与中国建交的国家，关于不建交的一个重要原因是印度。由于受到印度的制约和要顾虑印度的感受，不丹在发展与其他国家外交关系时，就不能只考虑自身立场。特别是不丹若要与中国建立外交关系，这是印度所不乐见和不期望的。由于中国和不丹两国长期未建立外交关系等原因，中不之间长约600公里的边界并未正式划定，两国自1984年着手开始围绕边界的谈判因各种立场原因并未取得突破性进展。2012年6月，温家宝总理在巴西会见不丹首相时，表示"期望早日划定边界"。2012年8月，外交部副部长傅莹亲自参与第二十轮边界谈判，并在廷布会见了不丹国王。而从印度反应来看，所有这些中国、不丹两国政府采取的增进双边关系的举措，无不引起印度的疑虑。印度十分担心这个唯一的友好邻居和战略伙伴脱离印度控制并最后投向中国，不再是印度在南亚最可靠的盟友。甚至有激进的印度网民要求印度吞并不丹。目前来看，印度这些年在不丹防范中国的行为有加码态势。比如2013年的不丹大选，就被外界解读为这是印度试图影响不丹内政的一次预演活动。在 2013 年 7 月 13 日举行的第二次全国性选举中，当时不丹国内的在野人民民主党（PDP）彻底击败了执政的和平繁荣党（DPT），以票数超出一倍的优势赢得议会选举。印度朝野对此一片欢呼，认为这次选举结果令印度担心的不丹政府"亲华"苗头已经被暂时阻断。①

2017 年不丹政局稳定，民主化进程持续推进，经济与社会总体发展状况良好。从外交来看，在继续加强与印度关系的同时，开始逐步加强与其他国家的联系。中国与不丹关系虽无实质性进展，但中印"洞朗对峙"从客观上为不丹重新审视"不印关系""不中关系"提供了机会。其中，不丹政府拒绝批准 MVA 协议将对不印关系产生重要影响。从政治上来看，不丹政府意识到如果不采取有效措施遏制腐败问题，将会对民主化进程产生重大影响。从经济发展情况来看，水电产业与旅游产业依然是不丹的支柱产业，并且这一产业较上年有较大发展。此外通货膨胀率较上年有所下降，但是外债压力依然很大。社会发展方面，随着不丹经济形势进一步好转，其社会事业得到了较大发展，特别是教育得到进一步发展，但贫困问题、就业问题、生态环境问题、妇女问题、腐败问题等依旧存在，而且很难在短期内得到解决。

从地理位置上看，不丹地处内陆，在环喜马拉雅区域处于被孤立状态，但是不丹与印度有着密切的外交、政治、军事和经济关系。不丹的外交与防务政策都是在印度的"指导"下进行的。印度不断给不丹政府施加政治压力，试图彻底阻止不丹再次接触其他国家，并将不丹彻底纳入印度经济链条。而不丹现政权表示"因专注于经济等内政问题，所以暂不扩大其外交关系"②。目前与不丹建立正式外交关系的国家有 53 个，但值得注意的是 5 个联合国常任理事国都没在内；而且在不丹开设大使馆的国家目前也只有 3 个。2017 年 6 月，印度军队阻止中国在不丹边境进行道路施工也被印度媒体描述成阻断中国建设通往印度的道路，这反映出印度对不丹主权的一种傲慢心态。印度对不丹主权的干涉和侵犯已经延伸到了政治、经济、生活等方方面面。

---

① 卢暄：《南亚三地在印度对华战略中的角色探析》，《印度洋经济体研究》2016 年第 5 期。

② Economist Intelligence Unit, Country Report: Bhutan, May 2015, p.52.

三　域外大国战略竞争的冲击

自美国奥巴马时期提出重返亚太以来，美国就开始不断加强与亚洲国家的外交关系和军事同盟，并且频繁举行海上联合军演。在这一过程中，不仅中美关系出现了起起伏伏，中美之间的"战略互疑"也是有增无减，并且中国与周边国家的关系也因此变得更加复杂和不确定。因环喜马拉雅区域地理位置的特殊性以及战略价值，无疑美、日、欧盟等大的国际力量会从战略层面进行谋略，以获取在世界经济政治博弈中占据主动地位。

（一）美国

冷战后，困扰美印双边关系的两极格局瓦解，在印度对外政策适应与调整的背景下，以2000年美国总统在时隔22年之后再次对印度进行国事访问为标志，美印双边政治关系进入一个新阶段。目前印美间主要的机制有印美贸易政策论坛（The India-US Trade Policy Forum，TPF）、印美CEO论坛（India-US CEO Forum）、印美战略对话、印美金融与经济伙伴关系机制（India-US Financial and Economic Partnership）、印美中小企业论坛（U.S.-India SME Forum）、印美贸易与投资合作框架协议、双边投资协定（BIT）等。[①] 美国在亚太地区的战略新谋划是"印太战略"。过去，美国是要在亚太地区对冲中国崛起带来的压力，经过7年实践发现亚太地区单独依靠美国力量无法均衡中国影响力，于是就想扩大战略纵深范围，也就有了后来的"印太战略"。而之所以"印太战略"的相关具体细则方案还没有被正式推出，原因或可能是之前相关条件不成熟。印度在回应中国驻军洞朗时的忽硬忽软政策，与其背后的美国因素不无关系。特朗普自上台以来一直在推动"美国优先"，美国不仅对中亚政策进行了一定调整，更是看重印度在中亚地区的角色。美国目前推出的印太战略其中重要的一环就是拉住印度，共同推出美印日澳海上合作战略。此外美国还希望印度能在阿富汗发挥作用，协助美国让阿富汗社会恢复正常秩序。此处也需要提及的是，美国也看重了印度的体量和其在亚洲地区抗衡中国的潜力。近年来，美国学者提出"离岸控制"（Offshore Control）

[①] 吴兆礼：《印美全球伙伴关系研究》，时事出版社2015年版，第153—160页。

战略，以海上封锁和对中国海上力量的有限打击迫使中国知难而退。① 在地区事务方面，考虑到中南亚地区复杂的地区局势，美国实际是默认了印度可以在此发挥重要作用的这样一个角色，特别是在应对来自费尔干纳谷地的恐怖主义威胁。

印度近些年来经济发展强劲，美国看到了印度的巨大市场潜力，于是积极进行相关布局。对此美国构建了包括贸易政策论坛等类似的多个商业对话机制。此外美国也默许了美国公司参与到印度的基础设施建设中来，希望能在印度版的智慧城市建设中分一杯羹。关于美印贸易方面，美国希望通过双方推行一系列贸易便利化措施，将两国贸易额向着5000亿美元这样一个目标迈进。在高科技方面特别是软件业务以及航空航天方面，美国也积极鼓励本国企业参与与印度的合作，无论在低端的污水处理技术合作还是高能物理和太空合作方面，都释放出急切信号。②

2001年后，印度和伊朗试图建立一种以2003年签署《新德里宣言》为基础的牢固伙伴关系，该宣言为加强政治和经济关系制订了计划。然而，伊朗核计划的发展以及美国根据国际原子能机构的规章对伊朗进行的谴责对印度的政策造成了严重制约。在美国总统乔治·W.布什和印度总理曼莫汉·辛格最终于2005年签署的印美民用核协议的谈判过程中，美国对印度施加了巨大压力，要求它投票反对伊朗。随后在一份公开声明中，美国驻印度大使戴维·马尔福德说，"普通美国人很想知道，在印度对伊朗如此友好的情况下，美国为什么会不辞辛劳地与印度开展核合作"。签署民用核协议的好处被认为比维持与伊朗的关系更重要，因此印度在联合国安理会投票支持对伊朗的制裁。此举严重损害了两国的关系，对经济和贸易领域都产生了影响。伊朗取消了与印度的液化天然气协议，而印度则决定停止用于购买伊朗石油时结算所用的亚洲结算联盟货币交换机制。印度和伊朗确实试图挽救贸易关系，但由于制裁，印度和伊朗的贸易主要通过阿联酋实现。而在2014年，印度总理莫迪的"向西看政策"燃起了重建印度—伊朗关系的希望。2015

---

① T. X. Hammes, "Offshore Control: A Proposed Strategy", *Infinity Journal*, Vol. 2, 2012.
② Shalendra Sharma, "India in 2010 Robust Economics amid Political Stasis", *Asian Survey*, Vol. 1, 2011, pp. 111 – 124.

年，这种关系通过与阿富汗签订开发恰巴哈尔港的三边协议正式确立下来，这一协议将使印度能够绕过巴基斯坦进入阿富汗，并为三国之间强有力的经济合作铺平道路。该协议旨在为印度提供联通和贸易机会，并与中亚国家进行接触以确保印度的能源安全和地缘政治地位。2015年签署的核协议取消对伊制裁，进一步促进了一种可持续的经济伙伴关系的发展。有报道称印度的出口额在2015年4月至2016年2月达26亿美元，而进口额则比上一年增加了一倍，达到56亿美元。但是随着美国撤出《联合全面行动计划》以及预计对伊朗实施的新制裁，印度对伊朗的政策再度面临严峻的考验。伊朗怀疑印度将屈服于压力，并向美国进行它所谓的"公开倾斜"。此外，印度经济的脆弱状态也让人怀疑它是否有能力"顶住美国根据最近宣布的《以制裁反击美国敌人法案》对与伊朗做生意的进行制裁"。

（二）日本

在冷战期间，印度和日本关系因彼此需要而走得比较近。进入21世纪以来，日本加大了对南亚战略投入，日本与印度关系也因莫迪与安倍的互访而迅速升温，而其关系快速发展的背后则是基于战略互需的共同考量。[1] 日本与印度之所以能高度契合，有方方面面的原因，例如双方没有地缘政治冲突，但都面临中国强势崛起。另外，日印想合力拓展东南亚及非洲市场，与中美欧一较长短。日本的南亚战略意图不容低估。从经济角度来看，日本积极参与到对南亚的合作。日本不仅积极投标印度高铁项目，也加大对尼泊尔开发贷款投放，以图能在今后的经济发展交往过程中占据主动。《对尼泊尔经济合作概述》记载了日本对尼经济缜密的经济战略规划。在南盟层面，日本早在2005年就获得了南盟观察员国身份。再从日本政府的自身改革来讲，日本甚至在外务省新成立了南亚科，用来专门负责日本与南亚的事务。近年来，日本在对南亚的政策中一直占据主动地位。2017年，日本加强了对南亚国家援助，特别是对不丹的相关援助。经济外交是日本的强项，政府开发援助是日本实施外交政策的载体与积极手段。不日建交后，不丹接受了日本各个

---

[1] Madhuchanda Ghosh, "India and Japan's Growing Synergy: From a Political to a Strategic Focus", *Asian Survey*, Vol. 2, 2008, pp. 282–302.

领域的援助，主要涉及农业、基础设施建设、教育、医疗等援助项目。2017年8月24日，日本政府在年度第十二届咨询会议上表示，日本将继续援助不丹以满足其发展需要。① 8月7日，日本政府赠予不丹价值694.8万美元用于道路施工的30台挖掘机、20台反铲挖土机及其他仪器设备。② 不丹农业部长多吉表示，这批新设备将有利于不丹政府实现"十一五"规划。③ "十一五"期间，不丹预计建成8400公里农村道路，其中3191公里的道路施工设备是由日本政府援助。不丹农业部长表示，"日本是对不丹发展贡献第二大的国家"。④ 二是皇室访问推进了不日关系发展。2017年6月1—7日，日本皇室真子公主对不丹进行了7天的正式访问，此次互访将加强双边多层次交流与合作，包括政治经济、环境和人文交流及学术与文化交流方面的交流。日本驻不丹大使健平松指出，如此高规格的皇室之间访问是非常难得的，表明了不日关系非常紧密。同时，日本代表团也出席了第13轮圆桌会议以了解不丹"十二五"计划的优先发展项目。⑤

（三）欧盟

自早期的欧共体成立以来，欧共体与印度之间主要围绕经济领域开展活动，后来的欧盟与印关系也多以经济关系为主。总体而言，欧盟对南亚政策多以经济政策为主。当然这种经贸关系并非一帆风顺。基于历史与现实利益考量，特别是20世纪90年代以来伴随亚洲四小龙经济的腾飞，东亚经济的高速发展使得印度把更多精力放在了东亚而不是远在天涯的欧洲。即使是在今天，印度也更愿意把精力放在推动与东盟的经济合作上而不是很热心与欧洲国家合作。在具体合作领

---

① "Japan commits to continue its assistance to Bhutan", Kuensel, Aug. 24th, 2017, http://www.kuenselonline.com/japan-commits-to-continue-its-assistance-to-bhutan/.

② Kuensel, "Japan Gifts Machinery worth USD 6.948M", Aug. 8th, 2017, http://www.kuenselonline.com/japan-gifts-machinery-worth-usd-6-948m/.

③ Kuensel, "Japan Gifts Machinery worth USD 6.948M", Aug. 8th, 2017, http://www.kuenselonline.com/japan-gifts-machinery-worth-usd-6-948m/.

④ Kuensel, "Japan Gifts Machinery worth USD 6.948M", Aug. 8th, 2017, http://www.kuenselonline.com/japan-gifts-machinery-worth-usd-6-948m/.

⑤ Kuensel, "Japan Gifts Machinery worth USD 6.948M", Aug. 8th, 2017, http://www.kuenselonline.com/japan-gifts-machinery-worth-usd-6-948m/.

域比如投资、采购等部门，印度实行严格的管控使得欧盟并没有优惠空间。此外，由于欧盟内部并非铁板一块，所以在涉及防卫安全合作以及反恐等方面，印度对欧盟的合作期望甚至持怀疑态度。欧盟方面对中国"一带一路"建设在印度洋的开展也是在怀疑争论中表达了期望合作的意愿。①

目前欧洲面临的内部混乱和特朗普带来的外部隐忧，美国撕毁核协议，对钢铁和铝材征收高关税，美国优先政策对欧洲国家经济发展带来极大冲击。法国强调为推进经济统一，要加强成员国在预算运营等方面的联合。而德国反对建立仅单方面救济财政纪律松弛的国家制度。德国国内极右势力抬头，来自政权内部保守派的压力较大，默克尔总理也无法轻易妥协。总体上看，欧洲统一步伐处于停滞状态的最大原因是英国脱离欧盟。而关于脱欧谈判的焦点在于英国与欧盟未来贸易关系的应有状态。英国要求在脱离欧盟后建立"深厚而特别的伙伴关系"（特蕾莎·梅语），而欧盟的主张是签署自由贸易协定是"唯一的选择"（欧洲理事会主席图斯克语），不对英国提供特别优待。如果签署类似加拿大与欧盟签署的自由贸易协定，则英国不需要向欧盟支付费用，通过撤销关税可以实现物的自由，但英国最大的强项金融服务的自由将受到限制。英国作为金融市场中心的影响力必将大大减弱。在欧盟的任何一个成员国内获得金融许可，则在所有成员国有效。但是英国也不得不放弃这种"单一许可"制度带来的好处。并且欧洲面临的另一根深蒂固的内忧是民粹主义。2017年上半年，反欧盟的法国国民阵线和荷兰自由党等极右政党均扩大了势力，民粹主义引发的不安情绪暂时得以缓解。但到了2017年下半年，在德国和中欧各国，排斥外国人和怀疑欧盟的国家主义和民粹主义势力崛起。民粹主义抬头的背景在于，人们对传统政党的政治运营、经济社会现状抱有不满情绪，并认为现有不合理局面是由于欧盟统一和经济全球化引起。具体而言，各国国内和欧盟内部的差距凸显。后加入欧盟的中欧和东欧各国未能如愿推进国内市场经济化，中东欧国家受制于西欧发达国家经济的"中心与周边"的关系依然明显，中东欧国家对

---

① Kelly R., "A Confucian long peace in pre-western east Asia?" *European Journal of International Relations*, Vol. 18, No. 3, 2012, pp. 407–430.

此抱有强烈不满情绪。

目前，欧盟和印度在印度洋展开军事合作的意愿——主要是在"阿塔兰塔"护航行动框架下的索马里海域。[①] 在欧盟成员国中，法国与印度的安全政策关系最为紧密，与印度在地缘战略上交集也最大。两国1998年结为战略伙伴，多年来一直保持核军备政策合作。诸如留尼汪等法国海外大区以及印度洋委员会成员身份都使法国成为适于在印度洋展开合作的重要欧洲伙伴。目前，印度洋已经成为德国的外交重点方向，这也扩大了德国和印度在经济和安全政策上的交集。鉴于各自经济利益，推动海洋经济发展或保护海洋资源将成为今后包括德国在内的欧洲国家与印度之间合作的热点议题。目前问题在于，很多欧洲国家政府受主权债务困扰的阴影并未彻底散去。2008至2016年，德国公共债务总额占国内生产总值比例从65%微升至68%。法国则从68%涨到96%。在正常情况下，这么大差异本该拉大两国利率差，结果丝毫没有影响。2017年7月，两国利率仅相差0.3%。另一个反常体现在企业效率和营利潜力上，在市场竞争环境下低利率会促使企业只能以低成本进行举债。但很多企业为了短期利益进行相关资金运作并非为了长期投资和可持续发展，而只是为了收购股票进行分红或者进而变现活力。

（四）俄罗斯、中亚国家立场

南亚地区在俄罗斯的对外战略中举足轻重。从冷战时期开始，苏联对阿富汗等地区的战略入侵以及加强与印度的战略互动都凸显出俄罗斯的地缘政治观。从俄罗斯的发展历史不难看出，出海口对俄罗斯国家生存有重要价值。近代以来俄罗斯对外扩张历史，也无不与对海洋的情节相联系。苏联解体后，亚欧板块地缘政治格局和国际政治形势发生了极大变化。一方面俄罗斯自身面临国内形势比较严峻，特别是经济发展的考验；另一方面俄罗斯对外战略的调整。根据形势发展，俄罗斯及时调整了其对南亚地区及其主要国家的战略方针，俄罗斯国内经济修整后进一步加强了与南亚地区及其主要国家的经济合作与交往，一定程度上扩大了其军火出口，逐渐恢复了在南亚地区的作

[①] 宋德星、孔刚：《欧盟的印度洋安全战略与实践——以"阿塔兰特"行动为例》，《南亚研究》2013年第3期。

用和影响。① 这一过程中也顺便提一下中亚国家的角色。这里需要特别注意的是，苏联解体后，中亚地区出现的权力真空包括对伊斯兰文明的身份认同分歧等，这为巴基斯坦获取最大限度对印的战略纵深提供了有利时机。从地缘战略层面讲，中亚甚至被认为是巴基斯坦战略纵深的真正提供者。令印度极为纠结的是巴基斯坦在阿富汗及其中亚地区影响的日益扩大。特别是印度一直认为，正是巴基斯坦支持恐怖分子在印巴交界克什米尔的恐怖活动，严重威胁到印度国家安全和国内社会生活稳定。

目前国际学界普遍认为，美国特朗普政府基于"美国利益优先"考量，从其战略安排和地区秩序维护考虑基础上采取一系列对包括俄罗斯在内的战略压制措施。其中一项是削弱俄罗斯影响力辐射到南亚地区。而俄罗斯和中国借助上合组织，加快与印度关系发展，包括军售合作以及协助参与实施"南北运输走廊计划"等措施扩大影响力。从态势竞争前景看，俄美在环喜马拉雅区域上空所展现的更多是战略竞争而非合作。②

第二节 区域性国际组织与非政府组织的影响

印度海域目前不断呈现的动态竞争格局与安全困境不容忽视。正如罗伯特·卡普兰所言，世界第三大水域——印度洋，已经处在了21世纪竞争的舞台中心。③ 对此，包括国际与地区各类政府间组织与非政府组织在内的各政治力量无不对环喜马拉雅区域进行谋划布局。

一 上海合作组织的影响效应

特别值得强调的是，近年来上海合作组织在中俄合力引领下发展快

---

① 王曾琢、刘雅婕：《俄罗斯的武器出口贸易：从飞速增长到停滞不前》，《军事文摘》2018年第9期。
② 刘明：《大国在南亚地区的关系博弈研究：进展与评估》，《云南行政学院学报》2018年第2期。
③ Robert D. Kaplan, "Center Stage for the Twenty-first Century: Power Plays in the Indian Ocean", Foreign Affairs, Vol. 2, 2009, p. 17.

速,为欧亚大陆腹地的地区整合带来了积极影响,也为中国多边外交及自身发展提供了重要舞台。印度成为上合成员国后,在享受该组织赋予相关权利同时也承担相应义务和责任,也即必须承认该组织宪章等基本文件,遵守有关协议。目前学界政界争论较多的——即印度加入上合可能对中国产生负面冲击①。某种程度上讲,印巴同时加入后或反而有助于拓展中国在该组织区域内的软实力,牢固强劲的中巴关系平衡下的俄印将更有助于上合区内力量的稳定。值得强调的是,上合辐射的区域将南亚涵盖进来,这在相当程度上意味着中国的软硬实力扩展辐射到南亚地区,完全符合中国战略利益。而随着印巴的加入,上合组织邻海国家与内陆国家的比例是4:4,上合组织从目前的内陆特质转向陆海兼备的特质。围绕这个变化,上海合作组织将会在机制建设、功能拓展等议题方面进行设置,以强化该组织在海洋领域的互利合作。中亚国家渴望出海口与外部国家增强经济往来,与此同时,加强海洋合作也是近年来中国顺利推进21世纪海上丝绸之路的重要方向。利用上合平台建立海洋合作机制,积极开拓北极海域、阿拉伯海域、黑海、地中海的合作支点,可以成为上合组织的一个新增长点。② 值得强调的是,上海合作组织把印巴加入进来,有助于印巴之间在上海合作组织内部达成一种平衡,而这种平衡无疑将对环喜马拉雅区域国家间力量相互制衡形成一种制约性保障。

从2001年到2017年,上合组织内各成员国以《上海合作组织成员国多边经贸合作纲要》为指导,在区域经济合作方面取得了诸多进展。其中上合框架下的法制化和机制化建设已基本完成,区域投资稳步推进。2001年以来,上海合作组织成员国先后签署的文件,比如2001年9月签署的《上海合作组织成员国间关于区域经济合作的基本目标和方向及启动贸易投资便利化进程的备忘录》、2003年9月签署的《上海合作组织成员国多边经贸合作纲要》以及在2004年9月签署的《〈多边经贸合作纲要〉实施措施计划》等文件为组织内经贸合作进行了制度性安排。目前最新文件比如2015年7月签署的《上海合作组织至2025年发展战略》

---

① 白联磊:《印度对上合组织的认识和诉求》,《印度洋经济体研究》2017年第4期。
② 贺鉴、王璐:《海上安全:上海合作组织合作的新领域》,《国际问题研究》2018年第3期。

和 2016 年 10 月签署的《2017—2021 年进一步推动项目合作的措施清单》等文件，明确了区域经济合作的目标、任务和措施。① 在此基础上，成员国在电子商务、农业和通关等领域签署了多项合作协议，所有这些上合框架下的系列成果为环喜马拉雅区域经济合作未来发展提供了参照。

2017 年，中国与上合框架下的各成员国贸易额已经高达 2168.96 亿美元。其中，中俄、中印双边贸易额已经分别占到中国与上海合作组织成员国贸易总额的 38.7% 和 39.4%。② 此外，中国与上海合作组织其他成员国在进出口贸易比重方面有不同程度上升，其中区域内贸易比重明显增加显示出合作的成效。自成立以来，上合组织在打击"三股势力"与促进地区重大安全议题协调、促进经济发展等方面发挥出了重要作用。然而多年来由于上合组织过多聚焦于陆疆安全而对海疆领域关注不足，在全球海洋治理③中相关功能尚处于缺位状态。

（1）"命运共同体"理念可借助上海合作组织平台加以实践。"命运共同体"理念为我党十八大报告首次提出，主要关切是呼吁国际社会在聚焦自身发展的同时也要注意尊重他国的利益。2014 年 5 月习近平主席在亚信上海峰会的主旨讲话中还强调了亚洲国家尤其要倡导"命运共同体"意识。而上海合作组织成员国经过 16 年的相互合作，战略互信层面有了极大改善，相关利益日渐交织，上合实际已经践行了"命运共同体"理念的核心要义。而印巴两国正式加盟，无疑将面对以和平共处、共赢发展替代兵戈相见、冲突对抗的"命运共同体"理念进一步付诸实践这一重大考验，倡导"命运共同体"理念下的中印巴共赢之路，应当得到作为上合成员国的俄罗斯和中亚国家的更有力支持。

（2）上合框架下培育印度大国责任担当，为中国西南大后方提供有效安全保障具有极其重要的战略意义。印度的大国战略由来已久。尼赫鲁提出的"做一个有声有色的世界大国"、而非"扮演二流角色"成为独

---

① 《上海合作组织成员国政府首脑（总理）理事会第十五次会议联合公报（全文）》，2016 年 11 月，新华网（http://www.xinhuanet.com/world/2016-11/04/c_129350167.htm）。

② 《上海合作组织黄皮书：上海合作组织发展报告（2018）》，2018 年 6 月，人民网（http://world.people.com.cn/n1/2018/0604/c1002-30035160.html）。

③ 崔野、王琪：《将全球治理引入海洋领域——论全球海洋治理的基本问题与我国的应对策略》，《太平洋学报》2015 年第 6 期。

立后印度追求世界大国地位始终不渝的国家战略目标。从现实层面讲，按照理性逻辑，在上合框架下培育印度大国担当，中印间相关合作符合两国长远利益。但印度鉴于自身的利益考量，特别是担心自身对未来发展空间挤压的担忧使得印度对中国的相关倡议一直持疑虑状态。某种程度上的零和思维也影响了中印关系的发展，如果印度不能改变相关态度，中印之间以及中印巴之间发展可能还会遇到很多问题。

（3）争取印方配合，将上合成功模式逐步推广至金砖国家与"一带一路"合作层面。作为两国力量对比中的相对强者，面对印度不时呈现的"叛逆"与"淘气"，中方该如何妥善把握好"适度妥协"、"有限包容"的最佳平衡点，关系到中印国家利益共汇中我方利益的最有利争取。近年来中印两国领导人有多个国际场合见面机会，我们可以借助包括上合峰会在内的一系列活动场合，大力宣传"尊重多样文明、谋求共同发展"的"上海精神"及其指引下的上合成功实践，适时传递中印利益交融趋增、中印发展相互离不开、中印合作两利俱荣等论断与理念，在表达我真诚合作意愿的同时最大程度争取印方的逐渐认同。

二 南盟框架下地区发展挑战

南亚区域合作联盟于1985年成立，简称为南盟。从该盟成立后发挥的作用来看，该盟虽然致力于推动南亚地区经济社会等各方面发展，也发表了很多宣言和条约，但并没有多少实际效果，更多是停留在口号层面。而如果追问为什么南盟很多政策无法落地，这也与该盟成立之初的制度设计有关，也即各成员国在该组织内享有平等的发言权和控制权，可以随时否决任何具有潜在性的争议议题，将其排除在讨论之外。对一些关键问题和历史遗留问题不能有效协商和解决。而再度追问为什么南盟会选择这样的制度架构，这又与当时南盟成立时候大背景有关，由于南亚地区民族宗教利益复杂，各类跨境的武装团体斗争此起彼伏，所以南盟这样一个组织不能被某个或某些利益团体所控制与捆绑，基于此考虑而造成了今天南盟机制这样一个僵化局面的出现。

在南亚地区，目前印度的"孟不印尼"合作倡议虽然得到其他参与国的积极响应，但依然存在很大的不确定性，前景并不乐观。目前虽然"孟不印尼"合作已经建立了"水资源管理/电力与水电"工作组和"联通/交通"联合工作组。但受到世界范围内区域与次区域合作发展大势的影响,特别是在中国"一带一路"建设全面开展的刺激下,莫迪政府加紧布局南亚次区域合作,希望借"孟不印尼"合作打入"强心剂"。2015年6月,"孟不印尼"合作框架内的"机动车辆通行协议"在不丹首都廷布签署。① 这一举动意味着,加速"孟不印尼"框架内的铁路联通和航空联通,以推动次区域贸易便利化深入发展,开始提上行程。协议迅速得到印、孟、尼三国批准,试运行货车也从印度加尔各答和孟加拉国达卡先后开出。然而,不丹在最后关头却对协议说了"不"。2016年6月,不丹下院国民议会以微弱优势通过"机动车辆通行协议"。但在2016年11月,不丹议会(上院)国家委员会以13票反对、2票赞成和5票弃权又否决了该协议,给出的理由是有议员担心南亚区域内的大量货物贸易与人员自由流动将会对不丹的生态环境造成破坏。2017年4月,不丹政府宣布,在国内关切没有得到解决前不能批准相关协议。

三 目标各异的国际非政府组织

南亚地区国际非政府组织的兴起与发展,与南亚地区的宗教文化传承有着密切关系,尤其是与印度教价值观紧密相关。从宗教文化在南亚的发展来看,印度教是注重生活伦理实践的宗教,它重视为人服务,以自我克制为最高美德。在南亚,广泛的宗教认同为南亚地区众多国际非政府组织举办志愿活动创造了条件。有统计表明,排名南亚第一的非政府组织活动为宗教类,占到了26.5%的比例。②

从国际非政府组织活动在国际上带来的影响来讲,随着大量国际非政府组织在国际体系中地位逐渐得以确立,并积极参与到各个层次的国际公共事务管理,先后也形成了一系列得到认可的新规则或制度,这不仅为地区治理扩大了治理资源,使我们在这个世界得以和平相处并享受发展,更为重要的是改变了国际互动模式,国家之间互动不再是国际关系里面的唯一内容。包括国际非政府组织在内的多种国际行为主体参与到国际事务中来,同时并存于国际体系中,多种行为体之间相互交往也

---

① 吴兆礼:《印度主导的南亚次区域合作缺了一角》,《世界知识》2017年第16期。
② 王雍铮:《浅析印度的非政府组织》,《法制博览旬刊》2012年第6期。

就成了必然，并且这些相互交往关系表现出了网络化特征。国际非政府组织在地区与国际政治领域的活动为国家对外活动增添了新的动力与营造出新的外交空间，出现了所谓"新外交"现象。[1] 在这种情况下环喜马拉雅区域经济合作，就需要特别重视国际非政府组织相关活动开展产生的影响，特别是在关于医疗援助以及扶贫等方面。同时也要重视国际非政府组织活动为国际社会塑造和确立新的价值规范，这些新规范逐渐成为主权国家在国际行为中的一种价值取向和衡量尺度，这无疑将深刻影响着国家的行为与利益观念。围绕国际非政府组织发展的几个基本判断如下：

近年来，随着国际非政府组织迅速发展，人们围绕"非政府组织参与全球治理"的争论在日渐增多。而由美国学者詹姆斯·罗西瑙最早提出的全球治理理论形成于 20 世纪 90 年代初期。该理论一个中心假设是"国家无能论"，意即民族主权国家对于那些跨越国界的全球性问题失去了解决的能力，因此需要由非国家行为体来加以协调处理。进入 21 世纪后，随着全球化进一步发展和国家间交往互动加强，国际非政府组织影响力迅速提升，引起各国政府和学界关注。目前围绕非政府组织的发展和研究，学者们有以下几个基本判断：

（1）非政府组织发展带来的正面影响值得肯定。学者们认为非政府组织有效推动了社会进步。例如发展中国家经济落后，社会贫富分化加剧，非政府组织承担起了促进生产发展，平衡富人和帮助穷人争取更多社会福利的部分公共职能。虽然目前仅仅从数量上很难估计发展中国家到底有多少个非政府组织，但根据联合国发展项目组早在 1995 年的评估，当时整个发展中国家已有约 2.5 亿人接触到非政府组织[2]。此外，地方非政府组织与国际组织合作增多，增强了项目实施效率。地方非政府组织了解当地情况，包括法制环境、专业技术、弱势群体分布等，与国际组织特别是政府间国际组织对发展中国家的援助形成了互补关系，如世界

---

[1] 刘晓凤、王雨：《环境政治中国际非政府组织的角色——基于批判地缘政治的视角》，《人文地理》2018 年第 5 期。

[2] Colin Ball and Leith Dunn, "Non-Governmental Organizations: Guidelines for Good Policy and Practice", *The Commonwealth Foundation*, 1995, p. 8.

银行报告指出"地方非政府组织的参与提高了世界银行财务项目的经营业绩和可持续发展,非政府组织能够带来许多创新的想法和解决当地问题的办法"。非政府组织利用专业知识、社会资本、影响社会政策制定等方式促使企业负起更多社会责任。此外,非政府组织也发挥了很好的问责功能。非政府组织在气候变化领域活动的一种重要方式是通过公共"问责"发挥公众监督的作用。例如非政府组织通过法律对国家政府部门在气候变化问题上的作为或不作为进行"问责"。尽管请愿或诉讼最后大多以失败告终,但对政府、企业及公众均有重要的监督价值,如1999年19个非政府组织以《清洁空气法》(Clean Air Act)为根据诉请美国环保部,要求其对二氧化碳等温室气体排放进行监管。

(2) 非政府组织自身缺陷不容忽视。部分非政府组织腐败盛行,在环喜马拉雅区域一些部落地区,非政府组织成了少数人敛财的工具。非政府组织财源一方来自国际援助,另一方来自地方政府或者社会募捐。而非政府组织所获得的资金有时并没有正常地流向需要帮助的人,反而被非政府组织所利用。此外,非政府组织中的员工个人发展具有一定的局限性。一些非政府组织内部管理不善,员工工资比较低,福利比较差,工作环境也比较恶劣,员工经常得不到应有的技能培训,晋升也没有明确的路线图,经常需要移动工作地点,对家庭照顾不周,特别是对女性员工就更加困难[1]。由于以上问题的存在,非政府组织不再像20世纪八九十年代那么容易得到捐助。现在的捐资人往往都附有一定的目标要求,公众也希望非政府组织能够接受外部审计,并能够公开财务报表,如果捐献财务不能得到如期公正分配,一些非政府组织项目可能因此而停止,这对部分非政府组织的生存提出了挑战。

(3) 部分非政府组织意识形态特征浓厚,沦落为颠覆别国政权的工具。这类组织以倡导或遵循某一社会理念为宗旨并以其理念为评价行为的标准,如"美国国家民主促进基金会""自由之家"和"人权观察"等非政府组织。进入21世纪以来,国际非政府组织开始在美国的"民主输出"战略中发挥越来越大的作用,各种类型的非政府组织,尤其是具

---

[1] Mokbul Morshed Ahmad, "Who Cares? The Personal and Professional Problem of NGO Fieldworkers in Bangladesh", *Development in Practice*, Vol. 12, 2002, p. 2.

有政府资助背景的非政府组织日益成为推进美国式民主的重要载体。对内它们是美国制度的支柱之一，对外是美国对外政策的"沉默的伙伴"。如"9·11"事件后，美国在中亚加大了对非政府组织的利用，将其作为推广"民主"的重要手段。在美国财力支持下，非政府组织在中亚的发展迅速，呈现出一些新的特点，如非政府组织的政府色彩越来越浓、对当地政治的参与越来越积极、影响日渐扩大等[①]。

（4）部分非政府组织暗中支持"藏独"活动。近年来"藏青"会、"藏妇"会等分裂组织加大了对尼泊尔"流亡藏人"活动支持力度。目前"流亡藏人"在加德满都和博卡拉的活动虽然受到控制，但仍然有很多有境外背景组织的藏人抗议与示威。藏人活动的经费很多是来自西方基金会和印度达兰萨拉，而"自由西藏运动"在这当中扮演了极为重要的角色。根据尼泊尔马杰利传媒集团提供的材料，在尼泊尔没有公开宣称"支持藏人"的正式注册的非政府组织，但有一些尼泊尔的非政府组织是有美国、英国和瑞士等国家提供资助，目的是帮助照顾和培训尼泊尔的藏人来提高他们生活的能力。同时包括美国、英国、加拿大、澳大利亚、印度、新西兰等都支持"自由西藏运动"。并且涉及这方面的活动都比较频繁。在尼泊尔，喇嘛 Dorje（藏人）和瑞士人 Lopsang Rampa（他进入尼泊尔后将自己名字改为藏人名字）是目前在"自由西藏运动"方面非常活跃的人。他们以老师的身份出现但实际上是"自由西藏运动"的主要协调人。

第三节 地区秩序构建进程中的情感因素

在政治世界中，情感发挥着多种理性作用。比如可以传递战略利益和敏感性，促进国家间合作。牛津大学郝拓德教授的分析就是如此，他认为德国向以色列的道歉，传递的是内疚的情感，而当时德国国内是一片反对的，但正是这种内疚的表达，改善了德以关系。美国遭受"9·11"恐怖袭击之后，俄罗斯等国及时向美国表达了同情的情感支持，从

---

① 李立凡、刘锦前：《美国中亚战略旗盘上的非政府组织》，《国际问题研究》2005年第6期。

而为美俄关系的改善奠定了基础。情感成了理解当今政治世界的一个重要因素，某种程度上重构了理性的基础和给国家机制运行充填了满满的人情味。如果缺乏积极情感，比如战略信任，国家间的合作是无法维系长久的；即使消极情感也有其作用，比如在复旦大学教授唐世平眼中，恐惧有助于人们在进化中生存下来，恐惧是国家获取安全的基础，也是合作无法形成的进化理由。

一 情感因素对地区政治发展的影响

像所有思想层面的观念一样，不同国家在不同时代的意识形态都可以作为一种武器，不仅可以提高国民的士气，并能够随之增加国家的权力，而且恰恰正是在这样做的系列行动进程中，瓦解了对手的士气。[①] 因此，观念或意识形态的竞争就不可避免地被寄托了重要的功能，一方面通过美化自我来争取人心；另一方面通过散布对方的负面材料来贬低与分化对方团结。[②] 而在国际关系互动进程中，制度又显示出其不容忽视的作用。实际上为什么各国如此重视相关文化与宣传等领域的制度也说明了这一点，即制度在于给予人们日常生活减少不确定性所带来的困扰，通过一定的约束来规范人们的行为。[③] 在分析当前国际政治互动与地区经济合作各考量因素时，批判性地缘政治学者们更加关注价值、情感等非物质层面对地缘决策的影响。如泰勒等学者提及的"地缘政治解码"，就是主张要强调通过分析地缘文化价值等来判别该地区居民群体是敌还是友。而这些边境区的居民无疑也将会对当地社会政治、文化产生影响，进一步也展现出国家之间也可围绕非传统政治进行对话，并在此基础上探求边缘化群体或边疆居民等对其居住地上层社会政治、文化等的影响。

（1）人类情感中的恐惧、悲情、希望等文化正在重构我们这个世界。进入21世纪以来，以"9·11"事件为标志的恐怖袭击引发人类社会再

[①] ［美］汉斯·摩根索：《国家间政治：寻求权力与和平的斗争》，徐昕等译，北京大学出版社2006年版，第126页。

[②] ［美］汉斯·摩根索：《国家间政治：寻求权力与和平的斗争》，徐昕等译，北京大学出版社2006年版，第126页。

[③] ［美］道格拉斯·诺斯：《制度、制度变迁与经济绩效》，刘瑞华译，生活·读书·新知三联书店1994年版，第4页。

次对国家安全、国家利益与国家行为等的争论。传统西方现实主义者认为，正是因为西方国家过于理性的从国家绝对安全角度来建构这个社会秩序引发了不同社会行为认知的差异。从地缘战略利益出发故意操纵地区冲突引发了不同群体人们对国家战略文化的反思。而显然这种国家文化的形成与所处的社会结构是密切相联系的。而我们如何通过情感层面的努力，跳出环喜马拉雅区域经济合作中域内国家之间修昔底德陷阱这样的困境。虽然中国长期奉行"以邻为善，以邻为伴"外交理念，但也一直很注重自身外交方面的灵活性，比如对损害中国主权利益的行为坚决给予反击。中国的这种做法被国际有关人士解读为"影子拳击手" (shadow boxer) 行为，认为中国的外交战略是深不可测和不可捉摸的。[1] 学术界随后对国家理性战略文化的反思进而向个体情感、性别等角度转向以试图通过更加立体全面的梳理归纳不同个人的行为角色可能对国家理性文化的影响，特别是探讨人类恐慌与情感不满等的源头以试图进一步给出可能根治恐慌的路径。此外，学者们还通过研究女性的个体和日常状态（包括对女性生育权的认知）等对现有权力等级的冲击现象进行解读。

（2）情感不断重塑国家意识。萨缪尔·亨廷顿早在其撰写的《文明的冲突与世界的重建》一书就指出，认为今后世界冲突主要将是文化上的冲突。意识形态冲突或经济冲突将不再显得这么突出，而这一观点在20世纪90年代引发热议并得到一定程度追捧。但今天再来认真思考这个话题则显得厚重的多。"9·11"事件的发生让我们不得不重新审视这个世界并反思我们的行为。显然，简单将"9·11"事件的发生理解为西方文化与伊斯兰文化的冲突是不合适的，界定为东西方文化的冲突也并不恰当。实际上，如果从情感角度讲，"9·11"事件折射的或许恰恰是强权傲慢的大国政治与长期对社会边缘群体进行意识孤立等所产生的错误情感，是文化层面的歧视与羞辱和国际行为的霸道从而引发情绪上的不满和对峙的结果。

（3）情感无处不在。《情感地缘政治学》中针对当前世界的情感地图

---

[1] Liselotte Odgaard, "The Balance of Power in Asia-Pacific Security: U. S. China Policies on Regional Order", *The Korean Journal of Defense Analysis*, Vol. 19 No. 1, 2007, pp. 30 – 32.

这样来描述：充满着希望与生机勃勃的亚洲世界，充满羞辱和不满并对生活日趋保守的阿拉伯世界以及充满着傲慢与偏见的西方世界。在经济全球化进程与国际政治博弈过程中，长期以来情感是被作为国际关系与政治的灰色地带来看待的。实际上从传统角度讲，个人的情感或情绪对解决社会问题或许起到无足轻重的作用，但如果将一个个体的情感乃至一个群体的情感上升到整体角度来思考其影响，或许更能接近对这个现实世界运转逻辑的理解。此外，国际政治心理学也认为理性假定存在重大问题，因为理性忽略了人的心理和情感因素。人具有正确知觉，也具有错误知觉，错误知觉导致非理性判断。由于人在一定程度上是心理存在，所以，人很难免于感情和心理因素的干扰，从而在不知不觉中，从事了非理性的选择。

（4）西方国家在全球化中输出"恐惧"的同时也收获"恐惧"。西方国家人们的这种对伊斯兰世界的"恐惧"并不是无缘无故就产生的，而是有着深层次根源在里面。长期以来，西方国家凭借强大的经济与军事实力让伊斯兰世界处于一个不对等位置，让其长期处于一个不平等和不合理的国际秩序下，使得伊斯兰世界的部分群众产生不满和愤怒。由于无法从国家强大的实力对抗层面进行正面回击，于是他们只好用极端主义的方式报复西方国家，这样使得两者之间陷入了恶性循环，也就出现了西方国家人们谈伊斯兰色变这种情况的出现。随着经济全球化的快速发展，西方国家特别是欧洲国家主权债务危机的阴影挥之不去，经济疲软不振，社会发展面临重重困难，在这个过程中，西方国家人们的恐惧情绪以2011年挪威发生的"7·12"枪击事件为典型，再一次向世界传播。该枪击案不仅使"北欧神话"受到严重批判，也使得人们反思错误情感可能带来的社会压力。在当今全球经济发展面临诸多不确定性的大背景下，恐惧、愤怒等情感因素无疑将成为阻碍世界和平发展的不利条件。在世界政治层面，自由主义视野中的国际关系和世界政治实际上是西方主导国家（尤其是美国）将其国内体制的外化和全球化的过程。

（5）迈向谈论情感的国际政治时代。美国总统特朗普喜欢在推特上表达情感，诸如对于朝鲜的各种战略威慑，动不动要来一场"愤怒对决"。他的这些言行，不乏是信号的表达，但事实上牵动着国际社会的神经，也激发了不同国家的不同情感反应。盟友们会感到欣慰和安心，而周边国家会感到不安。这些情感都是驱动领导人和国家选择不同战略，采取不同应对的重要心理基础。在一个日益全球化的时代，当今国际社会的风云激荡，经互联网技术的即时传播，所产生的情感与情绪反应更加及时和迅速，也更加激烈。总而言之，一个忽视情感与情绪，不谈论情感的时代，在当今国际政治生活中是难以想象的。但是，由于传统的偏见，要有效地分析和谈论情感，仍受到方法和技术的限制，似乎并没有很好的工具可以使用。一个充斥情感的国际政治世界中，你我都是其中一员，深刻理解各种情感表达及其政治逻辑，是建设一个理性和谐的政治世界观的必需。

二 中印关系中情感意识与历史记忆

从中印两国围绕南方丝绸之路的交往历史来看，一大历史启示就是两国边疆民众的积极参与极大增进了彼此友好关系，相互间丰富与帮衬了各自社会文化与经济等的发展。从秦汉时期的身毒人在滇西市集出现，到近代以后云南的白族、纳西族、藏族商人对于中印商贸交流的推进，源远流长的滇印交往，始终离不开各自国家边民的有力参与和支持。因此，今天"一带一路"建设背景下要推进中印新型互惠关系的深度发展，便要通过激活两国民众特别是边疆民族群众的参与能力，多向度多元化为两国边民提供更便利更安全的参与渠道和保障机制，是切实推进中印两国深度合作的重要基石。中印之间交流要着眼于两国边疆民族群众的参与和支持。

若干世纪以来，尼泊尔作为中国西藏的主要贸易伙伴和中国与印度转口贸易的主要通道发挥了重要作用。而唐朝时的吐蕃是西藏历史上最强盛的时期，吐蕃本部所在的西藏地区人口就有 200 多万人，在一千多年后的今天，西藏自治区人口在 2017 年为 337 万人，整个中国藏族人口为 750 万人。西藏恶劣的自然环境，不仅限制了西藏经济社会的发展，更使中国的国防战略在西藏处于劣势。[①] 要使经济社会真正得到发展，还得依靠川藏铁路。规划中的川藏铁路，由四川省省会、成渝经济区双子星之一的成都出发，经川藏公路最初的起点雅安上青藏高原，再到四川甘孜

---

① 刘红良：《边界变迁、认知差异与中印边界战争》，《南亚研究季刊》2015 年第 4 期。

藏族自治州首府康定，一路向西抵达西藏东南部的林芝，再经山南最后抵达西藏拉萨，与青藏铁路、拉萨至日喀则铁路相连，融入西藏铁路网络。

如何搭建一个能够互信互谅的文化平台，通过加大彼此交流来排除因中印两国关系长期低迷而带来的负面影响就显得至关重要。目前存在的主要问题在于，双边交往的不对称性，特别是双方知识界对两国最新发展情况重视不够。显然要改变当前两国人民对对方国家的一种认知固化，不加大彼此间的交流是无法做到的。由于印度一向以南亚老大自居，传承了很多英国殖民地时代的记忆色彩，"大印度联邦"思想在南亚仍然有不少市场。

2003年6月，印度总理瓦杰帕伊在北京大学演讲时，提到了中印合作的重要性。他认为在中印携手的背景下，21世纪无疑将会是亚洲的世纪。[①] 当然，话语虽然容易，但要实际操作则需要一步步来。龙象共舞的前景也非一朝一夕就能实现。印度人口庞大，传统文化的多样性和传承性使得印度在发展的道路上步履维艰。如当前印度对自身印度教文化的盲目崇拜，对周边小国在战略上的处处施压，自身经济结构的不合理等因素。

三 传统政治遗产下的印度大国情怀

印度独立后，政治自主、实用主义和追求大国身份成为印度对外关系的基本原则。[②] 而在2013—2014年的竞选活动期间，印度总理纳伦德拉·莫迪显示对外交政策缺乏兴趣，而是专注于经济增长、腐败和治理。[③] 不过他执政期间访问多达53个国家。而且自贾瓦哈拉尔·尼赫鲁执政以来，印度政坛还没有这样一位总理。实际上，这个令人意想不到的重点导致一些评论人士，比如作家C.拉贾·莫汉提出，莫迪的外交政策如此具有突破性，以致有学者标榜这标志着印度"第三共和国"的开

---

① 《印度总理瓦杰帕伊北大演讲》，http://www.pku.edu.cn/news/xiao_kan/newpaper/994/1-2.htm.
② 陶亮：《印度处理大国关系原则的历史考察》，《南亚研究》2016年第3期。
③ 刘小雪：《从印度经济增长瓶颈看莫迪改革的方向、挑战及应对》，《南亚研究》2017年第4期。

始。莫迪上台时希望改变与中国和巴基斯坦关系，扩大印度在东南亚以及印度洋领域的影响力，放弃不合时宜的不结盟立场。但实际情况却远非如此。莫迪在外交上并没有取得多少令邻居羡慕的周边外交成绩，诚然这与印度的历史传承和现实约束有巨大关联：第一是印度保守的官僚体制反对莫迪的任何改革，认为改革会触及他们的既得利益；第二是印度的财力局限使得印度无法在海外投入更多资源；第三是印度各邦的自主权传统也极大影响了国家在推进外事进程中的灵活能力。印度全国总工会在 2019 年 1 月 8 日发起全国大罢工，10 个印度全国性行业工会组织参与。罢工参与者要求提高最低工资和养老金、加强社会保障和失业救助等。8 日晚，经过 4 个半小时超长辩论，印度人民院（下院）以 323 票赞成 4 票反对的结果，通过一项具有标志性的宪法修正案——为弱势群体提供一成的教育和政府部门工作机会。

在周边，印度采取的"邻国优先"政策评价各异，总体上可以喜忧参半概述。例如，在 2015 年尼泊尔发生地震后，印度迅速向其提供人道主义援助。可是它很快失去了所获得的大部分好感，因为它笨拙地试图通过影响新宪法的起草来影响尼泊尔选举。印度与该地区其他小国的交往比较成功。在上任几个月后莫迪就巧妙地解决了与孟加拉国的一个非常有争议和长期的边界争端。这场争端困扰了以前的政府几十年。在莫迪领导下，印度还很好地处理了与阿富汗的关系，继续向阿富汗提供援助和训练阿富汗安全人员，同时建立了一条空中走廊来增进双边贸易。最重要的是，印度开始在伊朗恰巴哈尔修建一处港口以便建立一条通往阿富汗的陆海通道。

在就任总理后莫迪立即与巴基斯坦领导人进行接触。他邀请时任巴基斯坦总理谢里夫与其他南亚国家的元首一道出席他的就职典礼。遗憾的是，他的努力并没有得到所期望的效应。在 2014 年 8 月双边会谈前夕，巴基斯坦驻印度大使馆不管印度的明确警告，邀请克什米尔分离主义者参加巴基斯坦驻印度大使馆的一场招待会。虽然前几任总理会忽略这类外交挑衅行为，但莫迪决定取消双边会谈。随后，以巴基斯坦为基地的民族分离主义者对印度的攻击和印度的跨境报复性打击造成两国关系进一步恶化。中国沿边界的勘察行为早已有之，主要的区别在于，在莫迪当政时，印度面对这类行为时采取了过激行为。此外，印度对中国的

"一带一路"建设倡议不明确表态也反映了印度的疑虑。

莫迪还扩大印度在东南亚的安全足迹，以对冲中国日益增加的影响力。早在1992年，前总理纳拉辛哈·拉奥就推出"向东看"政策[①]，目的在于推动与该地区经济繁荣国家的贸易和吸引这些国家的投资。莫迪在新"东进"政策中加入独特的安全成分：与越南进行军售谈判，加强与新加坡的防务合作，增加印度海军对该地区一系列国家的访问。毫无疑问，莫迪为印度外交政策带来新的活力和动力。但他带来的这些变化并未反映其与以往政策的区别。因此，就像一些人宣称的那样，这不是一场革命。如何来解释莫迪未能从根本上重置印度的外交政策，一个原因与印度死板和狭隘的外交政策机构有关。[②] 印度外交人员管理局大约由1000名正式专职人员组成，工作分职细化且长时间的沉淀使得内部员工之间关系网错综复杂。新人加入工作后采取的任何新决策和新想法，大多不被认可并被训诫。这样的一个工作团队可以用了无生气来进行表述，官僚机构化是莫迪当局不得不审慎应对与处理的现实挑战。此外，虽然在过去几十年实现了强劲的经济增长记录，但相对于中国，印度仍面临重大资源约束。例如，印度的对外援助预算虽然这些年在快速增长，但跟中国对外援助预算总量来看，差距不是一般得大。因此，印度在把经济实力转化为政治实力方面无法与中国竞争，并且这一态势不大可能在近期内获得根本性改观。

最后，印度的联邦体制在一些重要方面限制了莫迪能力的发挥。近几年越来越多的权力下放给邦一级。一些邦的狭隘利益与国家利益冲突。例如，莫迪通过讨好位于边境的西孟加拉邦政治领导人成功与孟加拉国达成一项土地边境协议。但他未能说服这些地方领导人允许他继续与孟加拉国达成一项河流水资源共享协议。在这个至关重要的问题上，邦属政治几乎完全排除了达卡和新德里之间达成一项双边协议的前景。这些障碍阻碍了莫迪改变印度外交政策的更为雄心勃勃的努力。毫无疑问他想带来重要改变。但最后证明任何希望他的努力相当于一场革命的想法都是不成熟的。

---

① 王丽娜：《印度莫迪政府"印太"战略评估》，《当代亚太》2018年第3期。
② 一知：《印度外交：认识和局限》，《南亚研究季刊》2000年第2期。

本章小结

本章认为，围绕环喜马拉雅区域经济合作域内国家利益考量、大国经济权力博弈空间与地区秩序安排等重大议题，不仅包括中国、印度等在内的域内国家极其关切与审慎引领，以图向有利于自身国家利益的方向发展，也为包括美国、日本以及上合组织、南盟等在内的域外大国和地区性国际组织所关切。此处特别强调的是美国特朗普政府在全球范围内的各种"退场"行为，特别是阿富汗撤军，有可能对地区力量均衡产生深远影响。跨国恐怖主义有可能在阿富汗等地再次大规模卷土重来，严重影响巴基斯坦等国家安全。而随着印度、巴基斯坦正式成为上海合作组织成员国一员，上合组织的影响也将辐射到环喜马拉雅区域，从而为域内经济合作带来新的活力因子，也会补充南盟角色的不足。此外，尤其值得注意的是，近年来非政府组织在域内发展快速，它们或以环保、保护妇女儿童等的旗号，或者以防治疾病与减除贫困、净化心灵等的口号在活动。各类参与主体显然有着不同的利益诉求，这无疑又将对该区域发展走向增添新的变量。本章通过对环喜马拉雅区域经济合作参与各方之间的关系现状梳理基础上，分析其行为逻辑主要考量的因素以及其未来可能的政策走向，分析其对环喜马拉雅区域经济合作建设可能的影响。笔者认为，鉴于环喜马拉雅区域地理环境的重要性，世界主要力量对该区域争相施加影响将是一个不可避免的趋势，而中国要做的是如何引导外来力量发挥正面作用，避免发生形势误判和产生一些不必要的负面冲击。值得重点强调的是，印度的大国情结因素对该区域发展起着非常重要的影响，而中印关系中的历史记忆也将影响着两国间未来合作的深度和广度，而如若从地区层面讲，环喜马拉雅区域经济合作必须要重视情感因素在其中的作用，避免一些负面情绪影响域内合作的深层次开展。

第 五 章

新时代环喜马拉雅区域经济合作路径

作为一个以喜马拉雅地域内国家为主要参与者的经济合作，环喜马拉雅经济合作与国际上其他相关性合作议题在合作进程、路径选择、效用评估等方面有相通之处，但又有不同之处。参与合作建设的主要国家如巴基斯坦、中国、印度、孟加拉国等都是发展中国家，在处理与应对国际与地区事务时具有高度发展意识。印度和中国作为人口大国，两者的体量决定了其在未来国际体系中的分量，而孟加拉国、巴基斯坦等国家无论在南亚地区还是在伊斯兰世界，其身份角色也决定了其潜在的影响力不能低估。而环喜马拉雅区域经济合作建设具体模式路径的可选择性与建构特质也意味着该合作具有灵活开放的特点。虽然经济合作的主角目前主要是以域内国家为主，但同时对来自域外的参与方并不排斥。而在涉及许多具体性事务时，则又要根据情况妥善论证，以确保合作能够以最优化的方式开展。

第一节　世界经济轴心东移的积极效应

目前，有一种观点认为"一带一路"是中国启动的一个巨大的国际工程项目，认为回报非常可观，但也存在困难和风险，应对主要风险点进行评估并进而实现有效的风险管理，以不断提升中国工程项目管理的国际化水平。① 而从当前现状来看，我们正处在世界政治经济轴心发生转移的时代，它在历史上并不多见。四五百年前，伴随着地理大发现和新航路开辟，它曾向西方转移。而此后的欧洲渐渐统治了差不多整个世界。现在这个轴心则正在向东方转移。这对亚洲意味着不仅仅是地区的繁荣，更重要的则是对世界发展的一种引领影响。当2018年12月31日，2018年最后一列中欧班列（成都）驶向欧洲。来自成都国际铁路港的数据显示，这是全年第1587列。而根据统计最近三年中欧班列（成都）开行量，2016—2018年分别是460列、1020列和1587列，2018年相比2017年增长了55.6%。中欧班列的开通以及运量快速提升对西方则意味着来自东方的政治和经济新风。突然间，东亚或南亚、俄罗斯或中东发生的事情对欧洲和美国产生了深刻影响，特别是因为他们觉得这些影响力在某些重要方面是他们无力掌控的。未来一二十年里，世界五大经济体候选中至少有三个将在亚洲：中国、日本和印度。唯一不确定的是哪个国家会位居第五，德国、印度尼西亚、俄罗斯还是巴西？如果就20年时间里的全球经济而言，印度尼西亚的概率极高。

一 亚洲内部联动性持续增强

中国与周边亚洲邻国之间随着经贸往来的频繁，彼此间政治互动有了明显增强。特别是随着上合组织的稳步发展和中国在产业层面的升级推进，使得中国在与亚洲地区的国家经贸联系中成了这些国家的最大贸易伙伴，其中特别是中国的对外投资有大约70%是投向这些亚洲国家②。此外，随着铁路的跨国联通和修建，亚欧版图上的运输线路在推动国家间经济发展方面发挥了积极作用。目前来看，三条横跨欧亚大陆的铁路和三条油气管线带来的对地缘政治的冲击已经远远超越其经济收益自身。这三条铁路第一条北部横跨俄罗斯西伯利亚，东起海参崴西至鹿特丹港，全长13000公里；第二条欧亚大陆桥东起连云港，经新疆进入哈萨克斯

---

① 王娜：《浅谈"一带一路"背景下国际工程项目风险管理问题》，《建材与装饰》2018年第11期。

② Gold Futures Fall on Traders' Technical Selling, *Trade Resources*, Mar. 1, 2017, https://resources.made-in-china.com/article/economy/WQlmkiLPuxIc/Gold-Futures-Fall-on-Traders-Technical-Selling/.

坦，然后俄罗斯至荷兰鹿特丹港，全长10900公里；第三条为渝新欧国际铁路联运通道，西达比利时安特卫普，东起重庆，全长11381公里。①

从宏观视角来看，亚洲崛起不仅意味着包括经济、政治乃至军事等方面综合影响力的全面提升，而且也在展现着不同国家发展阶段的特色路径魅力。作为世界格局重要变动的一个新态势，亚洲作为整体进行崛起是欧亚大陆陆地板块崛起的前瞻尝试，也即将意味着陆地强国对海洋强国的一种胜利。值得强调的是，自"二战"结束以来亚洲地区诸多国家实现了民族独立，并在经济发展进程中通过不断探索，走到了今天这样一个新的十字路口。一方面上合框架下的中俄印等大国在政府推动下相互间合作越来越密切；另一方面则是市场力量在推动这些国家经济相互依存式发展。亚洲整体影响力无论是经济还是政治方面都将越来越发挥出重要的作用。关于经济层面来看，无论是20世纪80年代跃居媒体的"四小龙"报道还是紧随其后的"四小虎"都在说明着亚洲地区的活力，但是90年代中后期的亚洲金融危机促使亚洲国家特别是东南亚国家进行了深度反思，并吸取教训，警惕信用无序扩张可能带来的恶果。2008年金融危机后，中印等抓住机会在推动经济产业进一步升级换代和对外开放方面赢得了先机，特别是在一些关键高科技领域比如5G技术、人工智能等方面取得了重大突破。根据统计，目前亚洲地区的经济规模已经占到了世界规模的1/3。②并且包括亚洲开发银行等机构在内的预测表示对未来亚洲很是乐观，普遍认为到2050年亚洲经济占世界比重有望达到52%。③

二 经济轴心东移有助于全球经济复苏

随着亚洲地区经济的快速发展，其经济活力所展现出对世界经济的拉动作用异常明显，显然有助于国际社会在当前世界经济发展面临需求疲软态势下对未来经济发展所带来的正向冲击作用。2008年以来，在国

---

① 蒋云龙：《大通道上 中欧贸易更便捷》，2017年4月，人民网（http：//cq.people.com.cn/n2/2017/0425/c367697-30085824.html）。

② 《李克强在博鳌亚洲论坛2014年年会开幕式上的主旨演讲》，2014年4月，新华网（http：//news.xinhuanet.com/politics/2014-04/10/c_1110191764.htm）。

③ 刘振民：《坚持合作共赢 携手打造亚洲命运共同体》，《国际问题研究》2014年第2期。

际金融领域的博弈过程中，恰恰是包括中国、印度以及东盟在内的亚洲力量扮演了难能可贵的角色。目前中国与印度两国总人口已经达到25亿以上，庞大的市场对世界经济的影响举足轻重。特别是中国在习近平主席的带领下，推出"一带一路"建设，为处于十字路口的世界经济或曰"逆全球化"的思潮带来了中国方案，对稳定世界经济发展和预期起到了特别重要的作用。

正如政治学家查尔斯·库普钱所言，新的盛衰消长，没有哪个国家在世界上永远占据主导地位。虽然历史上有过几个时期，权力分散在不同地区，不同的政治秩序愿景并立不悖。但是清朝、莫卧儿帝国和哈布斯堡王朝对宗教、商贸、等级制度和市场的看法迥异并不重要，因为他们各自的生活相对孤立。我们这个时代的不同之处在于，全球化迫使我们混居在一起，然而我们对于这个共同世界应该是什么样子都有着截然不同的愿景，或者用欧亚来表述两个极点之间的最新平衡状态。① 云集义乌的商贩大多来自巴基斯坦、中东和非洲。有些人仍然喜欢以现金交易而避开银行。还有些人根本没有银行账户。义乌设有"阿拉伯馆""土耳其馆""印度馆"。商人如潮水般来来往往，一批人渐渐在这里安顿下来并向他们同胞提供住宿和其他基本服务，比如翻译和保险。义乌是全球化的一个典型例证，这座城市与世界上其他地方紧密相连，千山万水之外的小小扰动会立即在这里激起涟漪。2014年12月，义乌和马德里之间开通了直达列车。它声名远播的原因在于它现在是世界上最长的火车路线起点，全长约1.3万公里，超过了跨西伯利亚铁路里长。

目前来看，虽然"一带一路"建设的最初重点放在中国周边地区，但环喜马拉雅区域地理位置的特殊性使得亚洲和欧洲之间路上交通连接价值意义凸显。"一带一路"建设对欧洲的重要性也是显而易见，一方面是欧洲的难民问题，此外还有比如叙利亚以及乌克兰等地区局势的不稳都似乎是在提醒欧洲，要向东看。另一方面，"一带一路"建设给了欧盟一个明显的机会实施其"支点向亚洲转移"，美国目前在印度洋进行的努力使欧盟迫切需要这样做。而针对"一带一路"建设背景下快

---

① [美]查尔斯·库普钱：《没有主宰者的世界：即将到来的全球大转折》，洪漫、王栋栋译，新华出版社2012年版，第13—27页。

速变化的印太和世界格局，正如历史学家对历史反思的那样，古代丝绸之路的核心与其说是商品贸易，不如说是文化交流，是思想、宗教和人员的流动。前者向来规模有限且大多是地方性，后者则是多次改变了世界历史的进程。[1] "一带一路"建设最终有可能也是如此。从基础设施和贸易扩大到政治、文化和安全领域并不是这个项目的缺陷，而是其最基本的特征。

三 经济轴心东移促进全球经济再平衡

亚洲以中国为代表的新兴科技产业及传统产业升级正在为世界经济增长提供新的动力。无论中国的华夏文化还是以印度为代表的印度教文化都正在展现出魅力。亚洲地区的产业梯次分工日趋完善，无论是曾经的领头雁日本还是现今的东盟，以及中国日渐发展起来的超强工业生产能力，亚洲正在成为世界主要商品供给地。此外，值得注意的是，中国和印度这样庞大的市场也正在吸引着世界其他厂商争相进行战略资本配置。此外，经过多年的稳步发展，中亚地区的经济结构也正在得到改善，哈萨克斯坦、乌兹别克斯坦等国经济增长正在继东盟之后呈现出更加发展的活力，特别是在中国等基建投资带动下，稳定发展正在成为当前危机调整中的亮点。[2] 诚然，亚洲国家间也有激烈竞争，内部产业结构协调在产业链分布方面也有分歧，但在中国强大市场需求带动下，亚洲正在展现出更加繁荣与稳定发展的魅力。

目前在世界经济呈现欧美亚三足竞争新态势下，新兴经济体发展也正在发生着深刻变化。虽然自工业革命发生以来，西方发达国家在世界经济增长过程中发挥了重要作用，但现在新兴经济体特别是中印经济的增长也在促使世界格局发生着重要变化。目前来看，亚洲这些年在生产总值、外国直接投资以及相关贸易方面都有了大幅度提升。2008年国际金融危机发生后，亚洲经济结构与西方发达国家经济结构之间都在转型

---

[1] 郑雯、袁鸣徽：《"一带一路"建设的新机遇与新挑战——基于沿线十国 2018 年第一季度的国际舆情分析》，2018 年 8 月，人民网（http://media.people.com.cn/n1/2018/0802/c40628-30192501.html）。

[2] 李金叶、许朝凯：《中亚国家经济发展质量评价体系研究》，《上海经济研究》2017 年第 6 期。

中同步进行，在亚洲经济的带动下，世界经济秩序和格局也将实现更加合理的均衡。

第二节　环喜马拉雅区域经济合作的空间布局

迄今为止，"一带一路"建设在印度洋推进所引发的印度战略疑虑，使得我们不得不考虑该如何与印度进行相关项目对接以达成一种共识。而环喜马拉雅区域态势发展似乎越来越呈现出一种得失所系的性质。随着美印和中巴关系在美巴和中印关系相对变动中而得到改善，这种态势发展正越来越得到加强。考虑到加强地区经济融合的迫切需要，这是一种不利的趋势。环喜马拉雅区域在联通上存在严重不足：世界银行估计，域内的贸易仅占全部贸易的5%，在东南亚则达到25%，在东亚达到35%，在欧洲则高达60%，而域内投资整体不足1%。在东亚，竞争对手们一直可以维持互惠的经济关系，而在环喜马拉雅区域，安全问题上的分歧阻碍了贸易和投资。解决这个问题，而不是允许这一区域政治和军事竞争延伸到经济领域更符合各方利益，其中包括美国和中国利益。

随着中美贸易摩擦带来的各种不确定性和中国周边地缘态势的变化，中国需要谋划建设新的海上通道，从而降低自身地缘环境风险，并提升中国同印度洋沿岸国家和地区的交流与合作水平。[1] 此外，学术界在争议非洲内陆地区以及欧亚腹地国家为什么经济发展落后的原因时，重点也涉及了交通难题，认为陆路交通的不畅致使这些国家与外界进行货物贸易时很难占到优势。[2] 而从近代以来各国发展进程来看，哪个国家占据了海运优势，也就意味着该国有交通运输成本上的优势，增强了其产品竞争力和方便外来物资乃至科技、人才等流入。而环喜马拉雅区域相关国

---

[1] 吴良、秦奇：《印度洋通道及其对中国地缘环境影响》，《地理科学进展》2018年第11期。

[2] M. B. Gleave, "The Dares Salaam Transport Corridor: An Appraisal", *African Affairs*, Vol. 4, 1992, pp. 249–267.

家，由于各种原因使得本该联通的陆路交通并没有实现，山麓脚下的相近城市间甚至没有一条像样的二级公路，特别是跨国不同城市之间更是因政治等原甚至处于彼此相对孤立状态。正如在文中前面所提及的走廊经济或通道经济，实际上地区间的走廊经济出现是城市化进程中的一种必然，城市化进程必然要求城市与城市之间的联系日渐紧密，人们的交往更加频繁，货物贸易更加便利。在这一进程中，公路、铁路、空中运输等极大促进了地区间的联系，而随着人们交往的频度增加，这种城际交通网络至上的处事规则与规范也日渐形成，也即地区慢慢形成了特有的属地文化。[①] 关于走廊经济或者说通道经济，学术界长期以来争议比较大的是这种经济模式究竟是否能给当地带来经济增长，还是更加恶化了当地的经济地位，使之更具有依附性质。持否定观点的学者指出，通道经济最大的不足是不能有效解决当地就业问题，而只是起到了资金与货物通过的这样一个借道效应。并且与之相对应的是政府的治理能力也因经济收益的不足而大大弱化了。而要克服这一不足，就需要在发展治理结构与各类综合机制方面进行配套[②]。目前来看，由中国倡导并参与的五条通道（中尼印、孟中印缅、中巴、中斯巴马、中印香客之路）要做重点推进。

一　中尼通道建设及与印的对接

目前，中国与南亚国家经贸关系中，从贸易额的规模来看，货物贸易的主要对象是印度。而从中国与印度之间的货物运输路线来看，中印之间主要靠海运来运输。也就是说，虽然中国西藏与南亚国家有长达4000多公里边境线。与印度也直接接壤，但通过陆路进行的贸易占比却非常小。目前在这些边境线上我们重点建设了包括樟木、吉隆等国家一类级别的陆路对外口岸以及亚东、日屋、普兰等为季节性开放口岸。目前位于中印边境上的乃堆拉山口岸因贸易量有限，特别是因为印方基础

[①] C. F. J. Whebell, "A Theory of Urban Systems", *Annals of the Association of American Geographers*, Vol. 1, 1969, pp. 1–26.

[②] Fredrik Soderbaum and Ian Taylor, "Transmission Belt for Transnational Capital or Facilitator for Development? Problematising the Role of the State in the Maputo Development Corridor", *The Journal of Modern African Studies*, Vol. 4, 2001, p. 675.

设施建设较差，公路只有夏季开通等现实因素困扰，使得该口岸的货运量十分有限。中国广大西南边疆与印度地理接壤，陆运将大大压缩运输时间和降低运输风险成本。目前来看，依托日喀则，重点打造以日喀则为中心的对印支点城市建设，也是一种思路。①

中国与尼泊尔之间目前货运主要通过中尼公路完成。但也是遇到类似的情况，道路路况较差，经常发生各类交通事故，并且该公路运力也已接近饱和。若沿着友谊高速这条传统公路或其他可行性线路穿越喜马拉雅山脉的铁路能从尼泊尔通过，将极大提高中国与尼泊尔之间的运力，并且如果尼泊尔这端与印度进行对接，也将有助于随着经贸发展形成有利于解决领土问题的条件，同时也有助于尼泊尔落后面貌的改善，实现中尼印三方共赢。此外，从历史上来看，过去国家之间交往受到限制是由于生产力水平比较低，导致人们在大山大河面前往往束手无策，在今天这样一个科技快速发展的时代，各类阻隔被打破，如阻隔南欧与北欧经贸往来的阿尔卑斯山已修建7条穿山铁路。现在中国与南亚之间，从长远发展角度讲，需要修通一条乃至数条铁路来满足今后中国与南亚国家经贸和人员的往来。而在这方面印度也意识到交通改善的重要性。

考虑到印度对来自中国地缘战略压力考量，直接建设中印大通道的议程提出还为时尚早，但考虑到尼泊尔国家的位置属性以及尼泊尔与印度和中国两边的关系融洽度，中国重点就中尼铁路先行修建到加德满都是可行的，并且尼泊尔方面也支持这种做法。也就是说，我们可以先与尼泊尔这段先做实，待以后条件成熟时再将该铁路延伸到印度，或直接印度修建从其国内到加德满都的铁路，完成对接。修建的意义在于印北部地区恒河流域是其人口密集区，同时也是印度经济发展非常落后的地区，打通这一通道不仅对我方便于带动西部地区与南亚国家的经贸，对尼泊尔经济和印度北部地区经济发展也都具有重要意义。关于中尼铁路中国段选取的是经日喀则到吉隆口岸，预计中尼铁路实现完工将在2022年。尼泊尔对此方案态度积极，目前关键在印度，但征得印度的同意并

---

① 卢伟、申兵：《把日喀则建成中尼印经济走廊重要支点》，《中国发展观察》2018年第16期。

非短时间内能完成。"铁路外交"或者说"铁路牌"是印度采取的离间中尼关系的一个重要筹码。① 在 2016 年,当时的尼泊尔奥利政府曾与中国方面达成了相关运输协议,但中尼关系的快速发展是印度所不乐见的,印度通过暗中支持亲印度力量上台是中尼印三方博弈的一个缩影,该博弈曾一度导致奥利总理下台。当奥利再次上台后,印方采取了拉拢策略,而尼泊尔政府表面上也对印度方面表示了克制。

作为一个内陆国家,尼泊尔长期以来主要物资运输或者说商品输入都是依赖于印度,尼印之间公路交通是主要的交通干道。而中国与尼泊尔跨境铁路项目已完成前期准备,铁路施工这也让印度倍感压力。根据印方信息,2019 年后印度计划帮助尼泊尔修建一条铁路,目的是改善印度与尼泊尔之间的交通状况,真正将加德满都与印度边境城镇连接起来,并且期望尼泊尔铁路最终接入印度铁路网。值得注意的是,孟加拉湾七国峰会 2018 年 8 月 30 日至 31 日在尼泊尔举行,尼泊尔总理奥利与印度总理莫迪峰会期间,两国官员签署了研究两国间铁路可行性协议。② 而印度提议为尼泊尔修建铁路,将从印度比哈尔邦东部边境城镇拉克索尔延伸到加德满都,全长 130 公里。印度驻尼泊尔大使馆在一份声明中说,印度孔坎铁路(Konkan Railway)有限公司将对这条铁路线进行初步工程和交通调研。官员们表示,在孔坎铁路公司提交调查结果后,这条铁路线的建设和资金将最终敲定。而关于中尼铁路酝酿,2016 年 3 月 21 日尼泊尔总理奥利对中国当时进行访问期间,围绕中尼经贸合作等相关议题双方进行了深度磋商,日喀则—加德满都铁路建设议题露出水面。尼泊尔同意愿意在"一带一路"背景下加快道路交通设施建设,推进重大项目实施。2017 年 9 月,尼泊尔副总理兼外长马哈拉访问中国并与时任王毅部长就跨境铁路建设方案达成了初步协议。2018 年 6 月 21 日,国务院总理李克强在北京与尼泊尔总理奥利举行会谈,双方签署中尼两国跨境铁路协议,将拉日(拉萨至日喀则)铁路延伸至尼泊尔首都加德满都。当

---

① 《穿越喜马拉雅:中国与尼泊尔签署跨境铁路合作协议》,2018 年 6 月,中华网(https://military.china.com/important/11132797/20180623/32571110_2.html)。
② 《第四届"环孟加拉湾多领域经济技术合作倡议"峰会在尼泊尔开幕》,2018 年 8 月,中国社会科学网(http://www.cssn.cn/glx/glx_tpxw/201808/t20180831_4553240.shtml)。

时预期整个准备项目在 8 月完成。① 尼泊尔基础设施与交通部长马哈塞特近来表示，规划中的尼方铁路建设计划"通过首都加德满都的东西路线和与中国连接的北部路线"已决定采用标准轨（轨距为 1435 毫米）。

对于中尼印三国而言，推进经济走廊建设时机已成熟。一方面，尼泊尔政治转型几近完成，为经济走廊建设提供了政治保障；另一方面，中印两国已为经济走廊建设奠定了良好的基础。经济走廊建设将极大发挥尼泊尔地处两大市场之间的地缘优势，盘活文化资源、世界第二丰富水力资源以及青藏高原独特人文旅游资源等。诚然中尼印经济走廊建设不会一帆风顺，将不得不克服诸多挑战，如来自印度传统地缘政治思维的干扰，各种非传统安全威胁影响等。鉴于此，在推进经济走廊建设过程中，中印尼三方如何协调才能够实现彼此利益优化，在这方面不仅中国要有耐心，也要考虑尼泊尔的承受力和接受度，同时也要换位思考印度的战略疑虑。② 中尼印通道建设是事关环喜马拉雅区域经济发展最核心的议题之一，通道建设的成功不仅在经济层面将带动该区域发展，也更将在政治乃至文化等方面展现出亚洲作为一个整体的一种特殊魅力。目前，首要的是先期就中尼段的国内段铁路建设有序推进的同时，也要在中印关系层面加大相关游说力度，包括在上合框架下的一些文件签署推动。在此笔者并不担心印尼方面的铁路公路联通，关键是如何实现中尼铁路以及尼印铁路的对接，以及包括在公路方面的通关便利等都有待进一步研究推动。诚然，任重而道远。

二 孟中印缅经济走廊建设

目前围绕孟中印缅走廊建设，虽然一开始印度表态进行支持，但目前来看印度相关做法表明其并不积极，甚至在某些方面以各种理由加以阻挠。③ 但鉴于该条线路的重要性，中国目前可继续实施分步走战略，即

---

① 《李克强同尼泊尔总理奥利举行会谈》，2018 年 6 月，新华网（http：//www. xinhuanet. com//politics/2018 – 06/21/c_ 1123018331. htm）。

② 胡仕胜：《联通喜马拉雅 对接"一带一路"——对建设中尼印经济走廊的思考》，《印度洋经济体研究》2017 年第 2 期。

③ 姚遥、贺先青：《孟中印缅经济走廊建设的现状及前景》，《现代国际关系》2018 年第 8 期。

第一步推动中缅一侧走廊建设，第二步打通缅孟一段，最后则在条件成熟时将印度一侧与缅孟串联起来。① 鉴于美国战略重心已经转向印太地区，图谋在太平洋上部署重兵展开战略安排，致使中国海上通道安全面临严峻挑战。应对这一严峻挑战，中国应构建"两洋出海"的战略互动格局，进一步提高中国海上通道的安全系数。为此，关于孟中印缅走廊的中缅段建设作为重点推进方向，特别要推动缅甸北方四省经济与云南经济的互动联系，重点帮助缅甸开发皎漂港口、仰光港和若开港。并且从空间布局来看，缅甸的这些港口开发与巴基斯坦的瓜达尔港口和孟加拉国的吉大港等要实现某种程度上的联动效应，可以考虑成熟一个建设一个和管理一个，来帮助缅甸发展经济。② 目前中缅经贸发展存在的问题主要有：第一，云南与缅甸一些道路路面差，下雨天雨阻问题非常严重，口岸建设缓慢，也无法满足两者之间日渐增长的贸易需求。第二，出口的商品档次低、规模比较小，形式也存在单一问题。商品多为日用品、农副产品、工业原料等资源类以及劳动密集类产品，这类产品市场竞争力弱。第三是缅甸非关税壁垒比较重，无论是对来自中国还是其他国家的商品，进口管制十分严格。边境贸易政策多变，政府官员更换快也严重影响了缅甸与周边国家经贸发展。③

关于滇缅通道建设可重点规划四条线路：北线从云南昆明经腾冲到达缅北的密支那，再经印度的雷多口岸进入印东北部，然后再向南分别至孟加拉国的达卡和印度的加尔各答；关于中线则是从云南昆明经瑞丽口岸到达缅甸曼德勒，再向西经印东北部的英帕尔至达卡和加尔各答；南一线由昆明经曼德勒至皎漂港，再北上至吉大港、孟加拉达卡和印度加尔各答；南二线由云南昆明至缅甸曼德勒后，向南至缅甸仰光。如果该四条通道打通，将会强力增强四国经贸联系。目前缅孟对该通道都较为积极，但印度对此由开始的认可到最后变得犹疑。印度东北部阿萨姆

---

① 霍强、储星星：《中印缅孟经济走廊建设的重点、难点及对策》，《东南亚纵横》2014年第5期。
② 李靖宇、詹龙：《关于中国在南亚区域选取印度洋出海口的战略推进构想》，《中国海洋大学学报（社会科学版）》2012年第5期。
③ 卢光盛：《中国和大陆东南亚国家经济关系研究》，社会科学文献出版社2014年版，第217—218页。

邦等民族分离主义活跃，并且印度又与中国存在领土争端。印度担心孟中印缅走廊的推进最终不利于印度整合发展。此外，关于中印 FTA 最早是在瓦杰帕伊时代印度提出[①]，后来国大党上台后搁置，莫迪上台后积极实施印度版本的开放型经济政策，我们也可考虑在条件成熟时再提 FTA 方案。

关于"人字形"中缅经济走廊的可行性思路。关于"人字形"中缅经济走廊，该经济走廊是从昆明出发到中缅边境，通过缅北民地武自治区进入缅甸腹地曼德勒，然后再分叉向西南方向连接若开邦的皎漂特区，向南连接缅甸最大沿海城市仰光。这一经济走廊的内涵就是由中缅双方深度合作，用经济发展作为纽带，将缅北民地武、缅甸中央控制区、缅甸若开邦连接起来。在此基础上，缅甸与各民族武装实现妥协、和解，中国引领大家一起发展经济，缅甸与中国经济对接，大家共同繁荣。对缅甸政府来说，实现民族和解，解决了内部和平问题，并且实现了经济发展。对于各民地武来说，则在高度自治的基础上有了经济发展机遇。如此，缅甸的内部和平问题、经济发展问题都解决了。未来，东边可以和泰国、老挝联通，西边可以与孟加拉国联通，实现共同繁荣。

早些年"中印缅孟"经济走廊的提出，受到了印度的支持，然而印度因各种因素的考虑而采取了拖延政策，这一战略倡议目前来看推进的并不顺利。虽然 2018 年 4 月，习近平与莫迪在武汉会晤，"双方同意在孟中印缅框架下加快经济合作"，但后面的规划推进并不乐观。如若印度对"一带一路"建设持回避态度，则中国可以直接与缅甸、孟加拉国共同努力。现在第一个阶段就是中缅经济走廊，等中缅经济走廊有所发展，可再重点推动中缅孟经济走廊。与这不矛盾的是，目前在孟加拉博多河多用途桥梁，昆明—达卡货运走廊以及孟加拉—缅甸铁路等具体工程项目方面，中国也可以提供相关技术与资金等方面的支持。现在，只要缅甸、孟加拉国配合，中国这一战略倡议有成型可能，那么缅甸和孟加拉国在道路交通方面都将会获得明显改观。基于经济发展利益的和平才是长远的和平，中国现在扮演了和平的使者。

[①] 马加力、傅小强：《印度瓦杰帕伊新政府的内外政策》，《现代国际关系》1999 年第 11 期。

与修建道路同步的则是打造国际产业园区，构建云南沿边开放体系。比如重点将云南昆明打造成面向东南亚、南亚的国际商贸物流中心、和国际健康休闲旅游目的地。在云南保山的猴桥边境经济合作区的基础上，设立腾冲自由贸易园区。培育国际商品交易市场，比如翡翠、黄龙玉、玛瑙等珠宝交易以及其他交易品种等等。

云南与南亚次大陆地理相近，横断山脉条条纵列的河谷地带连接着云南与南亚，是自古以来天然形成的交通纽带。追溯历史也不难发现，最早知悉滇印间往来通道的存在在公元前2世纪。如今大多数国内外学者倾向于认同至迟到公元前4世纪末时期，当时中国云南与印度之间的山区通道已经有了联通。目前，印度与缅甸、孟加拉国和中国在经济走廊印度段建设存在争议。印度与缅甸方面，印度东北部三个邦和缅甸接壤，边境线1400多公里。自印建国后，印方一直期望缅甸能够配合打击位于其东北省份的分离主义活动，但缅方因各种原因对这些分离主义活动采取的是中立立场。活跃于印度东北三邦的"曼尼普尔人民解放军"和"阿萨姆联合解放阵线"成员甚至在缅甸曼德勒也有活动中心，对此缅甸政府采取了默认的立场态度。印度与孟加拉国方面，由于印度西孟加拉邦与孟加拉国毗邻，印度长期以来指责孟边界管理不严，使得不少非法移民经由孟加拉国进入印度。而孟加拉国始终否认有非法移民进入印度，两国之间围绕边界移民问题经常争吵，两边军队甚至不时还发生擦枪走火事件。此外，除了非法移民问题，印度和孟加拉国还因分离主义组织问题相互指责。

印度和中国对喜马拉雅山东段约9万平方公里的边界地区存在主权争议。2017年6月两国军队在中印边界锡金段的持续对峙打破了2013年10月两国签署的《边界防务合作协议》以来边界地区的稳定局面，这次对峙时间已超过2013年双方在中印边界西段长达21天的"帐篷对峙"[1]，也是印军首次越过已划定的边界，侵入中国领土，形成两军近距离对峙。中印边界问题再次成为影响孟中印缅经济走廊建设的一个重要因素。

孟中印缅经济走廊（印度段）的安全问题。孟中印缅经济走廊涉及

---

[1] 《印度反对党炒作"边界对峙"执政党主张低调处理》，2013年5月，新华网（http://www.xinhuanet.com//world/2013-05/04/c_115634606.htm）。

的跨境地区属于环喜马拉雅区域民族成分极其复杂，包括民族分离主义和宗教极端主义以及贩毒集团在内的各种势力盘根交错，管理难度极大。非法武器走私、跨境有组织犯罪等长期困扰着政府，而地方各土邦因自身利益往往对很多明知是违法的事件采取一种事不关己的立场，又某种程度上怂恿了这些派系活动。具体讲，如何解决安全问题是孟中印缅经济走廊建设不容回避的问题：一是在该地区外来投资者的人身安全和投资安全没有保障，这将直接导致这些地区的开放程度不高，市场的发展规模有限，最终影响经济走廊建设；二是为了应对庞大的地方反政府武装和社会治安问题[1]，印度政府不仅难以增加对这些地区社会经济发展的投资，而且还要花费相当的经费来维护社会稳定和保证安全，不利于印度政府推进经济走廊建设；三是这些地区安全局势比较动荡，且许多反叛部族在缅甸和中国境内存在亲缘民族，如果开放这些地区，建设经济走廊，有可能会加重印度政府担心地区冲突有可能国际化的顾虑，减弱印度政府对走廊建设的信心。

从经济社会发展来看，中缅孟印走廊所经之处都是欠发达地区，而且正是由于落后以及政府治理供给能力不足而使民族分离分子、宗教极端势力等得以滋生并壮大。若能共同开发与建设好这条走廊，不仅对当地居民有重大直接经济利益，而且也能从地缘上改变该地区战略竞争不明态势。从印度整体经济发展状况看，呈现从西南到东北逐渐递减趋势，孟中印缅经济走廊涉及的印度地区经济发展大多以农业为主，其中，比哈尔邦和西孟加拉邦的经济基础稍好。印度东北各邦整体发展水平极其落后，其中农村不少地区电力依然得不到保证，农村教育也令人堪忧，许多小女孩很早就辍学并早早嫁人。农业种植甚至还处在犁耕时代的轮耕制状态，工业化水平非常低。值得说一下的是，这些山麓地区公路很多都是"二战"时修建，目前已无法承担起经贸发展的交通作用。其中，在阿萨姆邦除茶区外，很少有公路可以通行汽车。孟中印缅经济走廊涉及的印度地区人口众多，其中农业人口占比高达80%以上，经济发展整体水平较低，百姓生活困难。由于这些地区资源较为相近，所以彼此之间经贸联系并不紧密，相互之间走动也更多只是宗教层面或者是婚姻亲

---

[1] 韦健锋：《论印缅关系中的跨境反政府武装问题》，《东南亚南亚研究》2014年第2期。

属的交往。但由于这些地区所处位置的特殊性，特别是对印度国家安全有着特别的意义，所以这些地区边民与邻国交往互动是受到严格管制的，所以中印孟缅走廊建设要充分考虑这些因素。

三 中巴经济走廊建设

中巴经济走廊建设（"1+4方案"）目前已全面推开，具体围绕瓜达尔港建设，喀喇昆仑公路修建，中巴铁路修建论证和喀喇昆仑油气管道铺设等，取得了一定进展。[①] 总体上看，30个早期项目中的20多个已经完工或即将竣工，16个拟重点建设能源项目大多已在施工。在计划兴建的29个产业园区中，瓜达尔自由贸易区已经投入运营，海尔—鲁巴工业园区拟再扩大规模并追加投资。毫无疑问，无论从地缘政治还是经贸联系互动等方面，涉及多元文化的中巴经济走廊建设给长期试图在此站稳脚跟的美国等西方国家带来了很大触动。近些年来，美国在阿富汗投入巨大，不仅提供了巨额的军事和财政援助，也在国际层面通过合纵连横等方式来游说国际力量参与包括阿富汗重建在内的一系列步骤安排，目的是为从根本上改变该地区文化政治生态，进而彻底根除恐怖主义和反美力量。目前，根据美国国务院、国防部等相关文件和提供的公开数据，美国在2012—2013财年提供了总额达8.86亿美元针对该地区经济建设的援助和包括军用设备采购在内的约65.59亿美元安全援助。此外，对于巴基斯坦方面美国还进行了有针对性的反恐军事项目补贴——联盟支持资金（CSF），这些项目补贴的总额高达106.87亿美元。[②] 目前来看，中巴经济走廊建设面临诸多挑战，我们需充分做好中长期规划，充分论证欢迎沙特等外来力量参与建设的可行论证等，以确保我们有效与巴方一道承担各类风险，避免中巴经济走廊建设被妖魔化。[③] 值得强调的是，应避免美国等利用克什米尔问题做文章进行战略干预的情况出现，因为历史上曾发生过多起且带来极坏影响的案例。例如，19世纪发生的英属印度

[①] 陈小萍：《中巴贸易能源通道构想与前景》，《南亚研究季刊》2009年第1期。

[②] Susan B. Epstein and K. Alan Kronstadt, "Pakistan: U. S. Foreign Assistance", *CRS Report for Congress*, Congressional Research Service, July 1, 2013, pp. 25–26.

[③] 谢许潭、梁育民：《在"意识形态"与"公正话语"之间：论美国主流媒体对巴基斯坦的报道》，《南亚研究》2018年第4期。

为制衡俄国扩张而在中亚鼓动伊斯兰力量进行圣战。需要引起注意的是，目前一些西方媒体把中国一些经济行为宣传成中国的殖民扩张甚至是文化侵略，这与他们曾经的霸权文化与零和思维有关。目前，美国时不时打新疆牌和西藏牌，利用东突伊斯兰运动、达赖集团等分裂组织来达到其短期战略收益仍需警惕。[1]

（一）巴基斯坦国内安全局势总体尚好

巴新政府致力于经济社会发展，而中巴经济走廊建设为巴发展提供了新的机遇，有助于巴国经济产业的升级和就业问题的解决。但需要注意的是，巴国内中央政府权力并非高度集中和有效，长期以来巴国内的地方邦之间都有一定程度的自主性，很多事务都是地方邦政府在运作，并且宗教力量影响也非常大。巴政治长期在军队和宗教势力之间摇摆。政治腐败在一定程度上还很严重，这都将极大影响巴政府执政效率。在目前巴地方邦管控并非有效，特别是比如包括克什米尔地区等的政治生态并不如看上去的那样稳定，当地的民众思想还很保守与深受宗教文化的影响，由此在这些地区开展大规模经济开发能否有效可控还需要审慎研判。目前，巴国内各个派系之间在经济发展与中国经贸互动上立场并非一致，对中巴经济走廊建设还有一些不同声音，包括能源配套以及产业园区修建的选址等还存在争议，目前走廊建设依然是巴国内党派政治斗争的重要话题。[2] 此外，包括克什米尔地区传统安全局势存在进一步恶化的可能。特别是印控克什米尔地区当地穆斯林民族的不满情绪持续增加，斯利那加民族分离组织的暴力行动与巴基斯坦塔利班以及阿富汗塔利班等极端组织的活动交织，极易诱发包括巴控克什米尔地区以及巴基斯坦其他地区动荡，而包括来自境外基地组织在内的各种恐怖威胁也将对未来中巴经济走廊建设进程产生重大影响。除此之外，影响中巴经济走廊建设的安全因素还有：

（1）巴基斯坦俾路支省省内安全局势。中巴经济走廊建设西线南段

---

[1] J. Todd Reed and Diana Raschke, "The ETIM, China's Islamic Militants and the Global Terrorist Threat", *Prager*, 2010, pp. 99 – 112.

[2] 唐孟生、关卜：《中巴经济走廊——"一带一路"的旗舰与标杆》，转引自《"一带一路"建设发展报告（2016）》，社会科学文献出版社2016年版，第41页。

安全方面的主要挑战在俾路支省，俾路支省是中巴经济走廊经过距离最长的一个省。[①] 俾路支的社会经济发展落后，部落势力强大以及资源开发引发矛盾是导致该省局势恶化的重要内部因素，而阿富汗局势的变化与外力的卷入是影响俾路支问题发展的重要外部因素。[②] 虽然近来巴基斯坦国内整体安全局势已有所改观，当地安全局势逐渐趋于稳定，巴方相应军警部队和有关安保公司正为中方工程人员提供武装保护，但不能忽视与"东突"势力有着紧密勾连的巴基斯坦塔利班等极端势力带来的安全威胁影响。

（2）巴国内派系利益交错复杂，相互间矛盾较多。巴基斯坦自独立以来政治发展可谓一波三折，不仅伊斯兰主义和世俗势力的斗争贯穿始终，而且周边和平环境难言乐观，这里除了印巴之间的问题，阿富汗局势不稳对巴基斯坦经济社会发展产生了深远影响。[③] 目前总体上看，巴精英阶层大多受过西方教育，与半个世纪以前的知华派、反华派不同，他们很多表面上喊着中巴友好，但实际上不少对中国仍然持有保留立场。他们希望在中巴经济走廊以及中巴贸易方面能够更透明和平衡。他们更认可英美的经济技术标准与产品质量，对中方部分民营企业家的土豪做派和投机行为极其反感。他们指责中巴经济走廊短期并不能给巴方大众百姓生活改善、国家经济发展带来切实利益。巴方工作人员效率较低下，对未来规划不足，缺乏前瞻性。目前中巴经济走廊境外段建设已经启动，但巴方缺乏详细的进度计划，脱节现象严重。巴方领导人更关心的是国内利益分配，包括巴国内各党派之间利益竞争。

（3）南亚地区大国政治博弈加剧可能带来新的不稳定因素。南亚位于"21世纪海上丝绸之路"和"丝绸之路经济带"的接合部，印度作为地区大国，视南亚为其后院和势力范围，中国提出"一带一路"建设及与沿线国家（尤其包括巴基斯坦）的共建实施增加了印度的战略焦虑感。印度方面认为，"一带一路"建设将给印度带来长远的战略忧患。印方的

[①] 刘倩：《中巴经济走廊沿线的恐怖主义安全风险治理》，《国际关系研究》2018年第5期。

[②] 刘向阳：《巴基斯坦俾路支危机：原因与应对》，《理论月刊》2015年第11期。

[③] 王超：《巴基斯坦独立以来政治发展道路的特点及启示》，《哈尔滨学院学报》2018年第10期。

种种疑虑和猜忌导致其对"一带一路"采取了"避而不应"的立场。至于中巴经济走廊建设,在印度看来,更是挑战印度关于克什米尔的领土主权主张。为此印度不乏阻挠中巴经济走廊的意图。其利用当前阿富汗跟巴基斯坦关系不和,挑唆阿富汗、巴塔对中巴经济走廊建设进行干扰。另外出于印巴对抗的需要,对中巴经济走廊途径的西南段地区俾路支独立运动插手,引发加剧地区冲突,会给中巴经济走廊项目工程推进和相关人员安全带来不容低估的安全威胁。2019年2月26日,印度以穆罕默德军搞恐怖袭击,于2月14日在印控克什米尔地区将近40名印度中央储备警察部队炸死为由①,对巴控克什米尔地区的营地进行了轰炸,之后印巴间还展开了空战。给地区局势特别是中巴经济走廊未来发展带来新的不确定因素。

(二)中巴经济走廊建设未来建设侧重方向

巴基斯坦近年来受益于中巴经济走廊相关项目带动,经济发展保持较快速度。目前根据实际来看,中国和巴基斯坦考虑将其570亿美元的中巴经济走廊延伸至阿富汗。中国外长公开表示,希望经济走廊能惠及整个地区,成为推动发展的动力。2017年12月,首次中国与巴基斯坦和阿富汗外长举行了三边会议。阿富汗外交部部长萨拉赫丁·拉巴尼和巴基斯坦外长赫瓦贾·阿西夫在北京同中国时任外长王毅举行了会谈,三方同意共同应对恐怖主义威胁。而从中国边疆安全角度来看,这种恐怖主义与新疆地区的安全息息相关。

(1)围绕中巴经济走廊的延伸段,阿富汗是一个重要方向。② 对中巴阿经济走廊进行规划以及加大投入建设无疑将极大改变阿富汗贫困落后的面貌。阿富汗是中南亚地区国家的一个特殊案例,目前阿富汗经济百废待兴,十多年的反恐战争使得阿富汗国内非常期望能够在经济发展方面有所建树。目前,经济疲弱的阿富汗对中国"一带一路"建设倡议表现出浓厚兴趣。2014年10月,习近平在京会见阿富汗总统加尼时表示,中国欢迎阿富汗在丝绸之路经济带建设方面深度参与,加尼回应表示阿

---

① 《印控克什米尔地区发生自杀式袭击事件至少30人死亡》,2019年2月,新华网(http://www.xinhuanet.com//world/2019-02/15/c_1210059927.htm)。

② 任炳卿、冯怀信:《巴阿关系的囚徒困境及其治理》,《南亚研究》2018年第2期。

方很是乐意就油气、民生和基础设施建设等领域开展合作。① 2015 年 7 月，习主席在俄罗斯会见阿富汗总统时表示赞赏阿富汗在"一带一路"建设方面给予的支持，期待中阿双方围绕具体项目展开可持续合作。②

（2）重视产业园区建设和解决当地就业问题，注重实效。当前中巴经济走廊已经启动能源、交通基础设施、产业合作和瓜达尔港建设等项目，形成了良好的合作布局，是"一带一路"倡议下的六条经济走廊之一，对于促进地区互联互通意义重大。③ 关于中巴经济合作，有学者也期望能够在包括气候等领域有所开展。基于此，笔者认为可通过进一步从地缘的角度认识中巴经济走廊建设意义和具备的优势、劣势和面临的机遇、挑战，并对中巴经济走廊已经开展和即将开展的产业园合作项目进行动态评估与模型推演等方式，将中巴经济走廊建设稳步推进。最后，诚然也应从中巴两国交流与互访、融资、人才储备、环保、维护地区安全和国际合作等角度出发，进一步探索促进中巴经济走廊持续向前发展的推进路径。

（3）中巴经济走廊建设进程中要注重发挥沙特的作用。沙特作为中东地区经济富庶的国家，其大量美元储备与沙特急需外汇这种现状有着重要的利益契合。无疑，沙特加强与巴基斯坦经贸互动对中巴经济走廊建设带来影响，特别是沙特计划在瓜达尔港投资建设的 100 亿美元石化炼油项目，将极大改观瓜达尔贸易结构不丰富格局。2019 年 2 月 18 日，沙特王储穆罕默德·本·萨勒曼结束对巴基斯坦访问，随后双方发表联合声明，沙特将向巴旅游、农业、石油化工等领域投资 200 亿美元以增进双方合作。④ 两国达成协议，由穆罕默德和巴基斯坦总理伊姆兰·汗共同领

---

① 中华人民共和国外交部：《习近平同阿富汗总统加尼举行会谈强调中方重视发展中阿战略合作伙伴关系希望阿富汗实现持久和平稳定发展》，2014 年 10 月，中华人民共和国外交部网站（http://www.fmprc.gov.cn/mfa_chn/gjhdq_603914/gj_603916/yz_603918/1206_603920/xgxw_603926/t1204905.shtml）。

② 中华人民共和国外交部：《习近平会见阿富汗总统加尼》，2015 年 7 月，中华人民共和国外交部网站（http://www.fmprc.gov.cn/mfa_chn/gjhdq_603914/gj_603916/yz_603918/1206_603920/xgxw_603926/t1280314.shtml）。

③ 梁振民：《中巴经济走廊建设：意义、进展与路径研究》，《亚太经济》2018 年第 5 期。

④ 《巴基斯坦与沙特阿拉伯加强投资和贸易合作》，2019 年 2 月，新华网（http://www.xinhuanet.com//2019-02/19/c_1124132293.htm）。

导的协调委员会对这些投资项目进行管理。这有助于巴基斯坦相关产业园区建设和解决大量就业，对中巴经济走廊建设项目向纵深发展无疑将产生极其深远的正面冲击。对中巴沙三方围绕经济合作、项目设计、路线选择等方面展开细化，显然，沙特加入中巴经济走廊，也有助于再平衡巴基斯坦瓜达尔深水港利益格局。

四 中斯巴马海上通道建设

环喜马拉雅区域经济合作重要一环是重点建设好印度洋海上通道，这也是建设 21 世纪海上丝绸之路最重要的核心路段。从国家对外开放与发展的战略大局来讲，中斯巴马海上通道建设是促进中国国内经济转型发展，进一步扩大、优化对外开放格局的重要动力源之一，此外也是深化全球区域化发展，尝试建立国际经济政治新秩序的重大战略部署，在此过程中不仅能提升中华民族文化软实力，也有助于增强中国国际影响力。[1] 从空间布局上来看，中国已经在 21 世纪海上丝绸之路经过的区域国家设立了不少双边项目，其中这些项目主要分布在东南亚和南亚，并且实现了向西亚、非洲和欧洲地区的适当延伸。从合作方式来看，中国企业因地制宜采取了包括援建、参股、土地开发等多种形式的合作，总体上优化了与地方国家关系，也同步扩大了中国地区影响力，为下一步深化双边合作、扩大地区影响奠定了基础。

新时代中国经济社会高质量发展不能回避的一个重要话题就是嵌于全球产业链中的中国企业如何运营以实现一种中国与世界经济间的均衡发展。第一，中国工业品需要有一系列"中国质量"和"中国品牌"的塑造；第二，是要扩大国内消费市场，通过增加消费来拉动经济增长；第三，是要在第三产业方面增加国际市场的服务贸易顺差。而这三个具体路径实际都需要中国与世界之间强有力的贸易通道作为保障。近十年来，中国企业参与了沿线一系列重要港口的建设和经营，例如，巴基斯坦的瓜达尔港、缅甸的皎漂港等。在承接港口建设的同时，中国企业还积极参与对临港区域的开发，如斯里兰卡的汉班托塔港、科伦坡

---

[1] 《"一带一路"建设海上合作将共建三大蓝色经济通道》，2017 年 11 月，新华网（http://www.xinhuanet.com/fortune/2017-11/16/c_1121967814.htm）。

港。主要思路是：以促进海上丝路建设为目标，以加强沿线地区服务能力为重点，以促进政策沟通、贸易畅通、民心相通等在内各项措施为主要推进手段。同时根据有序推进原则，在沿线重要区域培育和建设若干战略支点区域，并以这些支点为支撑来发展形成中国与对方合作的拓展区和辐射带。

（1）以港口开发建设为契机，推动中国与斯里兰卡双边关系发展。斯里兰卡所处印度洋的核心地带，地理位置极其特殊，其连接着当前世界经济上最为活跃的亚太和印度洋地区，是非常重要的战略通道。从国家战略角度看，打造海上关键交会点可以更好地服务于我们对外国际战略，特别是服务于"21世纪海上丝绸之路"倡议的布局。此外，斯里兰卡对当前中国的战略价值不能仅仅局限于经济角度。斯里兰卡对当年中国重返联合国进行的投票支持和长期以来对"一个中国"政策的坚决贯彻都足以说明斯里兰卡可以作为中国国际战略上的重要伙伴来对待。近些年，中国能成为印度洋区域合作组织和南盟的观察员也与斯里兰卡的支持有重要关系。据统计，2009—2015年，斯里兰卡接近70%的基础设施项目主要由中方投资建设。[1] 中国对斯里兰卡的经济社会发展支持显示出了中国的诚意。

斯里兰卡汉班托塔港除了商业价值外，因其所处的独特位置而使其肩负起某种意义上的战略价值。目前中国随着对该港口建设的大量资金投入，该港口有望变成海上丝绸之路的一个重要商业中心。尽管从经济角度上看不乏缺陷，但各国仍很感激在"一带一路"框架中的贷款不涉及其国内事务，这与国际货币基金组织、世界银行和亚洲开发银行的做派不同。但这样的借贷也带来了大量债务。汉班托塔港自2007年以来获得了快速发展，在中国的援助下各项设施得到完善并在2012年开始运营。2017年7月中国企业以11.2亿美元最后获得了汉班托塔港70%的总占股比例。关于该港口具体运营由中方负责，斯里兰卡海军负责港口安全。值得注意的是，根据协议由中国出资的部分资金先期3亿美元支付给斯

---

[1] Debasish Roy Chowdhury, "Let bygones be bygones, Colombo urges Beijing, as Chinese loans take their toll", *South China Morning Post*, 18 October 2015, https：//www.scmp.com/business/global-economy/article/1869177/let-bygones-be-bygones-sri-lanka-urges-china.

里兰卡政府后，有助于帮助该国政府缓解债务压力。但这种做法却被其他一些国家解读为中国利用债务问题做文章以获取战略利益。因为汉班托塔港口离印度最南端仅有500公里，其地理位置的特殊性使得印度、美国等格外关注。而斯里兰卡政府目前更多的是实施平衡外交，尽量不伤害任何国家地利益，避免发生不正当竞争而损害自身利益。[①]

斯里兰卡国内目前存在亲印力量和亲华力量两大派系。其中在2015年的大选中，总统西里塞纳领导的统一人民自由联盟和"前总理"维克勒马辛哈所在的统一国民党联手击败拉贾帕克萨，组成联合政府，使得亲华的拉贾帕克萨一派受到压制，对中国与斯里兰卡关系曾带来负面影响。当时西里塞纳接受了维克勒马辛哈的提议，将统一人民自由联盟并入统一国民党，但实际上两党矛盾重重，在国家经济政策和政府日常管理方面存在严重分歧，比如西里塞纳还和维克勒马辛哈因为是否将港口租给印度而发生争执。2018年10月26日，前总统拉贾帕克萨宣布就职新一任总理，但遭到议会不信任动议。斯里兰卡国内派系立场矛盾对该国整合发展产生了一定负面影响，而2019年4月发生的系列恐怖袭击事件则更让该国高度依赖的旅游业受到重大打击。

印度等媒体多负面报道中斯关系，宣传中国用所谓"债务陷阱"让斯里兰卡汉班托塔港拱手相让，中国与斯里兰卡合作有"军事目的"。[②]斯里兰卡科伦坡港口城高级官员卡萨帕·赛纳拉特纳则多次表示，这些媒体报道对中国的指责是出于政治目的，斯里兰卡应用积极开放的心态，开展与中国的合作，促进国家各领域的发展与进步。赛纳拉特纳表示，基础设施是一个国家发展的核心要素。没有基础设施，任何发展都不可能推进。作为印度洋上的重要支点，斯里兰卡应该抓住并正确利用这一发展机遇。在进行基础设施建设时，贷款、援建或者吸引投资等形式并不重要，重要的是应积极探索如何推进现有优势合作项目，实现各方共赢。

---

① Gulbin Sultana, "Sri Lanka after Rajapaksa: Can It Ignore China?" *Strategic Analysis*, Vol. 40, No. 4, 2016, pp. 250 – 251.

② Maria Abi-Habib, "How China Got Sri Lanka to Cough Up a Port", *The New York Times*, June 25, 2018, https://www.nytimes.com/2018/06/25/world/asia/china-sri-lanka-port.html.

（2）瓜达尔港建设。该港口因毗邻波斯湾，与中巴经济走廊的北线喀什连接而使其战略价值更加凸显。中国在该港口的投入不同于传统的开发援助项目，只是为了获取商业利益这样一个目标。实际上，瓜达尔港建设更多则是从如何有效带动与促进巴基斯坦地区发展，改变贫困状况出发。并且中巴双方欢迎第三方能够加入进来，一起促使该项目的落地与共享该项目带来的机会。巴基斯坦时任总理谢里夫在2017年2月的一次官方表态中，明确表示巴将会在伊斯兰经济合作组织（ECO）会上呼吁该组织成员国积极参与。[①] 2019年2月，沙特庞大代表团在王储穆罕默德·萨勒曼率领下访问巴基斯坦，受到巴总理伊姆兰·汗热情欢迎，双方签署了价值200亿美元的投资协议，用于巴经济发展和深化"一带一路"框架下各领域合作。[②] 目前在中巴经济走廊框架下，诸多项目取得进展：中巴公路二期、拉合尔橙线等启动建设；萨希瓦尔燃煤电站等10多个项目陆续开工，瓜达尔港自由区启动，中资企业有进驻。其中中国东方集团响应国家"走出去"战略在香港挂牌成立联合能源集团，主要从事石油、天然气的开发和运营。巴基斯坦总理谢里夫称："联合能源集团是中国在巴基斯坦投资最大的民营企业，巴基斯坦项目的成功运作已成为巴中经贸合作的典范。"2016年上海电力以17.7亿美元收购了巴基斯坦唯一一家集发电、输电、配电和销售于一体的巴基斯坦电业巨头——卡拉奇电力公司。中巴经济走廊进展快速不同程度上刺激了印度积极参与伊朗的恰巴哈尔港开发建设中。该港口与瓜达尔港临近，是印度用以对抗中国在印度洋不断升级的投资和不断增加的政治经济影响力的平台。瓜达尔港也被外媒解读成为中国在印度洋战略包围印度的"珍珠项链"的一环。中国在印度洋的海上战略表明其在亚洲的实力是无可争辩的。不过，巴基斯坦、尼泊尔和斯里兰卡等国因担心无法支付债务而拒绝中国的一部分融资也制约了中国在印度洋的影响力。

进一步挖掘瓜达尔港口地缘战略价值，深化中巴海上安全合作。瓜

---

① The Nation, PM reviews arrangements for ECO summit, February 14, 2017, http://nation.com.pk/national/14-Feb-2017/pm-reviews-arrangements-for-eco-summit.

② 《沙特王储访巴基斯坦获高度礼遇，签200亿美元大单》，2019年2月，环球网（http://world.huanqiu.com/article/2019-02/14339604.html）。

达尔港这个极具战略性的港口在中国帮助下焕发出了生命,而中巴经济走廊瓜达尔港的开航意味着"一带一路"建设重要战略支点假设的一种突破,同时也意味着巴基斯坦将在中国的帮助下经济发展进入快车道。[①] 中国对西部邻国的经贸合作,总体上看还处在一个进口原材料和初级产品然后销售生活成品这样一个初级阶段。而随着中巴经济走廊建设带来的对该地区经济空间的辐射影响则要远远超出印度洋区域,并且预计环喜马拉雅区域内国家在中国经济带动下出口增长幅度提升将可能达到23%。[②] 目前主要的问题在于瓜达尔港所在的俾路支省安全问题。而活跃于此地的极端组织和分离势力为维持自身运转经费,意图寻求从俾路支省丰富的矿藏开发中分得利益。鉴于瓜达尔港口的特殊重要性,巴基斯坦历届领导人多次表态针对该港口巴方将提供全面安保,以确保相关经贸合作能够在一个安全的环境下进行。针对工人安全,军队会设立一支特别部队,保障贸易路线及港口。对印度来讲,该港口建设极大地刺激了印度,使其自身在战略安排与地区经济布局方面都很被动。该港口与来自中国新疆喀什的战略线路联通意味着巴基斯坦获得了前所未有的战略纵深,并且长期以来,巴基斯坦一直也渴望得到一个远离印度的港口。而对伊朗来说,该港口建设意味着伊朗主要港口将遇到一个强劲的地区竞争对手。对阿联酋而言,瓜达尔港无疑也将分流其相关运输业务。如若非要从地缘战略来考量,瓜达尔港是包括波斯湾通往东亚、欧洲经霍尔木兹海峡等数条海上重要航线的咽喉位置,其中瓜达尔港距离霍尔木兹海峡仅有400公里。此外,中国也可以此港口为跳板进入中亚市场,这能够有效带动中国西部经济的发展。

(3) 加快推动中国与马尔代夫发展友好关系具有重要政治、文化战略意义。马尔代夫与斯里兰卡和印度两个国家隔海相望,分别相距669公里和600公里。马尔代夫的陆地面积仅有298平方公里,岛与岛之间的出行依赖水上飞机和快艇。马尔代夫度假的酒店淡水资源紧缺需要依赖大

[①] 王爽、吕靖:《瓜达尔港通航后的中国进口原油海运路径选择研究》,《中国软科学》2018年第5期。

[②] 陈继勇、李知睿:《"中巴经济走廊"周边国家贸易潜力及其影响因素》,《经济与管理研究》2018年第12期。

量海水淡化来满足酒店的日常用水。马尔代夫还具有适宜潜水的优质海域水体资源。2018年2月1日,马尔代夫最高法院下令将几名身陷囹圄监禁的政治家无罪释放,在此之后,马尔代夫全国陷入动乱。而对于这项决定,马尔代夫时任总统亚明表示反对,政府拒绝执行最高法院的命令,由此引发了马尔代夫首都马累声势浩大的示威游行,一些愤怒的民众与防暴警察之间发生了冲突。迄今为止,这些冲突均集中在首都马累,而且问题并没有根本解决。

马尔代夫对印度至关重要。首先,马尔代夫距离印度大陆差不多500公里,有1200多个岛礁,马尔代夫水域是中国、日本、韩国等东北亚国家,进入波斯湾和苏伊士运河的主要通道,在地缘政治、经济上都有重大意义。印度一直试图控制马尔代夫以确保自己在整个南亚区域合作联盟的领导权。然而,马尔代夫是唯一在南盟成员国中唯一不愿意抵制南盟首脑会晤在巴基斯坦召开的国家。其次,目前有差不多25000名印度人在马尔代夫生活与工作,而印度旅游者对马尔代夫旅游业的贡献率达到6%[1],所以马尔代夫对印度的政治、经济和安全均具有特殊价值。对于印度而言,马尔代夫国内政治社会局势动荡如果无所作为,就意味着印度选边站队到亚明总统一边,这是印度最不愿意做的。如果有所作为,那就意味着印度必须充当政府和反对派之间的协调人或中间人。如果马尔代夫政治形势不稳或出现动荡,印度则不仅会动用外交手段,甚至也有可能动用军事手段干涉,30年前印度就曾这样做过,这一次也不能完全排除这种可能性。其实,印度对马尔代夫的关注并不仅仅是这个国家本身。总统亚明对华就十分友好,印度对此十分不爽。他们更希望亲印派领导人能重新执政,一些马尔代夫政要由此甚至鼓动印度出兵直接监管政权。

马尔代夫中马友谊大桥是2014年习近平主席访马期间双方领导人共同商定的大型工程,是践行"一带一路"建设的重点项目。[2] 近10多年

---

[1] 周戌:《印度会干涉马尔代夫吗?》,2018年3月,中国网(http://opinion.china.com.cn/opinion_4_179504.html)。

[2] 苑基荣:《中马友谊大桥正式通车》,2018年8月,人民网(http://world.people.com.cn/n1/2018/0831/c1002-30264230.html)。

来，中国与马尔代夫在各方面交流合作不断加深。中国游客正在成为马尔代夫国内最重要的消费群体。近年来中国先后在马尔代夫基础设施建设以及淡水应急供给等方面，给予过大力支持。下一步可在环境保护、淡水供应、旅游基础设施建设等方面加强合作，建立长期友好关系。最终，争取在马尔代夫建立综合性、军民融合的海洋补给保障基地。

（4）皎漂港。马六甲线路替代的一个重要优选项。由于皎漂港位于缅甸西北部拱坝么瑞湾，该位置西南方向直接俯瞰印度洋，而从该港口经过缅甸陆路交通后相关货物也可直接运送到中国云南瑞丽一线，其潜在战略价值非常高。目前该港作为一个中型港口可供停靠30万吨级油轮。而关涉缅甸与中国能源命脉的天然气管道线和原油管道线起点则位于该港马德岛。① 而中国与缅甸在孟中印缅经济走廊建设中相关港口项目的合作与斯里兰卡港口基础设施建设和运营形成了重要互补，这种互补甚至被解读成为从地缘政治角度割裂印度。但实际上，皎漂港建设意义在于能够快速将中东以及非洲购买的石油绕开马六甲海峡而直接通过中缅陆路通道到达中国云南。并且由于缅甸政治和法律规定，该港口以商用为主。在相关投资建设方面，中国中信集团将负责具体的项目设计和规划，总投资额预计为75亿美元。在关于具体的原油管道和天然气管道建设，其中缅甸段长约771公里，该段由中缅两方共同出资建设，比例为50.9%和49.1%。关于具体原油输送量设计为每年2200万吨，其中中国境内长度为1230公里左右。② 而随着中缅石油通道的最后打通，中国石油进口路线将更加多元，并且中国在孟加拉湾的影响力也将不断增强。中缅这两个互补经济体在2017年12月签署的旨在推动中缅经济走廊建设的合作协议，还意味着缅甸获得了中国支持，愿意为其与孟加拉国间因罗兴亚人问题冲突进行斡旋。这一点也最令印度猜忌，印度只能眼睁睁看着邻国纷纷在政治和经济上与中国关系日渐紧密。

总体上看，推进互联互通基础上共同利益构建与增进彼此了解，一

---

① 张晓：《缅甸皎漂港（Kyaukpyu Harbour）概况及进港航法》，《航海技术》2013年第4期。

② 《中国在印度洋上布局的五大港口，背后计划正浮出水面》，2018年9月，西陆网（http://www.xilu.com/jsdt/20180918/1000010001059526.html）。

定程度上有助于消除周边国家的顾虑以及国际舆论带来的负面影响。同时我们也要看到，路径的规划尚且不易而现实层面的落地则更难，由此需要做好充分的心理准备。

第三节 香客之路与文化产业发展

中国西藏地区由于自然条件和发展水平制约，经济产业各方面发展比较落后，而鉴于其地理环境的特殊性又决定了其并不适合进行大规模重工业发展。实际上自20世纪50年代开始，西藏地区经济发展就与内地息息相关。西藏的产业结构和市场关系具有较高的内地依赖性，工业化发展长期处在初期阶段，并且多以商贸业、旅游业等服务业为主，而这些行业也是与对外贸易直接相关的产业，是优化西藏贸易结构、扩大特色优势产业贸易的支撑。在今天中国对南亚进一步开放发展的进程中，如何从西藏产业结构和国际市场需求现状出发，进一步发挥西藏的软文化资源优势，促进中国与南亚合作的同时也增进彼此之间的相互依存联系值得研究。

一 香客之路的宗教文化内涵

印度国内有不少印度教信徒，对位于中国西藏阿里地区的冈仁波齐峰被认为是其教义上的神山。世界级别的主要大河如恒河、印度河和雅鲁藏布江等发源地也在此，并且该山也是西藏苯教以及古代耆那教等认定的世界中心。[①]。冈仁波齐在藏文化中有着丰富的语义，藏语为"雪山之宝"或"雪圣"[②]。根据有些文件记载，冈仁波齐峰被传为释迦牟尼的道场，佛教文件里多次提及的须弥山指的就是该山。而在印度教相关文件所记载，冈仁波齐峰为湿婆的殿堂。而根据《罗摩衍那》以及《冈底斯山海志》等巨著记载，人们对该山的崇拜可以追溯到公元前

---

① [苏]谢·亚·托卡列夫：《世界各民族历史上的宗教》，魏庆征译，中国社会科学出版社1985年版，第300页。

② 季羡林：《〈梨俱吠陀〉几首哲学赞歌新解》，《北京大学学报》（哲学社会科学版）1989年第4期。

1000年左右。① 如此神山，加上神话、传说等流传下来的神秘性，极大吸引了来自世界各地的朝圣者。人们不怕风雪酷热，哪怕在朝拜的路途上献出生命也前仆后继，认为一生中只要能过来转一次山，就能使自身的生命得到加持，是一件无上光荣的善功。向冈仁波齐神山进行朝拜，自古以来都是世界上最富有挑战性的朝拜之一。由于该山位于珠穆朗玛峰一侧，到达该地需要途经连绵荒砾甚至积雪陡崖，最重要的是克服氧气稀薄带来的对身体压力，所以高海拔地区很多朝拜者因为克服不了高原反应而将生命献在朝圣路上。特别是在古代，由于没有现代通信技术和救援技术，特别是缺乏比如气象预报这种最关键的信息以及导航技术，不少路上的朝圣者因这些原因也献出了生命。从一些相关记载比如《往世书》来看，朝圣对生命极限的挑战已经上升到了宗教意义上的尊严地位。因此，无论是古代还是今天的朝圣者，一个强健的体魄和坚忍的意志是必要的前提，在每年6—9月这个特别的日子里。历史上，通过乃堆拉山口然后进入印度或者上行进入西藏是古代"茶马古道"贸易线路的一部分，在今天也是印度香客最主要的朝圣线路之一。冈仁波齐的神圣性在今天的意义主要在于展现出人类的一种敬畏之情，也在于目前该峰顶并没有被登山者真正征服。近些年来，出于保护环境的需要，中国政府已经明文禁止任何人违规攀爬冈仁波齐峰。

作为包括佛教等在内众多信徒共同认可的圣山，印度方面的印度教信徒对圣山冈仁波齐以及圣湖玛旁雍错展现出的崇敬之情从来没有停止过，甚至有一些极端的学者故意编纂文字来解读冈仁波齐峰是印度的领土，或明或暗将一种宗教意义上的朝圣行为打上政治烙印。追溯中印的历史可以看到，中印自1962年战争后，历史遗留的边界问题对中印关系发展来讲一直是一个极其敏感的议题。特别是当时印度战争的溃败使得乃堆拉地区的战略地位凸显，中印双方为了和平计而长期保持了一种低调处理方式。乃堆拉山口通道的关闭也是不得已而为之。根据一些来自非政府组织的调研报告，评估分析了冈仁波齐峰对印度教信徒的这种吸引力，认为中印之间可以而且也能够围绕香客经济而共同做一些事情。

---

① 季羡林、刘安武：《印度两大史诗评论汇编》，中国社会科学出版社1984年版，第315页。

一个现实的问题也说明了这种可能的可行性,即虽然中印之间关闭了乃堆拉山口,但朝圣的人们依然通过其他一些危险路段进入阿里进行朝圣,如就有不少印度人通过印度北安恰尔邦的里普列克山口进入西藏境内,途经海拔5800米左右的山口和高原区,来回差不多要花接近40天的时间。可贺的是,2006年在双方政府特别是中国政府的有序推动和配套措施实施下,中印重启了乃堆拉山口边境贸易。这一项重启的意义不仅在于边民可在边境贸易通道之间往来,更重要的是为以后中印经济通道建设打开了一个新的窗口。而今,随着中国经济社会的发展特别是西藏地区基础设施建设的大幅投入,可以为更多的印度人来此朝圣提供便利条件,帮助他们实现朝圣愿望。

西藏旅游文化宣传对当前国家文化建设具有重要意义。一方面要顺应以服务业为主的产业结构,贯通本地服务业与服务贸易发展,改善对外开放合作的基础条件;另一方面要以旅游业为重点,贯通国内旅游的同时大力发展跨境旅游,重点培育壮大旅游服务贸易领域,形成特色,深化环喜马拉雅区域旅游合作及其他服务贸易领域合作。我们要充分认识到今天对相关西藏历史文化宣传对国家文化发展意味着什么,特别是关乎国家历史文化主权以及意识形态安全等特殊价值。纳尔逊·格雷本在其撰写的书稿《旅游人类学》里面强调人类为什么要进行倒换生活,指出了这是人类的一种生活需要这样一个观点[1],而旅游便是一种离开其日常工作和生活、外出体验变化的一种"非同一般"的人类行为。近年来,许多国家都非常重视宗教文化资源的开发。有一种观点认为,如果说"朝圣"更多需要宗教意义方面进行解读,那么旅游也可以从现代精神需求视角进行解读。总体上看,无论是朝圣还是现代意义的旅游,都是人类精神的一种需求和文化体验而已。[2] 并且,朝圣作为一种三段式"通过仪式",展现出的宗教信徒一种苦行精神,是父命归真的一种精神文化内在,信徒是在朝圣途中实现自己身份的一种庄严转换。[3] 关于个案

---

[1] 宗晓莲:《西方旅游人类学两大研究流派浅析》,《思想战线》2001年第6期。
[2] 郑晴云:《朝圣与旅游的文化人类学探析》,《湖南师范大学社会科学学报》2008年第4期。
[3] 陈国典:《试析藏传佛教朝圣者的圣地情结》,《宗教学研究》2006年第1期。

研究的田野记录中，包括"藏族人为什么要朝圣？"有的回答"磕长头朝圣是为了排除罪恶感"，有的回答"转经并没有特定的原因，取决于个人，想转就转，也有的是为了求得佛的保佑"[①]。以尼泊尔为例，尼政府推出相关"宗教文化游"不仅仅是为了激活尼泊尔旅游经济，更是为了帮助这些信徒实现他们的宗教夙愿。尼泊尔国内旅游资源丰富，不仅有雪域高原和险峰，也有著名的蓝毗尼佛教文化遗址等古迹。实际上，去尼泊尔就能深深感受到宗教文化的氛围，尼泊尔有很多印度教寺庙，此外也有不少藏传佛教寺庙在加德满都和博卡拉地区，而加德满都著名的斯瓦扬布拉特佛教寺庙一直是国际旅游爱好者去看的项目之一。

二　香客经济带动域内文化产业发展

可适度进一步扩大香客批次与人数规模，增进香客经济的彼此地缘政治收益，让香客成为中印关系发展的黏合剂。中印两国已于2014年签署《关于构建更加紧密的发展伙伴关系的联合声明》，并且根据该联合声明在我边境地区重新调整了通关的相关规章，随后我们增开经乃堆拉山口的朝圣路线。西藏阿里地区的冈仁波齐峰、玛旁雍错被印度教徒尊称为"神山圣湖"，有喝一瓢玛旁雍错湖的水今生无憾的说法。古代以来，印度香客赴西藏朝圣就有很多记载。中国改革开放后于1981年起允许接受印度官方香客入我边境朝拜神山圣湖。而2014年新朝圣线路的开通为中印两国关系的健康稳定发展奠定坚实的人文基础。据统计，2015—2016年两年内至少有12批500多名印度教徒来到刚仁波切神山进行朝拜。我方亚东边防检查站抽调外语沟通能力强的检查员组成"文明使者"服务队，热情接待前来办理手续的香客，使香客们充分感受到中国人民的友好，而且印方反应非常不错。接下来我们可视情况在批次与人数上进一步放开，并在管理上加强细化，增进香客经济的地缘政治收益。2017年因洞朗事件我方暂停了"香客之路"，2018年经过中国与印度双边的谈判沟通，中国重新开放了朝圣道路。中国西藏乃堆拉山口迎来2018年首批38名印度官方香客，在随后的12天里，他们赴西藏阿里地

[①] 陈国典：《关系意识：一项关于藏传佛教朝圣者的个案研究》，《社会科学研究》2006年第1期。

区冈仁波齐峰和玛旁雍错湖进行朝圣。①

目前关于香客之路最大的问题还是交通难题。在中国一侧，中国基础设施建设投入比较大，有现代化的公路可以给香客提供比较便捷的交通。但印度一侧由于其国力和经济发展实力原因，道路设施比较落后。根据印度政府规划，目前印度国防部已经确定了四个印中边界沿线战略性铁路项目，以支持包括香客旅游线路在内的道路设施建设，但最后定线测量工作仍未完成。印度负责铁路事务的国务部长戈哈因在书面回答国会议员质询时表示，这四条铁路中的三条位于印度东北部，自西向东依次是 378 公里长的米萨马里—滕加—达旺线、498 公里长的比拉斯布尔—默纳利—列城线、227 公里长的帕西卡德—特祖—鲁拜线和 249 公里长的北勒金布尔—巴姆—锡勒巴塔尔线。② 其中比拉斯布尔—默纳利—列城线将连接喜马偕尔邦与查谟和克什米尔邦的拉达克。目前，印度国防部已经向铁道部拨付了用于进行这些铁路最后定线测量工作的资金，铁道部已经开始着手相关工作，但当地复杂的地形和地质条件将影响最后定线测量工作的进度。

本章小结

本章主要聚焦于环喜马拉雅区域经济合作路径推进研究。近来随着中国与周边邻国经贸频度的增强，彼此间经济合作质量也有了极大提高。中印两国作为总共拥有 26 亿多人口的两个大国，消费市场前景可观。随着中印经济发展特别是相关产业布局的逐步完善所展现出来的活力，让世界经济发展有了新的增长空间。世界经济重心东移背景下，无论对中印还是世界来讲都将是一个巨大机遇。考虑到印度对来自中国的地缘战略压力，直接建设中印大通道的条件尚未成熟。但考虑到尼泊尔国家的地理特性以及尼泊尔与中印两边的关系融洽度，中国重点就中尼铁路优

---

① 《中国乃堆拉山口迎来今年首批印度官方香客》，2018 年 6 月，中华网（https：//news.china.com/socialgd/10000169/20180621/32560875.html）。

② 《印将在与中巴等国边界建战略铁路线路》，2016 年 12 月，环球网（http：//www.huanqiu.com/r/MV8wXzk3NTc2OTBfMTI1OV8xNDgwNTYyNDYw）。

先推进不仅可行，也获得尼方支持，其国内采用标准轨距即是有力说明。从经济社会发展来看，中缅孟印走廊所经之处都是欠发达地区，而且正是由于落后而使民族分离分子、宗教极端势力等得以滋生。共同开发与建设好这条走廊，关键在于中缅段的铁路、公路打通，这不仅对当地居民有重大直接经济利益，而且也能从地缘上改变该地区战略竞争不明态势。同时围绕中巴经济走廊的延伸段，阿富汗是一个重要方向。中斯巴马海上通道建设特别是支点港口建设意义巨大。而推进互联互通基础上的利益共建和相互了解，一定程度上有助于消除域内国家的顾虑以及国际舆论带来的负面影响。同时我们也要看到，路径的规划容易但现实层面的落地很难，由此需要做好充分的制度性安排。考虑到西藏地区的特殊性，西藏旅游产业发展一定要放在国家文化长远发展以及国家意识形态安全这样的高度下。可适度进一步扩大香客批次与人数规模，增进香客经济的地缘政治收益。目前关于香客之路最大的问题还是交通难题。在中国一侧，中国基础设施建设投入比较大，有现代化的公路可以给香客提供比较便捷的交通。

第 六 章

新时代环喜马拉雅区域经济合作模式创新与机制完善

环喜马拉雅区域经济合作，结合域内国家发展的经济层级和规模现状，传统的产业合作与各自优势互补进行重点合作互动的同时，也非常有必要从"下一代价值链"视角挖掘一些新的增长点。而关于新价值链合作，以灵活的平台运营或者以产业园区交错共建等模式，或能更有效推动该地区经济的深度合作。此外，在该区域传统经济合作机制的升级与功能提升方面，也可以进行考虑从中国与国际区域合作的经验来借鉴。例如广西通过建立"1+1"和"1+X"合作，发挥出了广西壮族自治区在中国—东盟自由贸易区中的区位优势，使越来越多的合作机制和其他合作平台集聚到广西，并最终使广西的区位优势逐渐转化为产业优势、经济优势，使之成为我们努力构筑国际区域经济合作新高地的出发点和落脚点。实际上，"1+X"合作概念的提出，则是始于广西2009年承办的第五届泛珠大会的创新理念。[1] 受其创新理念启迪，提出环喜马拉雅区域经济的"CH+P+X"合作模式，其中的P即Project缩写，指的是合作的项目或者方案。此外，在当前全球化与地区一体化快速发展的时期，通过合作来促进自身发展日渐成为国际上各行为体共享发展、提升地区影响力的重要途径。而地区合作机制建设也提供了不同国际组织之间配合国家发挥角色作用与展现影响力的重要方向。进入21世纪以来，环喜马拉雅区域经济快速发展，与之相伴的包括南盟、金砖、上合等国际机

---

[1] 成伟光：《国际区域经济合作新高地探索》，社会科学文献出版社2013年版，第81页。

制无疑发挥了重要作用,但同时不容忽视的是,合作机制的不健全及创新滞后也成为环喜马拉雅区域国家迈向发展新高度的短板和瓶颈。

第一节　基于价值链视角的产业项目合作模式

目前来看,环喜马拉雅区域经济合作推进其中的一个重要判断分歧在于能否提升与改善区域内各国之间的政治互信。从现实主义角度来分析,目前在南亚地区的政治互信不足表现在很多方面,比如尼泊尔对来自印度地缘政治压力的担忧,不丹停止签署印孟尼非机动车也是一种说明。此外,缅甸与孟加拉国、印巴之间都存在诸多阻碍区域合作发展的问题。这也就是说,如若环喜马拉雅经济合作模式不能足够灵活,那么在南亚各项合作就很难有实质性的进展。基于此考虑,在环喜马拉雅经济合作中推行"CH+P+X"产业项目模式,可以让中国在适度参与的各项经济合作范围内以灵活的方式开展合作,取得一些实质性的合作成果。

一　保持经济增长须投资"下一代价值链"

印度现在是世界上增长最快的大经济体,这一地位即使不能保持数十年,也可能会保持数年。国际货币基金组织预测2018年印度经济增长率将为7.4%,国际银行做出的预测从7.0%(渣打银行和汇丰银行)到7.5%(野村证券和汇丰银行)不等。而正走向成熟的中国经济不太可能再次达到这样的高增长数字。这里的问题是,在环喜马拉雅区域作为大权重的印度能保持这样的经济增长率吗?即使总体增长率达到7%甚至更高,印度的实际人均国内生产总值增长也将保持在每年6%左右,这是因为该国人口增长迅速,这很快会令它成为世界上人口最多的国家。

目前,很多印度人急于实现更快速的增长,包括执政的印度人民党。2014年,莫迪依靠"好日子将要到来"的承诺上台,在很多方面,他履行了诺言。他的政府在没有引发经济衰退甚或牺牲增长的情况下将通货膨胀率从8%降至3%。这必须算作一项重大成就。莫迪还促成了关键的商品和服务税改革,目的是协调该国很多邦不同的税收制度。莫迪政府在推动出口方面不太成功,虽说印度在这方面面对非常不利的全球形势。自 2008 年全球金融危机以来,国际贸易波动加剧,对包括印度在内的广大发展中国家经济发展产生了不少负面影响。以占国内生产总值的百分比来看,印度的出口在 2008 年危机后很快就赶上了中国。说"被动赶上"也许更准确,因为两者差距的消失在更大程度上是因为中国出口减少,而非印度在外贸方面增加出口所致。目前来看,莫迪当局的"印度制造"计划主要有两个核心目标:一是为了解决就业问题,二是为了实现印度制造产业升级,促使印度变为全球的制造业中心。[1] 根据联合国预测,按照印度目前人口的增长速度,不排除印度在 2020 年成为全球人口第一大国的可能。值得注意的是,印度的整体人口结构呈现高度年轻化态势。其中 25—40 岁人口占比高达 66.2%。目前印度每年差不多有 1200 多万新增劳动力进入市场,而这些人口红利能否被有效利用取决于印度国内就业机会的多寡,也更取决于印度国内教育等配套措施的改革能否有效跟进。

对印度来讲,真正的长期挑战不在于它的出口规模,而在于出口结构。在中国 1979 年开始实行具有历史意义的开放政策之后,中国在经济发展的雁型模式中跟随日本和"亚洲四小龙"。投资从日本、中国台湾、韩国、中国香港和新加坡流入中国大陆。与这些投资同时到来的是商业才智和技术知识。到目前为止,外国在中国的投资主要来自较为富裕的亚洲邻国,并且主要进入了制造业。相比之下,印度周围则更多都是贫穷的国家,而不是更富裕的国家,并且它与南极洲隔印度洋相望,而不是与加利福尼亚隔太平洋相望。因此,印度的外商投资进入了服务业和建筑业的大杂烩。与中国不同的是,印度未被纳入为全球市场生产高科技、高价值消费品的区域价值链。这令它没有生产阶梯可爬。2014 年 9 月,"印度制造"(Make in India) 计划被莫迪当局推出,目标是将印度打造成为全球制造中心。实际上,印度制造的核心要义是旨在推动印度产业经济快速实现高增长的经济计划,覆盖航空军工、制药、电子化工等

---

[1] See Prime Minister's Office, "Prime Minister's Speech at Inauguration of Make in India Week", Press Information Bureau Government of India, 13th February 2016, http://pib.nic.in/newsite/PrintRelease.aspx?relid=136388.

25大产业。① 而要了解印度当前面对的挑战，就需要看它主要出口产业：石化和珠宝。印度进口原油并向南亚地区出口成品油。它还出口其他低利润的一般化学品，尤其是药品。印度第二大出口产业是成品首饰，与石化产品一样，成品首饰是一次性增值，并没有推动实际经济转型的潜力。诚然，我们不能为印度的地理位置怪罪莫迪政府，印度进入世界消费电子产品价值链可能也为时过晚。印度政府可以做的是寻找下一代全球价值链，努力确保印度从一开始就参与其中。而印度经济在2017年被两项深层结构性改革撼动。废止大额货币流通和引入商品服务税这两项改革为中期更强劲和包容性增长奠定基础。② 印度通过废止大额货币流通来降低对现金的依赖和缩小该国黑色经济的比例，黑色经济占GDP的比例已经升至近30%。经过一年多的努力，这两个目标基本上实现。目前，得益于废止大额货币流通，印度银行如今有充足的信息来识别储户，从而能够而且可以追查大储户的合法性。例如，印度直接税中央委员会在银行账户中已经发现3万亿卢比（约470亿美元）原因不明的现金，并依法进行追缴。通过一系列措施，印度的直接和间接收入都增加了，显示守法纳税的情况有大幅改善。

　　增加使用电子支付方式也将极大提高税收效率。电子支付和转账提供简单的审计轨迹，帮助政府对个人和企业征税并跟踪非法交易，比如洗钱、为犯罪和恐怖主义筹措经费、贩毒等。虽然受到网络犯罪的威胁，但电子支付方式提供更大的交易安全性。携带大量现金本身包含巨大风险，而且会引发政府效率低下和腐败。此外，现金交易对穷人的伤害可能超过对富人的伤害，因为防止现金损坏和被盗更难。2017年印度政府关键的结构性改革——推出期待已久的商品服务税——对帮助进一步整合国内市场和减少重叠征税起了积极作用。诚然推行商品服务税并非"一帆风顺"。当前的一个问题是，引入商品服务税会导致交易向非正规经济转移，这将意味着税收减少。

---

① Entrepreneur India, "Make In India Promotes Investment In 25 Focus Sectors", 3rd May 2016, https://www.entrepreneur.com/article/275057.

② "Nikkei India Manufacturing PMITM: Manufacturing sector dips into contraction amid money crisis", *Nikkei & Markit*, 2nd January 2017, https://www.markiteconomics.com/Survey/PressRelease.mvc/66876750e4214599a04573a9b7634d6a.

二 "CH + P + X"产业项目合作模式的内涵

"CH + P + X"产业项目合作是在通过对近年来各类次区域合作以及特定领域合作等不同模式进行借鉴和外延扩展基础上进行创新而提出的一个地区经济治理模式。"CH + P + X"产业项目合作作为环喜马拉雅区域经济合作的重要模式,具体指:CH 表示中国,也可以是中国的企业、地方政府或来自中国的非政府组织等,中间的字母 P 代表着域内可行的并经过论证的合作产业项目(可以是一个项目,也可以是多个项目或系列项目),X 则代表域内其他国家或相关行为体。如果中国和域内某个国家或特定行为体倡议某项经济合作建议时,域内其他国家或行为体认为参与有利,可以自愿选择是否参与进来。如果在实施过程中遇到了新的问题和情况有参与方不想继续参与,随时可以申请中止或直接退出该项目。该合作模式主要是考虑到环喜马拉雅区域特有的历史文化和现状特点,如何在合作进程中增进地区整体收益而不是损耗。

(1)"CH + P + X"产业项目合作(园区)模式的概念界定。虽然国际上包括域内国家对环喜马拉雅区域如何整合发展在认知与路径探求上有很大不同,但考虑到地区的复杂性和时间成本,笔者认为有必要对环喜马拉雅区域经济合作的框架意向作一界定,也即对 CH + P + X 产业项目合作模式下的特定项目合作进行量化处理。此处笔者认为,CH + P + X 产业项目合作模式是指在参与环喜马拉雅区域合作的多个国家范围内,各个参与方根据自身利益与战略目标等综合考虑的基础上,通过协商来一起合作开展相关经济项目。考虑到环喜马拉雅区域政治与经济关系的复杂性,故合作笔者此处更多强调是政府行为,包括各国政府,也可以是地方政府。不同政府之间可以围绕一个产业项目开展合作,也可以三个国家或多个国家一起围绕某个项目开展工作。"CH + P + X"合作模式一般是从较容易开展合作的项目开始,本着先易后难的原则,通过稳健可行的方式来进行推进,预期之一是形成联动效应,而随着项目的成功将会带来经济效应的外溢,有助于不断提高在该地区综合竞争力。例如2018 年,习近平主席与莫迪总理在不同场合会晤,达成了一系列共识,开展"中印 +"机制(包括"中 + P + 印"和"中 + P + 印 + X")合作是其中的重要成果。2018 年 10 月至 11 月,"中印联合培训阿富汗外交官项目"先后在新德里和北京开班,为"中+P+印"合作开了一个好头。①

(2) 合作模式中的层叠性。在"CH+P+X"产业项目合作模式中,"X"代表参与区域合作的单个或多个行为体。需要指出的是,虽然"CH+P+X"起点是两个国家,但该合作模式下的产业合作项目既可以在环喜马拉雅区域经跨多个国家的项目,如修建铁路、油管铺设以及共建边界产业园等,有些项目甚至相互间具有竞争性,比如中国在尼泊尔仓储项目和印度在尼泊尔拟推进的基建项目。此外项目也可以仅仅在一个国家内投建。不同国家的投资方在投建项目时主要基于两个因素考量,一个是对当地经济发展的带动效应如何,如果对当地来讲是落后产能或对环境有高度污染的项目等一般不推动做。目前正值印度莫迪政府大搞印度制造②之时,中印在制造业领域进一步加强合作具有极大可行性。但值得注意的是,自动化以及相关产业的智能化无疑将大规模释放劳动力,机器吃人与解决就业之间的矛盾是考验莫迪当局的"印度制造"。第二个是要考虑到援建的性质,类似大国之间对地区公共品提供的考量。一个项目的短期经济收益要放在后面考虑,属于次要性的。另外关于项目群的合作也是一种思路,只是因为这也是建立在一个个项目基础上,所以这里不再进行累述。

(3) 合作模式的灵活性。目前来看,在"CH+P+X"项目合作中,中印联合+项目或更有可行性和紧迫性。特别是"中印+P"合作模式主要先在环喜马拉雅区域展开,但不局限于该区域,其他有需求有条件的国家和地区也可以推行。2018 年 7 月,习近平主席和莫迪总理在出席南非金砖国家峰会前夕同日抵达卢旺达访问。中国外交部部长谈到中印在非洲合作时表示,中印完全可以以更加灵活的方式寻求合作方案,探索在第三国或地区可行的合作思路,帮助第三国等一起实现共赢互利,而"中印+"或是优化的选择路径。③ 事实上,中国和印度的企业已经在非

---

① 龙兴春:《推动"中印+"机制合作 促进互信与共赢》,《世界知识》2019 年第 1 期。
② 李艳芳:《印度莫迪政府经济发展战略转型的实施、成效与前景》,《南亚研究》2016 年第 2 期。
③ 《相知无远近,万里尚为邻——国务委员兼外交部长王毅谈习近平主席对阿联酋、塞内加尔、卢旺达和南非进行国事访问》,2018 年 7 月,人民网(http://cpc.people.com.cn/n1/2018/0729/c64094-30176039.html)。

洲地区开展了卓有成效的合作，在两国领导人倡导"中印+"的背景下，不仅非洲地区，特别是中印边境接壤所处的环喜马拉雅区域，完全可以成为中印尼三国政府和企业发展合作的重要地区。从地理上看，冈仁波齐峰和玛旁雍错湖作为印度教特别崇拜的神山圣湖位于中国境内，中国佛教徒崇拜仰往的佛祖诞生地是位于尼泊尔的蓝毗尼，而释迦牟尼顿悟之地又位于印度的菩提迦耶，此外印度的鹿野苑为初转法轮处，佛教徒涅槃所在地为拘尸那罗，信徒之间交错的情感寄托为中尼印三方文化走廊建设奠定了坚实的历史文化基础。[①] 中尼印可考虑通过一系列现代文化项目合作来推进彼此间相关文化建设力度，比如可以考虑通过联合拍摄相关影视、进行电台相关信息互通共享等方式来加强互动联系。

三 "CH＋P＋X"产业项目合作模式的特征

在"CH＋P＋X"合作模式下实施的双边或多边合作，与直接的国际性双边或多边经济合作相比，该合作模式特征方面主要具有开放性、可调和性以及目标趋同性三个方面的特点。

首先，整体解构性。意即"CH＋P＋X"产业项目合作模式是指有意于与中国一方在环喜马拉雅区域开展深度合作的一方或多方就围绕经济社会发展等层面参与合作的大框架之下，再根据具体合作取向选取小范围参与方。该"CH＋P＋X"模式的产生和实践，植根于中国的对外开放新战略的经验提升，即决策或行动的发起点从中国一边转移到双边或多边共识，形式上是一个国家引导的双边合作项目进一步推进到局部区域的开放建设过程。这不同程度上也反映出环喜马拉雅区域内各自具体利益和经济竞争关系的复杂性。特别是在一些敏感项目比如跨境修路的具体路线这种情况，可能各方会有很大分歧，导致无法施工，而项目合作方式则有助于相关国家就低层次合作开始先运转起来，之后再着手推进整体性的项目或者敏感度高的项目。这种合作模式的好处在于可以减少开展整体合作的阻力，进而一步步形成正面激励效应。例如印度，接近70%的劳动人口仅仅受过小学教育，而且由于大量人口为农民，而印度

---

① 《中国学者呼吁建立中尼印三国经济文化走廊》，2017年6月，新华网（http://www.xinhuanet.com//2017-06/02/c_1121076986.htm）。

的农业大多处于靠天吃饭这种情况，所以当有旱涝灾害发生时就会不时有农民因债务和粮食欠收而自杀，这种情况下，就需要联邦政府层面来统一采取措施来配制劳动力。[1]

其次，方式调和性。主要表现在参与方的数量多寡和项目难易选择上，"X"数值可变化实际也表明了该模式与国际机制固定化成员这种约束体制形成对照。环喜马拉雅区域这些国家和地方政府之间经济合作不能绕开文化相亲以及历史经历相通等传承因素。这种比较松散和协商的动态过程，照顾到成员国自身利益的同时也有助于促进环喜马拉雅区域经济合作向纵深发展。在"CH+P+X"合作模式下，发起方可以组织双边合作，也可以组织进行三边及三边以上的多边合作。例如，环喜马拉雅区域国家之间如何通过合作来解决因技术进步而带来的就业岗位流失问题，通过跨国灵活项目合作或能带来新的选择机会。联合国贸发会议（UNCTAD）发布报告称，全面自动化有可能会消灭发展中国家2/3岗位。[2] 鉴于就业稳定性对域内国家经济社会发展的重要性，域内国家通过跨国经济合作创造一些就业机会也是可行的。

最后，目标趋同性。任何项目的开展都具有一定的目标属性。在这里所有关于以"CH+P+X"模式开展的合作项目，其主要目的是为促进整个区域或次区域经济发展为目标。"CH+P+X"产业合作项目的"X"一方对不参与的合作项目或认为有损其国家利益的项目可以以反对方的身份参与进来，以保证该项目确实是为了地区福祉而不是某国为寻求地区私利的短视行为。例如当时辛格政府《制造业国家战略》透露，经济活动中的就业岗位跟制造业规模化水平有密切关联。印度政府只有在制造业方面实现一定程度的扩张，才能有效解决农村人口就业问题。

实际上，"CH+P+X"产业项目合作可以被视为一种非常灵活又可

---

[1] The Economist, "India's Economy: More than A Lick of Paint Needed", 19th February 2015, http://www.economist.com/news/asia/21644223-budget-next-week-must-be-bold-enough-turn-cyclical-recovery-sustained-boom-more.

[2] The world Bank, "Speech by World Bank President Jim Yong Kim: The World Bank Group's Mission: To End Extreme Poverty", 3rd October 2016, http://www.worldbank.org/en/news/speech/2016/10/03/speech-by-world-bank-president-jim-yong-kim-the-world-bank-groups-mission-to-end-extreme-poverty.

行的东方文化背景下的合作模式。这种模式有助于环喜马拉雅区域经济合作的开展。

第二节 产业园区项目合作开展基础上的共情环境构建

20世纪早期是亚洲历史的关键时期,在此期间一种亚洲意识或者"亚洲主义"得以崛起,它由与泛亚主义相联系的思想传播所推动,这种泛亚洲主义强调亚洲的团结与一致性。[①] 亚洲可以被界定为一个同质空间下共同拥有清晰特点的地域。但如若从社会文化角度来看,环喜马拉雅地区是比较封闭的地区,这些地区深受印度种姓文化影响。不同种姓职业划分是固定的,人们很难共同做一件事情。环喜马拉雅区域经济合作需要丰富的劳动力,而种姓制度的影响则会导致劳动力资源不能顺畅流动,这是一个难以解决的矛盾。此外,该地区民族分布复杂,语言种类繁多,宗教信仰各异。印度部落民是印度少数民族中的少数民族,在世俗生活和宗教文化方面有自己的独特传承,被印度官方定性为"表列民族"。目前根据统计,印度东北各邦在内的少数民族多达200个,而近来围绕土地和水源等相互之间争夺引发多起地区暴力事件也是不胜枚举。特别是部落民和穆斯林移民在土地、就业和政治权利方面展开竞争,甚至各自组建社会团体和武装组织,导致双方矛盾深化。因民族宗教矛盾而起的冲突不仅给该人民生命和财产造成巨大损失,也会影响到环喜马拉雅区域经济合作的深度。由此,就非常有必要从社会文化角度来考虑一些政策性安排,避免不必要的摩擦发生。

一 尊重彼此文化的传承

要夯实这一基础,必须借助于对外传播手段。对外传播是一国将其政治主张、意图、观点、事实晓之于境外公众的过程,实事求是地把该国情况报道出去,以消除外国公众误解或不解。目的在于说服受传者,

---

[①] 沈丹森、孙英刚:《中印关系研究的视野与前景》,复旦大学出版社2016年版,第242页。

增进他们对该国行为的理解、认同和支持,从而形成国家间有利的国际舆论环境。

(1)经济伦理取向。域内文化氛围中,一方面是伊斯兰教义传承下的清律与虔诚和保守,另一方面更多则是印度教导向的"业报轮回"、"梵我同一"的救赎伦理,而"种姓制"伦理是环喜马拉雅区域的主导经济伦理取向之一。1848年,英国经济学家约·穆勒在《政治经济学原理》中指出。如果经济增长的成果不能被更多人分享,就违背了追求"最大多数人的最大幸福"道德原则,因而这种增长是毫无意义的,同时也是反伦理的。与一些国家国民生产总值连年高速增长,但绝大多数人民的生活状况仍未改善的状况不同的是,域内居民对效率的认知程度较低,民众满足于基本温饱而愿意将主要的精力投身于宗教事务。在经济效率和平等问题上,由于该区域以山麓岭丘居多,可耕地较少,即使存在着轻微的待遇不公正,被雇佣者也觉得难以忍受。这种对于剥削耐受力的承压程度,决定了效率能走多远。尽管效率与平等既有斗争性也有一致性,但在低水平上效率始终被平等所制衡,自然导致其经济增长处于时断时续的状态。对于域内居民来说,文化才是他们的生活,而经济只不过是多彩生活中很小的一部分。

(2)宗教传统与财富观。环喜马拉雅区域居民对宗教别有情结,长期以来生活中宗教氛围浓厚,其中印、巴、孟等国之间围绕宗教问题甚至引发多次暴力事件乃至战争。泰勒认为,在当前不同地区的民族中,仍有不少古代文化的遗存,比如巫术、迷信等,而这些遗存也恰恰说明现代社会发展是一个渐进的过程,民族之间并没有优劣高低之分,只有不同发展阶段的差异。[①] 在环喜马拉雅区域文化环境中,有一个"外来者归因"在起作用,自发地将本国经济落后归结为其他国家的不公正对待。在这个基础上,将很大的希望寄托在国外援助和去国外务工方面。此外,无论在印度,还是在尼泊尔,都大量存在着乞讨者。乞讨者大量存在说明对不劳而获的宽容程度很高。在域内的文化传统中,财神总是一方面保护财富,一方面播撒金钱。因此大量储存财产是不对的,要及时向其

---

① 泰勒:《人类学——人及其文化研究》,连树声译,上海文艺出版社1993年版,第3—7页。

他人施舍财富。在域内特别是山区一些人的观念中，幸福并非拥有金钱，而是有一个较好的来世，因此域内居民更多在追求财富方面是以不违背修行为前提的。这种思维固然有利于国家遏制极端的不平等和剥削，却导致了民众追求现世财富的动力严重不足，从而投资的动力也严重匮乏。而在印度广大农村，对梵我合一的追崇也极大影响了居民日常生活。[1]

（3）职业态度。环喜马拉雅区域文化传承下，特别是印度教的影响使得诸多当地民众遵循固守职业的伦理观。这一点与新教伦理中的"天职"观念是不同的：印度教的职业伦理缺乏一种使人的心思由内转向外的东西。例如新教伦理会认为从事职业获得的成就是上帝的恩赐，但印度教则认为职业成果是与生俱来的安排。对于一个信仰印度教的普通职业者来说，职业要一代一代地世袭下去，如果从事高于或低于自己种姓的职业，则是有罪的。显然这种职业伦理，不利于各种职业按才能和愿望或者按照资本需求来流动，即不利于生产力的发展和经济活力的释放。关于生活态度与工作态度方面，从经验角度讲，与印度人进行相关工作协议达成容易但普遍会遇到履约难这种情况，实际这与印度文化有关，印度人的当场点头和默认并非基于责任意识，而更多的是一种热情的表达。此外，再如域内的军人，一方面严守军纪，遵守法度，一方面又崇尚个人的闲散和自由。具体来讲，廓尔喀士兵虽英勇善战，但是在形成合力方面则较为欠缺。这一点在企业方面体现的也较为明显，南亚人善良、勤劳和质朴，但学习的劲头远远不足，对事物的钻研精神也较为欠缺。在工作方面，遵守纪律，但缺少创新精神。在生活态度方面，追求文化的满足感与幸福感，把工作放在精神生活之后来考虑。

二 脱贫援助与文遗保护

环喜马拉雅区域是环印度洋地区贫困率比较高的地区之一，巴基斯坦、孟加拉国等也是世界贫困率最高的国家之一。这些国家不仅环境卫生条件恶劣，环境保护的不足也不利于当地经济的可持续发展。此外，域内国家的教育水平也不容高估，有大量人口出生但与之配套的教育并

---

[1] S. Radhakrishnan and C. A. Moore, " A Source Book in Indian Philosophy", *Bombay*: *Oxford University Press*, 1957, p. 24.

没有跟上。值得特别强调的是，南亚地区有大量的年轻人，但就业机会不是很多，失业问题也一直困扰着这些国家。以上这些原因，导致南亚贫困率远远高于世界平均水平，孟加拉国贫困率为43.3%，印度贫困率为23.6%、巴基斯坦贫困率为12.7%。① 近几年来，南亚国家也在集中精力发展经济，向贫困宣战，并通过努力取得了一定成就。其中在1990年南亚地区日均生活水平小于1.25美元的人口占总人口比例为54%，但到2011年已经明显下降到24.5%。目前来看，南亚地区反贫困斗争与南亚未来的经济发展潜力是密切相关的。南亚地区基础设施建设不足，贫富差距大，卫生条件的改善也需期待经济合作来刺激发展。实际上，恰恰是南亚的这种现实需求为环喜马拉雅区域经济合作提供了动力之源。

环喜马拉雅区域发展经济和反贫困实际密切相连。例如2015年3月，印度莫迪当局搞新征地法案，试图通过一系列合规式操作来解决工业项目征用土地必须经过80%土地拥有者同意这个制约②，但进展不理想。而我们在推进环喜马拉雅区域经济合作进程中就要尽量避免这些不必要的障碍因素，提高合作的效率，比如以医疗援助为例，我们可以出资培训域内国家医疗人才，让他们来中国学习，学成后再返回当地在医疗系统中服务，或者以直接包工作的方式让他们回国加入中国在当地的工作服务队。而在教育领域的援助，以中国为例可以重点开展类似孔子学院这样的机构办学，让更多当地人了解中国，增进对中国的了解。实际上，无论是在卫生方面加强合作还是在特定地区扶贫，从国家角色影响效应来看，这系列做法某种程度上讲也是民心工程。巴基斯坦总理伊姆兰·汗在其就职百天重要事项安排中重点就民生条件改善阐述了看法。他表示巴基斯坦政府将向中国进一步学习，认为中国取得的发展成就让人感叹和钦佩，特别是巴方要虚心学习中方在脱贫、反腐方面的经验。③

---

① "World Development Indicators 2015", The World Bank, http://data.worldbank.org/sites/default/files/wdi-2015-ch4.pdf.

② Ministry of Law and Justice, "The Right to Fair Compensation And Transparency in Land Acquisition, Rehabilitation and Resettlement Act 2013", 26th September 2013, http://indiacode.nic.in/acts-in-pdf/302013.pdf.

③ Prime Minister's Office, Government of Pakistan (2018), "Prime Minister's 100 Days Agenda: Progress Tracker", Available at: http://pm100days.pmo.gov.pk/.

域内国家间应加强少数民族文化的交流和展演。域内国家间目前在文化交流方面渠道和形式比较单一，主要局限于为数较少的影视作品和节庆艺术展演上，而且在展示内容和题材上主要局限于双边主流文化，比如在中印两国间少数民族文化的交流与展演方面，尚需要着力推进。特别是加强滇藏缅印交角地区的合作与交流，可考虑在跨境民族文化非遗项目、区域性廊道性遗产项目等方面展开充分合作，共同申遗保护传统文化遗产；此外，也可以利用新兴媒体，将滇藏缅印交角区民族的历史、文化、民俗等情况向大众传播；以中印两国军民在"二战"期间联合抗击日本侵略者、共同修筑中印公路、共同开展驼峰航线交通运输、中印民众在1942年至1945年一起开展滇藏印陆上国际货物转运等重大历史题材为蓝本，拍一些纪录片和影视剧等来增进共识。

三 重视感情纽带的打造

针对美方包括一些印度鹰派等担忧的中国"扩张主义"逻辑与现实层面"反华联盟"的再次动议，其中也有一些国家所疑虑的"中国威胁论"等，我方在环喜马拉雅区域经济合作过程中要注重强化感情纽带方式来进行预防式应对这种可能的"负面舆情"。通过硬中带柔、以柔辅硬的软实力发挥作用，跳出环喜马拉雅区域经济合作国家间修昔底德陷阱这样的困境。

（1）培养近邻感情，聚拢不同国家民心并给予"尊重回报"。20世纪90年代后，美欧等西方国家经常利用人权问题肆意干涉他国内政。在国际上扮演所谓道德仲裁者的角色。这有悖于《联合国宪章》精神，实际上在今天这个社会，不容忽视的是国际人权保障的主体仍是主权国家，而人权保障本质上也是属于国家内部的事务，所以联合国也不能越俎代庖。[①] 值得注意的是，就当前权力格局来讲，我们当下强化感情纽带建设重在不是如美国等西方国家所怀疑的中国是为获取安全和拓展地缘政治利益等领域的象征主权等权力，也不是为重建国际新秩序，而实际我们更多是从社会性人心层面获取一种支持的状态，将我们的"亲

[①] 刘杰：《秩序重构——经济全球化时代的国际机制》，上海社会科学院出版社1999年版，第174—175页。

诚惠容"外交理念落到实处。我们立足获取的是在更多情况下来维持群体凝聚力的一种心理——社会承诺能力。如在某些情况下，能够动员近邻国家为了群体利益做出伟大牺牲。而从实践层面讲，要培养近邻"忠诚"与给予"尊重回报"，在当下我们国家交往与关系建构中需着力推进，特别在域内国家如尼泊尔、孟加拉国乃至巴基斯坦等关系互动发展层面，让这些亲华国家收获的不仅仅是经济利益，更有政治层面的尊荣。

（2）注重在域内近邻人文领域精耕细作，有序培育当地政治新秀及望族在"情感定向"进程中起纽带作用。在当前世界经济发展不均衡性持续加剧的背景下，中国在稳定世界经济增长预期以及通过进一步开放市场来引领与释放经济需求和增长潜能方面发挥着日渐重要的作用。值得重视的是，当今的社会国家间经济联系的紧密使得彼此间相互依存关系进一步提升，而中国与周边亚洲邻国之间已经达到了一种你中有我，我中有你，经济发展谁也离不开谁的层级。现代科技的运用特别是信息技术使得互动频度得到了极大改观，而随着中国在地区公共品供给能力增强以及地区影响力提升，一个"崭新的亚洲体系"在不久的将来或将浮出水面。[①] 而"情感定向"是指行为体习惯性地将情感价值附加在其他行为体、理念、符号与事件之上的行为组织逻辑。以中印关系演变发展为例，可观察出"情感定向"的特殊作用。而从可行性角度讲，我们在边疆治理格局构建乃至亚太层面谋划一种积极意义的"情感定向"，不局限于通过经济贸易来增进跨国友谊，而是积极做好"孔子学院"工作、"推广汉语"、"普及中国文化"，为中国塑造一个正面积极的光辉形象。[②] 同时，与"一带一路"建设相伴，坚持具体项目合作和注重人文领域的交流，共同推进，特别要在人文领域进行精耕细作，并且尊重各国人民的文化历史以及风俗习惯，加强同这些国家人民的友好往来。而目前特别在南亚国家如尼泊尔、斯里兰卡等外交政治走向上在很大程度受到

[①] David Shambaugh, "China's New Engagement with Asia", *Asia Wallstreet Journal*, March 2, 2004.

[②] 于小植：《载乾坤之德，燃日月之明——论面向全球孔子学院的中国文化教材开发》，《中国文化研究》2018 年第 4 期。

印度的影响，而我们重点培育他们这些国家的大家族子女对华的一种友好情怀，进而顺其自然开展不同层面的友情外交，这是我们当代中国外交一个富有艰巨任务的老命题，也是统战系统面向海外新时期的重要任务。

第三节　新时代环喜马拉雅区域经济合作机制建言

国际机制分析方法是目前国际政治经济学一种非常盛行的方法。该方法主要来源于自由主义理论，但它已经被融入包括新现实主义等其他理论体系之中。从国际机制的特征来看，国际机制具有明显的主观特征，也就是说国际机制并不是客观的。其次相关行为体在确定一种机制时，要考虑的不仅是一个主要的本质性规则，也要考虑这些规则相适应的更广泛规则。这里也必须搞清楚的是，当前这个社会，国家行为体仍然是诸多国际机制的主要参与者。此外在全球化进程中，很多国际规则随着跨国公司的快速发展而被诸多国家所认可，传统意义上的主权概念也有了新的含义。而作为一个理性国家，如何在让渡自身一些权力和获取该得的经济利益方面则因各国文化传承以及时空环境等影响因子的不同而不可同一语论，历史机遇也是稍纵即逝。[①] 中国改革开放的成功也充分说明了一个国家参与国际机制制定与协调的重要性，不参与则会被历史进程所淘汰，闭关锁国和盲目排外不是成就大国崛起之路的合理选择。环喜马拉雅区域经济合作的开展，相关域内国家也应多怀有开放的态度立场，通过合作来改变落后面貌，通过有效发挥国际合作机制的功能来更好促进地区经济的均衡发展。

一　现有主要经济合作机制的改进和功能提升

（一）上海合作组织区域经济合作机制功能有效发挥

当前上合组织发展到了一个新阶段，其影响力已经远远超出成员国

---

① Alan Hudson, "Offshoreness Globalization and Sovereignty: A Postmodern Geo-Political Economy?" *Transactions of the Institute of British Geographers*, Vol. 3, 2000, pp. 269–283.

地域范围。① 特别是印度和巴基斯坦成为正式成员国后，上合地区辐射力将拓展到环喜马拉雅区域。值得强调的是，不仅是因为上合组织与阿富汗长期存在的一种协调关系，而且是上合长期以来所遵循的"上海精神"和打击"三股势力"与有序推进经济合作所带来的这种理念将极大建构环喜马拉雅区域经济合作预期，在有效尊重各国关切的基础上为经济合作创造温和的地区安全环境。如2019年2月下旬，印巴之间因克什米尔恐怖事件引发空战后，俄罗斯外长与中国外长紧急对该事态进行跟进，呼吁双方保持克制，在避免紧张局势升级方面发挥了积极作用。而从这些年的实践来看，上合组织已经建立各类区域经济合作机制，比如官方合作的会议机制包括国家元首会议、政府首脑（总理）会议、外交部部长会晤机制等。在投融资方面的机制有成员国银行间联合体。此外上合框架下还有成员国实业家委员会，该委员会负责实业界的联系和交流。关于上合论坛机制的设立，其目的在研究上合区域经济合作的重要问题，是该组织下多边社会咨议性机制和学术机制。而关于贸易合作机制等专业领域的机制方面，早在2002、2003年先后建立了经贸部长会议机制和经贸高官会议机制，促进贸易便利化。关于投资合作机制方面，如《政府间鼓励和相互保护投资协定》的制定，从地区整体利益高度组织制定成员各方投资环境报告等。此外还有交通合作机制，启动了交通部长级别会议机制，推进成员国间国际道路运输便利化。关于文化合作机制方面，早在2002年上海合作组织就启动了文化部长会晤机制，拟定了具体《文化节章程》。关于能源合作机制方面，2007年提出了建立能源俱乐部。此外，成员国也在上合框架下进行贸易、投资等各方面交流合作，上海合作组织投资论坛，以及上海合作组织工商论坛等经贸活动。目前随着印度、巴基斯坦经济与俄、中、哈萨克等国经济的进一步密切，上合经济影响力透过印度、巴基斯坦等有效辐射到环喜马拉雅区域，对印度洋地区经济发展与社会稳定正起着越来越重要的作用。

（二）金砖国家经济合作机制进一步完善，细化可操作性方案

鉴于印度、俄罗斯、中国是金砖国家中主要成员，三国间协调政策

---

① 许涛：《青岛峰会后的上海合作组织：新职能、新使命与新挑战》，《俄罗斯学刊》2018年第6期。

立场不仅代表着广大发展中国家立场，也对三方有着重大地缘利益的环喜马拉雅区域经济社会发展起到直接作用。追溯历史可以看到，2009年，中、俄、印等一起发表了《叶卡捷琳堡联合声明》[1]，这标志着金砖层面相关经济合作组织框架正式开始建立。而中国和印度作为该组织重要的成员，相互间经贸合作的推进一定程度上也会促使该组织向着更加完善成熟的方向发展，而反过来该组织发展又会促进中印之间双边包括经贸在内的合作关系发展。目前来看，该经济合作组织通过前瞻性防范与研判国际经济发展态势而做出有利于发展中国家的应对措施，以联合应对国际金融危机的冲击。目前，金砖国家已经建成多个相辅相成的经济合作机制如定期会晤机制，经济金融合作机制等。2010年为加强金砖国家银行间合作，由中国国家开发银行倡导并最终建立了金砖国家银行合作机制。并且在2013年金砖国家领导人峰会上，正式建立金砖国家开发银行开展相关融资服务。民间方面为推进成员国经济合作方面的建言，企业论坛、智库论坛等民间经济合作机制也正在发挥出越来越重要作用。

（三）南盟框架下经济合作机制功能拓展

南盟组织经过多年发展已经成为南亚地区一个颇具影响力的组织。[2] 南盟框架下诸多议事机制为环喜马拉雅区域经济发展争论献策，提出各类批判性意见等有助于促进域内经济社会发展。[3] 如南盟首脑会议中心议题之一是认为有必要制定一个清晰切实的战略落实相关政策、方案和项目。关于南亚自由贸易区的运作，可追溯到2006年的南盟首脑会议，目的是希望通过努力最终让成员国过渡到关税同盟，实行共同的货币。目前多以项目为基础进行合作，首先表现在扶贫工作方面，首脑会议决定，为足以证明南盟在扶贫问题上的努力和成绩，要求在每个成员国内必须划定一个村用来作为南盟示范村。其次在旅游方面，南亚有广泛资源。目前，总体上看南盟仍存在诸多问题，如经济发展不平

---

[1] 《"金砖四国"领导人会晤在叶卡捷琳堡举行——胡锦涛出席并发表重要讲话》，2009年6月，人民网（http://politics.people.com.cn/GB/1024/9487470.html）。

[2] 陈翔：《南亚区域合作联盟的发展现状及前景》，《国际研究参考》2015年第6期。

[3] 龙兴春、兰江：《南亚区域合作中的功能主义实践及其局限》，《南亚研究季刊》2009年第1期。

衡、印巴冲突、各国互信度不高等，都阻碍了其内部的合作与发展。中国与南盟的合作，较之与东盟、欧盟等程度较低。目前中国正在实施"一带一路"战略，为南盟加强与中方的交流及合作、促进双方共同发展提供了契机。[①] 此外，南亚地区的非传统安全问题一直是困扰该地区的一个棘手问题。"9·11"事件发生后，该地区的恐怖活动也更趋频繁。这些恐怖组织有着非常强的战斗力，跨区域流动频繁，由此进行地区反恐合作也是南盟安全合作的重要组成部分。南盟在非传统安全领域合作的逐步开展将会极大提升南盟政治地位和发言权，也将有助于南亚地区稳定。

（四）省邦合作机制进一步推动和效用提升

关于南亚国家间邦邦合作机制，限于篇幅以及无中方参与等原因，从其现实价值意义考量，不在此处做进一步梳理。此处笔者重点围绕云南与缅甸北方邦合作做一分析，而西藏与印度比哈尔邦、锡金邦合作等也不做深入分析。云南省与缅甸毗邻，自孟中印缅走廊提出以来，云南积极投入到这一走廊建设过程中。而追溯历史可以看到，孟中印缅规划最早是在 1999 年在印度召开的"中印地区发展国际研讨会"上所提出的一个构想。同一年在昆明，四国代表又共同签署了《昆明倡议》，意图在通过努力，促进最大可能的经济合作。孟中印缅经济走廊自 2013 年提出以来，并没有一系列可见的标志性建设成果出来，这一方面与印度的态度立场密切相关，另一方面也与中国具体方案中分几步走认知迟疑有关。[②] 目前，可重点考虑中缅段的优先规划设计方案，可重点先打造云南昆明途经缅甸北方四省至皎漂港段的国内段建设。此外，作为省邦合作的又一案例，如 2003 年云南省与印度西孟加拉邦合作论坛（K2K 合作）机制对地区合作的示范效应也不容小觑，该会意在增进了解、互通信息，以及促进彼此间的文化交流与合作等。

（五）理性看待孟加拉湾七国峰会组织

印度、斯里兰卡、尼泊尔、缅甸、不丹、孟加拉国、泰国七国于 2018 年 8 月 30 日起在尼泊尔首都加德满都召开为期 2 天的环孟加拉湾

---

① 解世红：《浅析南盟的作用及与中国的合作关系》，《和平与发展》2015 年第 3 期。
② 罗圣荣、聂姣：《印度视角下的孟中印缅经济走廊建设》，《南亚研究》2018 年第 3 期。

峰会。① 印度被认为意在通过此次峰会加强与区域内各国联系，并含有牵制中国的意图。本次峰会由印度牵头，由于中国正在推进"一带一路"建设，开始加大对各国经济援助力度并加强海洋活动，印度对此高度重视。本次采纳的共同宣言正是针对中国的这一动向，旨在展示南亚及东南亚国家进一步深化合作的姿态。关于该峰会组织有里程碑意义的一次会议是于2004年召开的。当时由泰国、孟加拉国、不丹、印度、缅甸、尼泊尔和斯里兰卡组成的南亚东南亚七个国家为实现该地区经贸自由化而选择在曼谷举行领导人峰会，并通过了《峰会宣言》。各国领导人在会上评估了当时该地区经济合作的机遇与挑战，同意在贸易与投资、交通与通讯、旅游、能源、人力资源开发、农业等领域进一步加强合作，并期望在跨国环境治理、公共卫生建设以及灾害防控等方面探索一些可行的合作路径。2004年会议通过的《峰会宣言》表示，各成员国将采取一切可能的措施包括适时完成自由贸易区谈判，以开发本区域贸易和投资的潜能。宣言强调，各成员国认识到恐怖活动和跨境犯罪给社会发展带来的负面影响，决定通过加强情报交流、积极参与国际合作等途径应对这一威胁。峰会最后将名字更改为"孟加拉湾多层次经济技术合作机制"。再往前追溯，该经济合作框架缘起于孟加拉湾地区的国家间经贸合作，期望通过一系列地区制度性安排以建立一个有16亿人口的经济圈。目前主要合作领域涉及交通通信、能源、技术合作、渔业等。② 有分析称，2018年峰会主要聚焦如何提高区域内运输效率，并对公路和港湾等基础设施进行整备、在安全及灾害的防御等广泛领域展开合作等。实际上，主导此次峰会的印度提出了继续推进其新战略"东向行动"，以期与东南亚国家深化政治与经济合作。印度已在泰国和缅甸对公路建设和开发港湾等提供援助。就深化基建与能源领域的合作等事宜采纳了一份共同宣言。该七国选择在基础设施等经济领域展开合作，为的是逐步脱离发达国家和地区带来的经济牵制，从而实现自身的经济

---

① 《第四届"环孟加拉湾多领域经济技术合作倡议"峰会开幕》，2018年8月，新华网（http://www.xinhuanet.com/world/2018-08/30/c_1123356424.htm）。

② 《首届南亚东南亚7国经济合作组织领导人会议举行》，2004年7月，人民网（http://www.people.com.cn/GB/guoji/1029/2678612.html）。

发展。① 宣言称七国将携手推进公路和铁路等基础设施建设，为确保域内顺畅的交通运输创造环境。宣言还表示七国会尽早缔结自由贸易协定（FTA）。

（六）关注孟不印尼四国车辆运输联通协议（MVA）

2017年5月，不丹表示拒绝加入孟不印尼四国车辆运输联通协议，这对不印关系产生了一定的影响。孟不印尼四国车辆运输联通协议是由印度发起并试图以双边及多边合作促进次区域互联互通，进一步推进区域经济一体化进程，体现其主导经济一体化、编织地区友好关系网络的战略目标。自从2015年6月，四国交通部长在不丹首都签署该协议以来，人口稀少的不丹反对党及民众多个场合公开批评该协议严重威胁国家安全、自然环境、幸福指数，卡车、公交及出租车司机等也担忧生意惨淡及交通堵塞问题。② 2016年年初，不丹国民议会（下院）批准了该协议。认为通过MVA协议，并不意味着允许外国车辆在不丹国内自由通行，而是在边境地区有效管理跨境车辆的有序通行；该协议可以有效推进四国的次区域合作进程，为不丹经济发展提供新的动力。2016年11月，该协议遭到国家委员会（上院）的否决。③ 2017年5月，不丹政府表示由于上院不同意，无法让该协议在国内实施。④ 不丹政府请印度、孟加拉国、尼泊尔三国继续执行该协议，并澄清说，不丹将在2018年大选后再努力推动批准MVA。另外，不丹首相策林·托杰表示，由于不尼关系问题，不丹政府担心允许尼泊尔车辆自由进入不丹会扰乱居民生活。⑤ 印度声称不丹的决定是"倒退"，印度表示将继续与不丹就这一问题进行商讨。⑥

---

① 梅冠群：《印度对"一带一路"的态度变化及其战略应对》，《印度洋经济体研究》2018年第1期。

② The BBIN debate, http://www.kuenselonline.com/the-bbin-debate/.

③ Moushumi Das Gupta and Jayanth Jacob, "Bhutan Block India's Ambitious subregional road connectivity plan", Oct. 10th, 2017.

④ ElizabethRoche, "India to redraw BBIN connectivity project as Bhutan opts out", Mint, Retrieved Oct. 10th, 2017.

⑤ Pratim RanjanRose, "Bhutan says exit from BBIN motor vehicles pact is temporary", *The Hindu Business Line*, Retrieved Oct. 10th, 2017.

⑥ "Bhutan delaying ratification of vehicle movement pact not a setback: India", *The India Express*, May 3rd, 2017.

MVA 被看作印度孤立巴基斯坦和在没有竞争对手的情况下进行次区域合作的又一次外交胜利。该区域合作成为在莫迪推崇的"周边第一"外交政策中成为一颗"宝石",对执政党形象非常重要。而此次不丹拒绝按照印度意图参与印度雄心勃勃的地区计划是对印度的"伤害"和"侮辱"。[①] 印度各家媒体对不丹拒绝加入 MVA 进行了大量报道,足见印度对"不丹的拒绝"很不适应。

（七）加快与环印度洋联盟互动

目前作为印度洋地区包含有 21 个国家的区域合作联盟,其对环印地区经济发展产生了重要影响。包括南非、新加坡、澳大利亚、马达加斯加等在内的国家在环印地区影响举足轻重,无疑该组织任何行为举动将对环印地区未来发展产生重要影响。近年来,该组织重点围绕文化差异与国家历史传承进行区别对待与开展合作,目前取得了不少成果。2017年,纪念环印联盟成立 20 周年的首次领导人峰会在印度尼西亚首府雅加达举办,峰会通过了《环印联盟宣言》和《环印联盟行动纲领》,标志着环印联盟合作跨上了一个新台阶。2017 年,《雅加达宣言》最后被环印联盟通过,标志着这些国家间在今后贸易合作不仅将面临更趋便利化的条件,而且尤为重要的是,成员国一致达成期望扩大文化认同基础上的文化联系,这实际上也为今后彼此间合作方向达成了初步共识。[②] 而随着"一带一路"建设特别是海上丝绸之路的推进,加强与环印联盟的合作是中国在今后印度洋区域深化合作的重要一环。目前来看,环喜马拉雅区域经济合作开展,中国以合适的角色担当来加快与该组织的交叉互动,是可行的也是必要的。目前,该联盟的七个对话伙伴国为:日本、埃及、中国、法国、英国、美国和德国。

二　新经济合作机制构建主要思路和努力方向

从推动区域经济发展的具体措施来看,机制是推动区域内经济发展

[①] India FP staff, "Bhutan's upper house blocks BBIN MVA Pact: Is it a strategic setback for India?", *Firstpost*, Retrieved Oct. 10th, 2017.

[②] "The Indian Ocean Rim Association: Promoting Regional Cooperation for a Peaceful, Stable and Prosperous Indian Ocean", March 7, 2017, http://www.iora.net/media/23875/jakarta-concord-7-march-2017.pdf.

的重要保障，合适的机制是各方交流的重要平台。环喜马拉雅区域经济合作机制构建，有利于推动地区经济发展，也有利于从制度层面整合资源以促进各方共赢。因此，环喜马拉雅区域机制构建，合作机制应本着更加灵活、开放的态度或更符合地区发展的理念。实际上，随着中国"一带一路"建设的推进和中国综合国力的提升，也将为中国影响力大幅进入中国周边地区特别是环喜马拉雅区域创造机会。[1]

（一）加强人文交流，为合作机制建设奠定文化基础

长期以来，人文交流在中国对外交往中一直占据重要位置，是中国增进国家间关系和扩展民意的一个重要途径。某种程度上讲，人文交流开展的深度和广度，也是中国软实力在世界范围的一种展现方式。近年来，随着中国经济快速发展和对外联系的增强，中国在与发展中国家特别是周边邻国之间关系也在快速发展。依托经贸往来的各类交流频度在快速提升，民间交往团体也在迅猛增加。并且人文交流随着国家领导人互动的加强而形成了一个多层次交流体系。目前中印之间在人文交流方面主要存在的问题是受到历史遗留因素影响，彼此战略互信不足，中印双方文化认同感也不是很强，甚至有学者认为中印之间的共性只是"边缘人物在边缘地方所做的研究"。[2] 根据相关统计，印度是这些年来对华反倾销调查最多的国家之一。比如以2016年上半年为例，中国对外出口印度的商品就曾受到多起调查。华为科技集团、青岛海尔公司以及中国金融海外企业等或明或暗都受到了印度各种不公平待遇。此外，印度在发放对华商业签证，批准来自中国的直接投资等方面也采取了一些阻碍政策。中国的华为集团在印度的发展令印度安全部门十分不安。这些情况表明印度人对中国的企业和商品以及服务等保有较高的警惕和防备心理，担心对印度经济发展构成潜在的安全威胁。

21世纪尤其是莫迪执政以来，"中国军事威胁论"在印度愈演愈烈。关于中印军事互动方面，一是中印双方军事交流并不通畅，甚至变得困

---

[1] John W. Garver, "Development of China's Overland Transportation Links with Central South-West andSouth Asia", *The China Quarterly*, Vol. 3, 2006, pp. 1–22.

[2] 蓝建学：《中印文化交流：历史、意义与对策——"中印文化交流学术研讨会"综述》，《南亚研究》2006年第2期。

难；二是中国在中印边境线上的军事优势日渐明显，对印刺激不小。目前随着中印经济发展总量的进一步拉大，中印之间在军事上的脆弱平衡已严重倒向中国这一边，这让印度非常担忧。中印边境摩擦对峙事件不时发生。2017年春夏发生的"洞朗事件"也是这一中印战略互信缺失的一种反应。2017年6月，中国军队的直升机在中印边界中段"巴拉霍蒂地区"正常巡航被印方宣传为"侵犯"印度"领空"。① 此外也发生过印度无人机越界被坠毁的事件等。

与经贸合作相比，人文交流合作是环喜马拉雅区域关系互动中的一块短板。而若要实现在该区域真正意义上的"民心相通"，加深中国在该区域的影响力，还需要进行综合规划，通过加大人文交流来协调好各方所需。目前问题是市场因素，特别是民间文化交流的作用没有有效发挥出来。传统的人文领域正趋向产业化发展且其商业性特征愈益显著，官方背景下的人文交流活动不容易引起共鸣，并且在可持续方面也存在诸多限制。以上这些理由决定政府主导模式与市场主导模式各有所长，需要并行发展。值得强调的是，域内各国人民的精神文化需求不断提高、适应各国相互依存的需要以及人文产业内在发展规律等，都使得引入市场逻辑成为可行。② 目前，中印双方在学术交流方面取得了很大进展，印度方面的加尔各答大学、浦那大学（Pune University）、尼赫鲁大学（JNU）、德里政策研究中心等与中国相关智库和学术机构特别是与云南智库建立了合作关系，双方之间互访日益增多。值得欣慰的是，近年来在中国境内主办的"孟中印缅地区合作论坛"、"中国—南亚国家智库论坛"、"K2K合作论坛"等多场交流活动取得成功，在国际上反响非常好。这些论坛通过邀请南亚国家有影响力的学者来共商合作，极大促进了智库机构的交流与合作。③

（二）借鉴国际经验，进一步创建与完善相关合作机制

从国际合作的历史轨迹来看，国际机制极大促进了国际合作的开展。

---

① 《中国军队直升机"侵犯"印度"领空"？国防部回应》，2017年6月，人民网（http://military.people.com.cn/n1/2017/0606/c1011-29319543.html）。

② 王学人：《中国与南亚人文交流合作——基于经济视角的分析》，《印度洋经济体研究》2017年第6期。

③ 和红梅：《滇印人文交流合作问题及对策研究》，《东南亚南亚研究》2016年第2期。

并且随着国际形势发展,国际机制也有了被赋予的新的期望。虽然国际社会对国际机制作用的大小存在争议甚至是分歧,但不可避免的一个共识是国际机制的出现让国际秩序变得更趋清晰。此处需要争论的是,国际机制的作用并非都是正向的,有时候也会起负面作用。比如当这些机制被用于权力争夺或服务于"制衡"目的的时候,机制就偏离了其本该的轨迹。特别是有些自私自利的大国为了自身利益,经常在相关规则制定中采取歧视性做法。①

从制度学派发展路径来看,制度是被需求出来的,是为解决地区与国际性难题而被许多国家采用。目前存在的争论主要是当制度或曰机制构建不是为了福利时就要引起警惕。特别要提防让制度或机制变成为大国进行权力竞争的一种手段和方式。国际层面来看,随着来自多边和单边等的协作努力,目前影响国际贸易活动的障碍正逐渐减少。而随着国际贸易规模的扩大和联系的加强,在商品通关过程中的"贸易非效率"现象被当作一种"隐形"壁垒引起国际社会普遍关注。这种现象促使人们开始思考与高度重视各种贸易管理程序的合理化。鉴于以上思考,环喜马拉雅区域经济合作相关机制的构建和完善过程中,应从以下几个方面重点考量:

(1)构建贸易政策信息服务平台,提高贸易政策透明度。环喜马拉雅区域国家很多发展都比较落后,当地的通信条件差,很多贸易最新动态信息非公开,各国的贸易政策有些是暗箱操作。这些因素导致跨区贸易受到了严重影响。目前中国在贵州省建立了大数据处理平台,对相关经贸等信息数据处理能力强。如果相关环喜马拉雅区域国家认可,可考虑由中国牵头率先搞环喜马拉雅区域经贸信息的大数据,用来支撑域内国家经贸往来。而从国家科技竞争角度讲,未来国家层面的竞争很大程度上是信息技术方面高地的抢占,而关乎一国居民重要起居生活的数据动态信息一方面展现出国家安全的脆弱性,另一方面似乎也在表明数字主权的重要性。在今天这样一个信息爆炸的时代,无疑数据高地将成

---

① 吴心伯等:《转型中的亚太地区秩序》,时事出版社2013年版,第89—90页。

为继边防、海防、空防之后又一个重要博弈空间。① 目前尼泊尔已经可以接入中国企业提供的互联网运营服务，在电商领域以及现代旅游业等方面中尼之间将更加便捷，最主要的是中国服务商提供的网络服务确保了一定的稳定性。② 此外在政策透明度方面，中国也可以以身作则，率先在相关外贸政策方面实行负面清单制，引领环喜马拉雅区域经济合作向纵深发展。

（2）建立专业化云物流，完善货物运输系统。当前经济全球化的快速发展，各国之间经贸联系更趋紧密，各类商品的生产流通也变得更加快捷。目前中国国内的顺丰集团正在打造全球规模最大的无人机货运体系。③ 考虑到喜马拉雅山麓地区多山这样一个现状，加快推进无人机市场体系建设和跨境无人机运输体系建设，有助于山区货物流通。目前中国已经能生产吨位级无人机，未来市场前景广泛。这里值得强调的是，传统铁路运输、公路运输以及相应的通道建设也应尽快加以推开，根据现实的可行性操作思路，条件成熟的优先建设，因战略互信问题而有疑虑的则缓后处理。此外，在促进贸易通关便利化以及增进效率等方面，海关相关制度性安排与目标导向机制依然将起着重要作用。在今天的"互联网＋海关"特色服务推进，也有助于给海关相关手续变革带来一缕清风，为今后建设国际新标准的一流"单一窗口"和符合区域特色的机制设计进行试验和探索。④

（3）着力于内部管理系统完善。目前来看，在跨国贸易中海关的工作效率如何将直接影响货物贸易的流转质量。由此在环喜马拉雅区域经济合作方面，各国海关通关规定方面应落实相关文件，确保相关产品在出入时能够有一个统一高效的处理能力。具体来讲，不仅要实行严格的规范工作流程，也要设置奖惩制度，对出色的海关部门和工作人员做好表彰工作。

---

① 《国家大数据战略——习近平与"十三五"十四大战略》，2015年11月，新华网（http://www.xinhuanet.com/politics/2015-11/12/c_128422782.htm）。

② 《尼泊尔8月接入中国互联网 可自由接入任何网站》，2017年7月，人民网（http://tc.people.com.cn/n1/2017/0717/c183008-29410081.html）。

③ 《首个物流无人机发展报告出炉》，2018年9月，新华网（http://www.xinhuanet.com/info/2018-09/01/c_137435053.htm）。

④ 《优先推进"互联网＋海关"服务》，2017年4月，新华网（http://www.xinhuanet.com//politics/2017-04/12/c_129530599.htm）。

此外，不同国家之间的海关之间也应当不断丰富和完善对接内容，通过相互学习和采长补短，加快彼此的经验交流和构建形式多元的合作机制，进一步提升海关自身的效率和服务性。同时，也要注意不同国家文化对海关工作效率的影响，比如南亚地区一些国家在时间观念以及服务贸易配套等方面还有待提高，但这方面或许更需要的是一种换位思考。[①]

(4) 加快相关人民币国际结算规章制度建设，特别是进一步完善商业银行清算体系。长期以来，中国与南亚国家在人民币跨境流动方面一直采取较为宽松的政策。甚至从1987年开始，中国政府允许人民币现钞出入境。目前来看，由于贸易额度的增大和人员往来的频繁，有必要进一步优化中国商业银行现行的国际结算系统，进而不断完善商业银行本币结算代理行方式。目前中国商业银行的系统按本外币主要分为两大系统，其中的国际结算属于国际业务系统，是不能做本币业务的。人民币作为跨境结算必须要对现行的系统进行调整以便适应业务开展需要。同时做好金融监管工作，防止不法分子借机进行洗钱。早在2018年5月，中国银行在巴基斯坦就开始提供人民币清算和结算服务，并在俄罗斯和加拿大都设立了类似的人民币结算中心，以便交易商进行结算交易。在印度卢比兑美元刷新历史新低之际，据报道印度正计划在小且可行的大宗商品贸易中允许人民币和卢比直接交易，这将有助于削减交易和对冲的成本，降低印度贸易商的货币风险。

(5) 建立高效的地区贸易争端解决机制。该机制构建是为了从经贸合作的长远角度来考量，促进良性可持续发展。而当前环喜马拉雅区域经济合作进程中，因文化差异以及利益侧重不同，不可避免在贸易中存在各类摩擦，这也就为贸易仲裁机构的设置提出需求。而关于这方面经贸争端解决机制构建，也可以借鉴其他一些区域化合作成熟的经验。比如WTO相关做法，再比如中国与东盟在2004年就已签署的《全面经济合作框架协议争端解决机制协议》[②]，这些相关协议对相关争端解决的规

[①] 《"一带一路"开启海关国际合作新时代》，2015年5月，新华网（http://www.xinhuanet.com//world/2015-05/29/c_127854994.htm）。

[②] 沈四宝：《论中国—东盟全面经济合作框架协议争端解决机制协议》，《上海财经大学学报》2006年第1期。

则、程序等做了详细规定，具体在构建环喜马拉雅区域经济合作争端解决机制时，可以引为参考。此外，特别需要指出的是，提高高效率的争端解决机制过程中，不能过多强调域内经济合作单纯提高这种倾向，对域外国家经贸也应本着开放的立场态度。而一个区域经济发展的好与不好受到很多因素制约，而进行测评也不是说单靠某个指标。实际上，区域内贸易比率衡量的仅仅是域内双方经贸互动的一个指标，这个指标并非越高越好。实际上，域内国家经济健康指数与多个因素相关联。而在具体通过磋商逐步建立起环喜马拉雅区域经贸争端解决机制时，也应本着从易到难的原则进行探索，优先进行域内国家间双边层面的机制探索。

总而言之，在新时代，环喜马拉雅区域经济合作机制构建进程中，无论是机制的横向拓展还是机制向纵向深化完善，各参与方都应该秉承着开放、合作、共赢的理念来会聚合作力量。努力挖掘环喜马拉雅区域经济合作机制建设的政治、经济潜力，最终推进域内国家经济的融合发展。

三 机制深化发展的关键抓手：中印战略对话

根据调研，目前在环喜马拉雅区域的一些国家中，认为中国在该地区的各类投入特别是当前"一带一路"建设是剥削的、不是互惠性的，这样继续下去不大可能会增强中国的软实力。特别需要指出的是，"一带一路"建设在金融和政治方面确实存在着风险。并且从经济方面来讲，通过这些项目挣钱不容易；从外交政策方面讲，这些项目受欢迎程度究竟如何也需要谨慎研判。特别是 2017 年 12 月，斯里兰卡被迫向中国的一家公司转让了汉班托塔港的控制权一事，因为斯里兰卡政府无力偿还之前从中国获得的建造该港口的贷款而被外媒把这说成是中国采取经济胁迫政策。在缅甸，由于对环境和当地社会存在不利影响，一些中资项目也引发了当地民众的抗议并被推迟建设。通过对缅甸、印度等一些民众远程采访，这些国家普遍存在的一种观点是，中资项目并未给当地民众创造更多的就业岗位。其中一名受访者称，中资公司不仅把领导这些项目的管理层从中国带来，甚至包括厨师在内的员工都是中国人。而环喜马拉雅区域经济合作若要开展好，相关项目在经济上取得更大成功并赢得当地民众的普遍接受，中资公司相关做法就必须改变。中国需要与"一带一路"项目的国家进行合作和共同做出决定，中资公司必须"更加不中国",雇用当地人员并与西方、日本和韩国等其他国家的公司结成伙伴关系。

当前印度人的"中国观"可谓千奇百怪,从整体上来看可分为正面、负面、极其负面三大类。其中极其负面的"中国观"包括中国是印度的头号敌人、中国是入侵者、中国是挑战者、中国正在围堵印度、中国是扩张主义者、中国想分裂印度等。这些观点多在军方、媒体、安全界以及部分政客间传播。较为负面的则认为中国是共产党执政国家、中国人很自负等。负面的"中国观"则有中国商品威胁、中国不是市场经济国家、中国是价格操纵国等。较为正面的则有中国是合作伙伴,中国产品物美价廉,中国是印度赶超对象等。[①] 总体上而言,环喜马拉雅区域经济合作相关机制深化发展和新构建,离不开中印间的通力合作。也即我们要思考如何通过合作来改善中印之间战略互信不足问题。

(一)利用好现有机制,重点推动"一带一路"建设在南亚的落地以及中印间各类建设平台的对接,为中印间全面对话与文化交流机制构建创造条件

总体上讲,中印两国可以商讨不同领域各项合作政策为由,建立起高效的议事沟通协商机制,为年度部长级会议做各项前期准备工作。在专业工作机制方面,中印可就重点开展金融业、扶贫等具体项目上合作的可能性进行调查研究,提出对策建议。最后各专业工作组将具体的合作方案上交给国家领导人会议进行研讨和决策。比如中国方面在印度总理莫迪来京访问时,提议中印如何协作以展现地区公共品提供的协作能力。而针对尼泊尔地震后相关基础设施建设,印方表示期望由中尼印三方成立的联合小组共同研究探讨。[②] 但在中尼印通道建设上能否取得实质性进展,还有待观察。此外,也可考虑中印等共同推进与完善常设高级别办公机制。主要发挥上传下达、联络沟通整个合作机制的作用等。关于区域合作对话机制,可由各地方政府共同设立信息交流平台,及时有

[①] 许利平:《当代周边国家的中国观》,社会科学文献出版社2013年版,第57—58页。
[②] 《王毅:中印就共同参与尼泊尔重建以及探讨中尼印三国经济走廊达成共识》,2015年6月,中华人民共和国外交部网站(http://www.fmprc.gov.cn/mfa_chn/gjhdq_603914/gj_603916/yz_603918/1206_604522/xgxw_604528/t1276059.shtml)。

效发布相关经济信息政策和企业合作信息等。

当前随着全球化进程不断推进，国际关系领域正在发生着深刻变化，国家间交往的内容及传统的外交方式也随之发生变化，随着软实力概念提出及社会发展，国家与国家之间交往的关注点也从以往的"高级政治"领域逐渐扩大到经济、文化等"低级政治"领域。在这个背景下，我们要更加谨慎发挥孔子学院这样的文化平台在对印文化交流中的作用。① 值得强调的是，中印作为世界上两个影响力举足轻重的国家，目前在多个区域合作平台和国际组织中发挥了重要作用。而这些平台，诚然也应该好好来为中印间的分歧化解贡献一分力量。具体来讲，比如金砖机制的国际影响力越来越大，目前金砖国家合作已经取得了不少阶段性成果，接下来将向着金融流通、人文交流等方向深度合作，体现的精神与"一带一路"合作精神相契合。再如区域全面经济伙伴关系（RCEP）。目前在美国已经明确退出 TPP 后，RCEP 无疑将成为今后全球最大的区域经济合作关系，该伙伴关系一旦能够建成，将会是有效整合印太地区并将该区域建成全球最大市场。而对于印度来讲，能否承接住来自全球层面的产业转移，抓住全球经济结构布局调整的机会，完成产业结构升级也至关重要。②

（二）妥善解决与应对中印战略分歧

笔者认为，中国与印度目前都处于一个政策调整的关键期，彼此之间互不信任，甚至某种程度上有战略互疑迹象。但值得强调的是，中印两国之间不存在全面竞争、对抗的基础和必要性。近来中印战略互疑加深的主要因素可归纳为三大类：历史遗留的老因素、老因素的新发展和新形势下出现的新因素。具体包括：

（1）边界领土争端。在中印边界和领土问题上，目前中印间的东、中、西三段争议地区主要是由印度经过一系列扩张造成。1962 年边界冲突后印度扩张行为有所控制，不再过于强推其大印度主义扩张政策，但是因当时扩张行为而遗留下来的边界难题至今仍考验领导人的智慧。目

---

① 柯银斌、包茂红：《中国与东南亚国家公共外交》，新华出版社 2012 年版，第 123 页。
② 梅冠群：《印度对"一带一路"的态度变化及其战略应对》，《印度洋经济体研究》2018 年第 1 期。

前困扰印方领土解决的主要障碍可归为三类：首先是领土观念上的固化；其次是印度党派政治的制约；最后是法律程序的难题。如印度议会将中印东段争议地区升格为"阿鲁纳恰尔邦"。如果要变更领土，就要修改宪法。印度政党实际是无力单方面控制印度议会并要求其在"割让"领土方面完成对宪法的修改。目前中印双方通过高层互访以及外交与军事层面沟通，虽然对中印边界地区的领土争端问题得到有效管控，但在一系列"帐篷对峙事件""洞朗事件"后，莫迪还连续两年在农历中国春节期间访问有争议的中国藏南地区（阿鲁纳恰尔邦），似乎也是在说明中印之间领土问题短期解决的难度。① 中国与缅甸和印度虽然都有领土问题，但中缅之间本着互谅互让精神，早在1960年就签署了《中缅关于两国边界问题的协定》。并且在两国政府的努力下，中国周恩来总理与缅甸总理吴努最后签署了《中华人民共和国和缅甸联邦边界条约》，标志着中缅领土问题在当时环境下画上了圆满句号。而中印之间则由于印度霸权式的地缘战略和扩张性的领土政策不仅使中印领土问题没有及时解决，印度当时推行的"前进政策"最终引发了中印之间的边界战争。目前，中印边界领土争议中有多达12万平方公里的土地归属问题还未解决，但两国政府也都在不同场合表态表示要管控好分歧，不要让领土问题成为中印之间发展关系的阻碍因素。2014年9月习近平主席访问印度时表示不使边界问题影响两国关系发展，印度总理莫迪回应表态期望在双方努力下争取早日找到妥善解决方案。②

（2）中印关系中的涉藏因素。印度历届政府在"涉藏议题"上，经常采用两种策略。与中国表面上保持正常外交关系，暗中却又支持"藏独"分裂势力。值得注意的是，近来印度政府对其所辖各类藏传佛教寺庙进行清理，对其中的一把手掌门人（住持）明确表示不支持"流亡藏人"担任，印度官员与拉达克僧人来往密切，这某种程度上说明了印度对达赖等"流亡藏人"的怀疑。印度目前主要涉藏研究机构有印度国际大学印藏学系（Department of Indo-Tibetan Studies, Visva-Bharati Universi-

---

① 张世均：《中印领土争端问题的危机管控机制》，《南亚研究季刊》2017年第2期。
② 杨勉：《中印、中缅边界问题截然不同处置结果的背景与原因分析》，《东南亚研究》2015年第6期。

ty)、南加藏学研究所（Namgyal Institute of Tibetology）、印度国际文化学院（International Academy of Indian Culture）等机构。长期以来，这些机构里的学者以中印关系中西藏因素和边界领土问题为主进行研究，其中涉藏现实性研究一直以来是印方关于中印关系研究中的重要方面。而目前随着中印经济的快速发展特别是包括金砖、上合等重要平台两国日渐协调活跃，印度国内对华研究也向着两国共同利益、联合外交等议题转向[1]。总体上看，目前涉藏现实性问题研究虽然有较大发展，但随着时局演变特别是中印双边关系利益日渐交错而促使研究的相关成果在促进中印关系发展方面日渐起到积极的效应。

（3）1267委员会关于"穆罕默德军"头目已列名，但斯利那加人身份归属问题并未解决。1267委员会是根据1999年联合国安全理事会第1267（1999）号决议第6段设立。该委员会的任务是进行资料更新与相关清单补充（如恐怖分子名单）等工作，并就其工作情况连同意见和建议向安理会提出报告。长期以来印方媒体宣称的有关中国在联合国安理会1267委员会列名问题上奉行"双重标准"的说法并不成立。中方在这个问题上的标准只有一个，那就是以确凿证据为依据。[2]

（4）印度加入NSG问题。NSG是核供应国集团缩写。是一个由拥有核供应能力的国家组成的多国出口控制机制。该组织主要是防核扩散。核供应国集团把1967年定为宣布拥有核武器的截止年份，而印度错过了这一期限，它在1974年才进行第一次核试验，这招致了制裁和西方国家的援助中断。1998年，在博克兰进行核试验后，印度受到了进一步制裁，这导致了很多困难。2005年，印度和美国签署了一项突破性的防务框架协议，改变了两国关系的发展方向。中方意见是希望印度分两步走，先形成解决方案思路，再具体讨论"非NPT缔约国"的加入申请。[3]

（5）中巴经济走廊与海上丝绸之路建设下印方安全顾虑。目前来看，印度方面疑虑中巴经济走廊建设的真实意图，认为中巴经济走廊建设将

---

[1] 肖杰：《印度主要涉藏研究机构及人员概况》，《中国藏学》2011年第S2期。
[2] 《"中方阻挡制裁穆罕默德军"？外交部回应》，2017年1月，中华网（https：//news.china.com/domestic/945/20170117/30181003.html）。
[3] 《印媒：加入NSG，印度想另辟途径绕过"中国墙"》，2017年7月，环球网（http：//oversea.huanqiu.com/article/2017-07/10963730.html?agt=46）。

对南亚地区格局产生重大影响。中方力量在南亚的强势出现，这也是印度目前担心中印战略力量可能的失衡。在传统上，中国南亚主要倚重巴基斯坦，但在今天中国除了更铁的中巴关系外，还与斯里兰卡、孟加拉国、马尔代夫等国家发展了良好关系。印度防务与分析研究所研究员古尔米特·肯瓦尔认为中国国际战略选择与中国传统文化有关，表面上不称霸但真实性令人怀疑。他在《中国向世界强国新长征：对印度的战略挑战》一文中明确指出，中国有称霸世界的野心[1]。这位印度学者认为中国在印度洋所做的一切都是为了建立对印度的包围圈。印度国内持有此观点的人不少，也正因如此，印度对中国"一带一路"建设疑虑重重。例如，在习近平主席访问马尔代夫之前，该国就曾收到印方的明确警告，要求此举不会造成对印度安全的影响。而在具体中巴经济走廊建设长期规划方面，有印度学者提出可以考虑中印巴三方合作[2]。但值得注意的是，印巴之间因克什米尔争端而长期以来彼此关系紧张，不时发生的恐怖爆炸使得彼此信任感极低。冰冻三尺非一日之寒。诚然，也有一些印度学者对巴基斯坦经济发展持有另一种看法，认为一个经济发展充满活力的巴基斯坦有助于地区稳定[3]。印度内部的这种分歧表明在地区秩序维护和关乎重大利益的项目建设需要多角度评估。而巴基斯坦方面也乐见来自印方的不同声音。或正如巴基斯坦驻俄罗斯大使扎西尔·詹朱所言，印度将会是中巴经济走廊建设的受益者。[4]

（6）中印战略互信受到美国因素牵制。美国因素在中印关系里一直非常重要。现在中印关系互动进程中，背后不排除美国暗中搞小动作以获取美方利益的图谋。目前根据美国相关国情咨文和美国印太司令部戴

---

[1] 左学金、潘光、王德华：《龙象共舞——对中国和印度两个复兴大国的比较研究》，上海社会科学院出版社2007年版，第333页。

[2] Alok Ranjan, "The China-Pakistan Economic Corridor: India's Options", *Institute of Chinese Studies*, p. 14. http://www.icsin.org/uploads/2015/06/05/31e217cf46cab5bd9f15930569843895.pdf.

[3] "The China Pakistan Economic Corridor and India", Sep29, 2015. http://www.indiawrites.org/diplomacy/the-china-pakistan-economic-corridor-and-india/.

[4] "India will benefit from the China-Pakistan Economic Corridor (CPEC) despite any political disputes", Ambassador of Pakistan to Russia Zaheer Janjua told Sputnik. Sep1, 2015. http://www.sputniknews.com/business/20150901/1026426902.html.

维森相关讲话，特朗普政府的印太政策大体上可以归纳为三个方面。一是突出重视印度的市场空间和地区战略角色，"印太战略"推出显示出美国加大对印度战略拉拢的真实意图，在于均衡日渐强劲的中国在印度洋地区的影响力。二是期望能尽快促成阿富汗国内和平进程，让各派系尽快实现妥协，实现和解。美国的一系列动作步骤也是表明了美国急于从阿富汗脱身这一意图。三是期望能够深度参与南亚地区经济合作，主张以"孟加拉湾倡议"为框架，通过经济领域的进一步互动来加大对南亚—北印度洋地区秩序治理的参与。[①] 假设我们不对美国的居间战略平衡策略有妥善把握与有效应对，那么接下来蒙古国、俄罗斯、朝鲜等很有可能一个接一个被美国当作制约中国发展的棋子。我们要认清美国的真实战略意图，针对中国发展日渐强大这样一个趋势美国究竟怎么看和如何应对？美国是否会采取系列步骤诱导中国改变当前的和平发展战略，甚至直接将中国营造发展的和平环境破坏掉。

总体上看，通过中印间对话机制的完善与提升，增进彼此间的战略互信，有助于环喜马拉雅区域经济合作的开展以及相关地区层面经济合作的深度展开。

本章小结

本章围绕环喜马拉雅经济合作优选模式以及机制构建与完善进行展开。关于走廊经济或者说通道经济，学术界长期以来争议比较大的是这种经济模式究竟是能给当地带来经济增长，还是更加恶化了当地的经济，使之更具有依附性质。环喜马拉雅区域通道经济建设进程中能否有效提供给当地就业机会，而不仅仅只是起到资金与货物通过这样一个借道前景。要克服这一不足，就需要在产业项目布局与各类综合机制方面进行配套。围绕环喜马拉雅区域经济合作各产业项目，有的早已在规划建设中，如巴基斯坦能源项目以及尼泊尔仓储项目等；有的则还停留在倡议和早期研究阶段，其中域内各方能否就未来合作深度以及建设进程中各

---

① 胡仕胜：《印度在美国地缘战略中的地位达到了历史最高点》，《世界知识》2018年第24期。

障碍因素评估等还没有达成完全共识。具体而言，在环喜马拉雅区域经济合作中推行"CH＋P＋X"产业项目模式，以灵活的方式开展项目合作，或可以避开一些敏感政治因素。此外也要在合作中重视情感因素的培育，包括培养近邻感情，聚拢不同国家民心并给予"尊重回报"以及注重在南亚近邻人文领域精耕细作，有序培育当地政治新秀及望族在"情感定向"进程中纽带作用。值得注意的是，当前中印参与了较多区域和次区域经济合作机制，如金砖国家合作机制、上海合作组织区域经济合作机制、亚太地区经合组织等，但其中关于环孟加拉湾七国峰会组织，中国并没有参加，南盟组织中中国也仅仅还是观察员，中国在环喜马拉雅区域相关机制参与深度方面还有待推进。本章认为环喜马拉雅区域经济合作机制的构建和完善，关键抓手在于中印战略互信的推进。中印间关系发展有利于推动地区经济发展，也有利于从制度层面整合资源以促进域内各方共赢。关于如何更好推动环喜马拉雅区域原有经济合作机制功能升级和新机制构建，一是要加强人文交流，为合作机制建设奠定文化基础；二是要借鉴域外经验，加快制度化安排和规章建设，进一步促使相关机制与当前经济社会发展需要相适应。

第 七 章

案例研究：环喜马拉雅区域水环境治理困局及其化解路径

如今随着人们对居住环境要求的提高，包括饮水安全在内的生态安全问题也逐渐引起国际社会的普遍关注和重视，而不同国家间围绕跨界河流开发的争论也正在成为国际社会关注的地缘政治议题。近年来环喜马拉雅区域人口迅速膨胀，农业传统灌溉用水与工业用水量的增加更突出了水作为一种战略资源的特性。目前，域内国家之间围绕水环境治理加强了双边合作力度，包括生态评估与气候预警机制的设立等在内的一系列技术方案先后也达成了共识，水文信息互换机制又增进了彼此间脆弱的感情，这有助于推动深层次跨境水治理的战略合作。但考虑到各国发展阶段与经济实力的差异，针对在水资源开发利用上也长期存在并衍生出不少问题，域内国家围绕水环境治理的安全合作面临诸多挑战。对于生态环境领域的合作因各国对短期利益以及中长期利益的认识分歧，往往在涉及自身利益时采取的政策不能兼顾地区整体利益，对此有学者提出不同国家针对环境保护的政策制定可以参照多标准决策模式（Multiple Criteria Decision Making dodel，MCDM）来促进各国寻求一个比较契合的政策均衡点，以实现不同参与方在各自能力水平上的一种参与。[①] 而水环境治理的好与坏不仅将直接影响域内经济合作的质量，也将关乎国家间领水主权等重大核心利益。

[①] Bethany Stich and Joseph H. Holland, "Using multi-criteria decision making to highlight stakeholders' values in the corridorplanning process", *Journal of Transport and Land Use*, Vol. 3, 2011, pp. 105 – 118.

鉴于其重要性和敏感性，笔者此处单列一章，就困扰因素和具体路径作一探讨。

第一节　域内水环境治理困境及其缘由

环喜马拉雅区域是目前全球水资源最为紧缺的地区之一。根据世界银行最新报告预测，未来30年仅南亚人口将从2010年的16.8亿人增加到2040年的22.2亿人，[①] 并且随着该区域城镇化速度的加快，工业用水上升等致使水资源需求量急剧增加。此外，环喜马拉雅区域人均水资源分配量自20世纪60年代以来就呈现下降趋势，其中印度在十多年前就已经明显感觉到用水紧张，巴基斯坦、尼泊尔等国亦发生过旱季农业无水可用的情况。[②] 由亚洲开发银行资助的一项研究报告称，气候变化导致的冰山消融、洪水、干旱等将给环喜马拉雅区域国家的水利灌溉和农业耕种带来负面影响，印度、孟加拉国、阿富汗和尼泊尔将是受影响最大的四个国家。显然，地区水资源是否安全并不能简单地用该地区可用水资源总量来评定。多数情况下衡量一国水资源紧张与否的程度所采用的指标是每年人均可用水量，如某一国家每年人均可用水量在1000—1700立方米时，这个国家就被归入"用水紧张"（water stressed）的行列，而低于1000立方米的国家，则属于"水资源奇缺"（water scarce）行列。[③] 现实残酷性在于，从目前域内国家整体用水用途来看，约90%的水是用于农业生产和民用，[④] 用水安全的脆弱指数异常之高。如今，就在南亚地区各国纷纷出台措施保障水资源安全的同时，跨国间围绕水资源的纷争也日渐呈现加剧之势。诚然，水资源纷争与水环境治理是两个不同层面的概念，水资源纷争更多聚焦于谁所有与谁开发和怎么开发使用等方面的问题，而水环境治理则更多从生态角度出发，更宏观地思考如何将水资

[①] Gareth Price et al, "Attitudes to Water in South Asia", *Chatham House Report*, 2014, p. 7.

[②] 刘思伟：《水资源与南亚地区安全》，《南亚研究》2010年第2期。

[③] ADB. "Climate Change Threatens Water, Food Security of 1.6 Billion South Asians", http: //unpan1. un. org/intradoc/groups/public/documents/apcity/unpan036420. htm#4_ 1_ 2.

[④] Gareth Price et al, "Attitudes to Water in South Asia", *Chatham House Report*, 2014, p. 8.

源合理开发以获取效用最大和实现环境宜居等问题。例如,从某种程度上讲,在环喜马拉雅区域,洪涝灾害比旱灾对安全的威胁更大。鉴于水资源纷争与水环境治理两者间很多问题叠加等情况,本章不旨在细化两者间的区分,而是从宏观视角分析水环境治理困境缘由,以期能找到合适的解决方案。

一 合作治理困难重重

提到跨国间水纷争,人们一般会自然联想到上游国家因其地理优势而享有了对水资源的优先支配,而下游国家更多是抱怨上游国家不合理用水带来的水短缺问题。环喜马拉雅区域的实际情况则不然,如阿富汗虽处水源上游,但因过度砍伐森林以及暴力冲突致使水资源管控能力降低。孟加拉国虽地处下游,但人均实际可用水资源比印度还要多,但主要挑战在于对水涝和干旱的应对上。

特别需要指出的是,包括孟加拉国、巴基斯坦和阿富汗都面临无法处置由于剧烈自然变化带来的灾害疫情的问题。从现实急需解决的问题看,南亚国家面临防洪系统等基础设施老化、治污能力跟不上、不可预测的气候变化等具体困难。[①] 目前,围绕环喜马拉雅区域水资源纷争的批评更多是集中在域内国家对境内用水没有整体规划,政府不同部门的政策经常出现相互否定情况,如环保部门设计出好的节约用水政策,却被另外一些实权部门(如电力系统)批驳为用水不作为、浪费资源等。而针对地下水环境层面的治理,域内国家因技术、资金和战略等原因,在地下水生态保护跨国合作方面也面临心有余而力不足的局面。

二 历史记忆的负资产

长期以来,域内国家因建国战争、边界分歧等因素,彼此相互关系的发展一直受到干扰,再加上各国内部民族宗教矛盾复杂,各政治派系斗争激烈,这些因素导致彼此间"怀疑心态"不减反增;而跨境恐怖活

---

① Gareth Price et al, "Attitudes to Water in South Asia", *Chatham House Report*, 2014, pp. 9–10.

动又进一步恶化了国家间本已脆弱的战略互信。[①] 虽然，当政府为了国家长远利益能够克服与跨越曾经的记忆伤痕，来与曾经的敌对国合作开发跨界河流，并且围绕水环境治理能够深度认识到对方利益所在，尊重水源地，对水量流路乃至河道周边土壤和植被等通过共同开发与联合治理来实现共赢，那么这种合作应该是积极的。印度、巴基斯坦、孟加拉国、尼泊尔等国家无不认可由经济专家、水专家和环境专家所建议的一体化河流流域管理方案。只是不良"历史记忆"等"负资产"加上现实政治的需要，不时会困扰着这些国家，同时这些国家也担心共管共治将会在未来对国家主权安全产生严重影响。总体上看，一方面，域内国家在处理跨境水资源问题方面尝试以合作的方式签署了一系列共同开发与协调使用水源的方案，为改善域内用水安全和提高国家间政治互信做出了有益探索；另一方面，域内国家近年来用水量激增引发的民众对用水安全的担忧，特别是围绕水资源开发引起的国家主权让渡问题没法达成根本性妥协，加之被媒体扩大渲染等因素综合起来又进一步恶化了彼此间的感情，严重影响了水资源的合作和开发。

三　治理细则难达共识

水污染主要是由于人类排放的各种外源性物质（包括自然界中原先就有的和没有的）进入水体后超出了水体本身自净作用所能承受的范围而引起的。南亚国家中，巴基斯坦长期接受着印度因农业发展产生的农业污水，因为巴方农民很难获取其他水源，而使用这种具有污染的水增加了水传播疾病在当地的发生概率。[②] 在亚洲所有河流中，恒河被列入污染最严重的河流之一，在印度境内有114座城市将没有经过净化处理的废水直接排向恒河，严重污染了恒河中下游水域，对此孟加拉国不断向印度提出抗议，但无济于事。[③] 总体上讲，目前域内国家需要加强水资源

[①] C. Christine Fair, "Pakistan in 2011: Ten Years of the War on Terror", *Asian Survey*, Vol. 1, 2012, pp. 106 – 113.

[②] Ananthakrishnan Aiyer, "The Allure of the Transnational: Notes on Some Aspects of the Political Economy of Water in India", *Cultural Anthropology*, Vol. 4, 2007, pp. 640 – 658.

[③] John Vidal, "Troubled Waters for Bangladesh as India Presses on with Plan to Divert Major Rivers", *The Guardian*, July 24, 2003.

供、用、耗、排等方面的监测工作，水质污染和地下水的监测工作尤其需要加强，并且水资源的水量和水质的预报、预测工作也应逐步开展。但迫于治污的成本压力，特别是高浓度工业废水处理、遍布垃圾的河堤清理、湖泊水质净化与水生态链修复等都需要巨额资金支持。由于域内国家对水污染进行综合治理所需经费巨大，水环境治理也有较高的技术要求，这对本身处于发展中的域内国家来讲是心有余而力不足，国家间在水环境治理具体细则方面难以达成共识。

第二节　水环境治理与域内经济合作关系

早在1851年，德国经济学家赫尔曼·海因里希·戈森（Hermann Heinrich Gossen）在其著作《人类交换规律与人类行为准则的发展》中提出人类社会满足需求的三条定理（即戈森定理），为现代国家发展中的经济学理论之"边际效用论"奠定了基础。随后号称"边际三杰"的英国威廉·文杰斯（William S. Jevons）、奥地利卡尔·门格尔（Carl Menger）、美国约翰·贝茨·克拉克（John Bates Clark）在此基础上发现了商品的"边际效用规律"，而基于此理论延伸的心理学记忆原理则抽象出国际关系心理学情感概念，认为国际关系中所有形式的主观亲善心理现象都是某种客观国际关系史发展的主观反映，主观情感边际效用的递减规律必定对应着某种客观利益获取与否，只是这种对应关系有时是非常隐秘的、模糊的和具有不确定性。当前随着环喜马拉雅区域国家围绕水资源争夺的日渐激烈，新老感情纠葛为地区安全带来了严重隐患。如果用主观情感边际效应递减规律来分析不难推出，互信缺失是域内国家间水环境治理合作滞后的重要原因。鉴于水环境治理对域内经济合作有着极大关联关系，如若没有水环境治理的有效推进，域内经济合作也将很难达到各方预期。

一　水资源纷争冲击域内国家间关系

水资源的"共振"效应是指水资源的安全与否将受到来自生态、社会、经济乃至国家战略等层面的影响，反过来又影响这些相关领域的安全，两者间呈现相互依赖关系。长期以来，水资源成了环喜马拉雅区域国家为实现国家地缘战略利益而进行博弈的重要标的物。① 与此同时，域内不同国家因战略利益等具体诉求不同以及长期积累的矛盾分歧，反过来又为跨国水资源合作增加了难度。目前巴基斯坦担心印度控制杰纳布河（Chenab River）的能力与日俱增，认为印度设计的巴格里哈尔坝（Baglihar）极其不合理。关于印孟关系，一方面是印度的单边开发水电计划严重刺激了孟加拉国，另一方面是孟加拉国一直抗议印度修筑的法拉卡大坝致使孟用水受到影响。② 印度则"抗议"中国在雅鲁藏布江上游修建水电站。③ 环喜马拉雅区域国家围绕水资源争夺已经严重恶化了彼此双边关系，"阴谋论"和"媒体互黑"常见于域内国家报端。为了有效管控水资源分歧和降低因纷争带来的安全关系恶化以及方便彼此水文数据的共享和交流，印、巴、孟等国家之间尝试设立了协调管控机构——河流委员会，但其作用有限。④ 当下域内国家在对待水资源引发的安全问题上动作越来越谨慎。与此同时，域内国家也在加快地区综合安全领域的谈判，这是为管控分歧进而探索有利于地区和平与发展机制而做出的努力探索。

历史上，域内国家为了解决水危机，在一定程度上表现出了通过合作来解决共同挑战的诚意，并签订了一系列条约。不过，这种合作并没有有效地根治该地区水争端。涉及具体利益时，各国政府往往优先考虑国内现实需求，在处理跨界水资源问题时亦采取单方行动模式，并且涉及水资源合作时，多认为自己"吃亏"。如今，随着各国经济的进一步发展，对水资源的依赖更加突出，域内国家间的水资源开发和用水问题更趋尖锐。⑤ 域内

---

① Meredith Giordano, Mark Giordano and Aaron Wolf, "The Geography of Water Conflict and Co-operation: Internal Pressures and International Manifestations", *The Geographical Journal*, Vol. 4, 2002, pp. 293 – 312.

② Ishtiaq Hossain, "Bangladesh-India Relations: The Ganges Water-Sharing Treaty and Beyond", *Asian Affairs: An American Review*, Vol. 3, 1998, pp. 331 – 350.

③ 徐长安：《藏木水电站开工建设 首座大型水电站创西藏之最》，2010 年 9 月，中国新闻网（http://www.chinanews.com/gn/2010/09 – 29/2562010.shtml）。

④ Daanish Mustafa, "Social Construction of Hydropolitics: The Geographical Scales of Water and Security in the Indus Basin", *Geographical Review*, Vol. 4, 2007, pp. 493 – 497.

⑤ Jean Philippe Venot and Luna Bharati, "Beyond Water, Beyond Boundaries: Spaces of Water Management in the Krishna Rriver Basin, South India", *The Geographical Journal*, Vol. 2, 2011, pp. 160 – 170.

国家签署的条约更多是双边层面，几乎没有地区级别的综合方案。而且即使是这些已经签署的协议，也受到广泛质疑。需要强调的是，水环境治理问题在环喜马拉雅区域已经高度政治化。域内国家居民认为谈论共同的水环境治理深度合作路径有点早，他们更多的是关心如何避开民族主义立场而在水资源合作开发方面达成共识。目前令人担忧的是，围绕水电项目以及牵扯的边界领土争执严重伤害了当事国之间的民族感情，① 水资源争夺严重恶化了域内国家间关系，它虽然还不至于直接导致战争，却是该地区国家间关系进一步紧张的催化剂，尤其是印巴关系，甚至有专家指出印度和巴基斯坦的克什米尔之争实际是水资源之争。②

二 推进水环境治理有助于"共有观念"的形成

水之所以重要，除了满足人类生活和环境保护的基本需求外，水资源短缺带来的后果更多的是国家经济命脉层面，如棉花、水稻、小麦等农产品涉及粮食安全，而棉花则是该地区外汇收入的重要来源。以巴基斯坦为例，该国的出口高度集中在棉花、皮革、稻米、合成纺织品等需要用水的商品上。实际上，环喜马拉雅区域各国水资源的争夺已超出地区层面。③ 域内国家从国家战略高度对待水环境治理、对水资源开发事宜非常谨慎与南亚国家战略认知有巨大关联。

第一，避免因水资源开发主导权之争和占有争议水域引发的战略猜忌。以中印间水资源问题为例。印度对外宣称中印间缺乏针对国际河流的开发协议，而雅鲁藏布江水源开发方面中国尚未好好启动，若印度率先争得国际河道的开发权和使用权，那么有可能在与中国相关争议问题再发生时候有更多筹码。预计近年来伴随着印度大幅度基建投入，藏南地区将近一半的水能资源将被开发完毕，并且随着河流联网计划的实施和布拉马普特拉河（上游即中国的雅鲁藏布江）流域水利基础设施的完

---

① S. Paul Kapur, "India and Pakistan's Unstable Peace: Why Nuclear South Asia Is Not like Cold War Europe", *International Security*, Vol. 2, 2005, pp. 137 – 142.
② 刘思伟：《水资源与南亚地区安全》，《南亚研究》2010 年第 2 期。
③ 刘思伟：《水资源与南亚地区安全》，《南亚研究》2010 年第 2 期。

善,印度完全有能力完成将水调往缺水地区的计划。①而藏南地区是中印两国边界东段的争议领土,中印两国在此地区虽外交努力不断,但一直没有取得实质性进展。印度一直坚持"承认现状""固化实际占有"的思路,不断在东段领土争议地区采取实际行动,近些年,为了满足国内的水资源需求,印度企图将其在藏南地区建立的伪"阿鲁纳恰尔邦"(Arunachal Pradesh)变成未来的"国家发电站",大量修建水利设施,开发水电资源,使水问题与领土问题纠合在一起,加剧了中印两国之间领土纷争的复杂化。目前,中印虽然签订了《边防合作协议》,但印度仍对实际控制线一带局势升级的可能性保持了过度警惕,这反而带来了新的对两国关系的负面因素。此外,印孟两国已多次在水资源和领土问题上大动干戈,如在2005年,印度安全部队企图在邻近孟加拉国的阿考拉地区没收孟加拉国农民的取水灌溉设备,遭到孟方步枪队的阻拦,双方发生激烈武装冲突,该冲突导致印孟两国之间的政治互信降低到了冰点。印巴之间围绕河流主导控制的争执也已进入到白热化阶段,印度在奇纳布河途经印控克什米尔地区修建4座水电站,严重威胁了巴基斯坦的经济安全;巴方专家担心电站的建成和印度控制奇纳布河水流量能力的提升,将严重危及巴基斯坦粮仓——旁遮普省的农田生产。为此,巴方一直抗议不断。

第二,降低经济发展不平衡带来的国家战略忧虑。环喜马拉雅区域国家比如印、巴、孟等都处于发展中的工业化起步阶段,但相比较而言,有着十多亿人口的印度在发展实力上更胜一筹。针对印度的快速发展,处在左右两边的巴基斯坦和孟加拉国在与印度打交道方面,往往有所顾虑,特别是涉及水环境治理合作方面,一是担心印度单方面治理直接损害自身利益,二是担心在与印度的谈判中吃亏。为此,在涉及跨境河流的解决方案上,往往会采取保守方式,不是很积极。值得注意的是,由于域内国家河流主要源头都聚焦于喜马拉雅山脉,水环境治理中不得不吸纳中国参与,但这又增加了印度方面的担忧。比如巴基斯坦因自身无力修筑位于克什米尔地区的拦河大坝而让中国帮忙修建,中国参与援建本来出发点是好的,但被印度方面解读为一种"威胁"。印度作为一个地

---

① 罗琪:《中印即将重启边界问题谈判 印提升藏南地区军力》,2010年11月,中国网(http://www.china.com.cn/military/txt/2010-11/22/content_ 21391445.htm)。

区大国，其经济发展总量增速从来没有达到中国这么高，因此它一方面非常担心自身发展跟不上中国，相对于中国变得越来越弱；另一方面更担心南亚水环境治理把中国拉来，印度的主导权会大打折扣。

第三，有助于改变长期盛行的"对手模式"思想，推动地区层面的对话机制建设。南亚区域合作联盟作为南亚地区极其重要的组织，在维护地区稳定与促进发展方面发挥了积极作用，目前该组织除了在推进非传统安全领域的对话外，也在应对气候变化、促进地区一体化发展以及生态经贸等领域尝试拓展合作。随着印巴经济的发展，印度有意在国内加强民族主义宣传以弥补在部分群众中消失的爱国主义。与此同时，巴基斯坦出于对群众兑现"强国梦"的承诺及确保制衡印度的需要，近来增强了民间力量来加以应对。巴基斯坦与印度等媒体近年出现了很多关于水源争端主题报道，其中大部分报道都以相互谴责为主，如印巴双方围绕着巴格里哈尔坝的争端依然激烈。而尼泊尔与印度在多次商谈后，签署了1991年的"塔纳科普协议"以及1996年《关于马哈卡利河综合开发的条约》，由于条约中印度的霸权性条款，尼、印两国水资源政治关系被推进僵局，水资源谈判长期僵持无果，尼泊尔对印度长期持战略怀疑态度就不难理解了。[1] 印孟两国水资源纷争则主要集中在恒河水量的分配问题上，矛盾纠纷不断。[2] 此外，近年来南亚国家相互之间签署了一系列关于跨国河流联合开发的协议方案，以确保在可掌控范围内实现地区水环境治理共赢的目标。总体上讲，域内国家无论从地区组织层面还是国家层面来推进水资源合作，出发点都是好的，虽然从实际效果看，该类方案往往让位于国家综合安全的指标评估体系，在涉及民生具体利益方面，国家违背相关条款而进行利己开发的事情偶有发生，但应该肯定这种变化折射出的进步性。[3]

---

[1] Surya P. Subedi, "Hydro-Diplomacy in South Asia: The Conclusion of the Mahakali and Ganges River Treaties", *The American Journal of International Law*, Vol. 4, 1999, pp. 953–962.

[2] 刘思伟：《水资源与南亚地区安全》，《南亚研究》2010年第2期。

[3] Shlomi Dinar, Ariel Dinar and Pradeep Kurukulasuriya, "Scarcity and Cooperation along International Rivers: An Empirical Assessment of Bilateral Treaties Scarcity and Cooperation along International Rivers: An Empirical Assessment of Bilateral Treaties", *International Studies Quarterly*, Vol. 3, 2011, pp. 817–822.

三 避免被外力博弈利用

由于环喜马拉雅区域人口稠密和居民用电量巨大,即使是主城镇也经常受到停电的困扰,因此域内水环境治理项目中,其中重要的一项是开发水力资源进行发电。目前,美国推行"新丝绸之路"计划的同时,也在同步筹划实施中亚—南亚(CASA-100)水电线路计划和中亚区域经济合作(CAREC)计划。日本在 2005 年之后急切希望全方位参与域内事务,并与印度、巴基斯坦、孟加拉国和尼泊尔等国开展了一系列能源开发与水电合作项目,以扩大日本在环喜马拉雅区域的政治影响力。[①] 纳伦德拉·莫迪就任印度总理的当年就出访日本,并与安倍政府达成净化印度河水质协议,也足以反映出日本急切要参与域内水资源开发的意图。近年来,欧洲也加大了对域内水环境治理的关注力度,先后举办了多场欧洲和南亚地区河流水资源管理计划(Brah-Matwinn)工作组会议和专题研讨会,并在会后组织野外考察活动。[②] 显然,环喜马拉雅区域水环境治理与资源开发已经进入新的发展阶段,印度认为自身不仅是亚太局势的参加者,也是主导者之一。大国之间围绕该地区水资源纷争这个议题纷纷出牌,各有目的,致使域内安全局势更趋复杂。鉴于此,如若水环境治理能够在广大环喜马拉雅区域合理开展,无疑将降低这些外来大国参与合作而带来的负面冲击,难以实现水资源开发与地区经济平和发展。

第三节 生态文明视野下的水环境治理思路

不论世人对环喜马拉雅区域水环境合作机制建设、协议认同和预期目标有多大期望,人们还是认为在域内国家间战略互信取得重大进展之前,地区间合作不太可能取得大的进展。实际上,国际社会对环喜马拉

[①] 涂华忠、红梅:《二战后日本南亚政策评析》,《东南亚南亚研究》2013 年第 3 期。

[②] 张东启:《赴尼泊尔参加欧洲和南亚地区河流水资源管理计划工作组会议和野外考察总结》,《气象科技合作动态》2010 年第 4 期。

雅区域国家之间关系的普遍印象基本还是停留在"合作"意向阶段,甚至有智库评为"审视疲劳"。①根据近年来该地区整合发展的实际效果来看,地区层面合作有空心化趋向,口号多于实际行动。而联合国粮农组织发布的数据显示,环喜马拉雅区域水环境治理合作近年来有倒退的迹象。②如何通过水环境治理合作来带动经济乃至安全领域合作再上一个台阶,人们满怀期望的同时又心存疑虑。

俗话说远亲不如近邻。而从环喜马拉雅区域所处的特殊地理方位和自然环境来看,该区域能否实现平稳发展对域内国家乃至全球层面都将产生深远影响。近年来,环喜马拉雅区域国家发展快速,该地区充满着生机活力,具有发展优势和潜力。而以"命运共同体"理念引领域内水环境治理合作,有助于在域内国家之间形成价值共生理念,促进水环境治理深层次合作。深化域内国家互利合作,巩固地缘相近、人缘相亲的友好情谊,国家之间诚意相待有助于友好关系的大踏步发展。以"命运共同体"理念为引领,本着域内各国互惠互利的原则共同推动国家间围绕水环境治理进行升级合作,并期望能够以此为契机域内国家间编织更加紧密的共同利益网络,把彼此利益融合提升到更高水平,最终促进该区域的整合发展。域内国家之间要加强对抗旱农作物的栽种支持力度,鼓励滴水灌溉技术的应用以及其他提高科技效率的方法,并推动雨水收集工程建设,引领水环境治理合作从"水资源占有论"向"水资源共同开发论"转变,将国家平等享受水环境治理带来的实惠落到实处。"命运共同体"理念实际以更加开放的胸襟和更加积极的态度促进地区合作,着力维护南亚和平稳定大局,作用将逐渐显现。目前应找准深化域内国家水环境治理合作的战略契合点,积极参与包括水文观测与数据交换在内的务实技术合作,同时着力加强对域内国家特别是部落地区的宣传工作,扩大彼此间人文交流,以扩大环喜马拉雅区域长远发展的社会和民意基础。

---

① Gareth Price et al,"Attitudes to Water in South Asia",*Chatham House Report*,2014,p. 7.
② Gareth Price et al,"Attitudes to Water in South Asia",*Chatham House Report*,2014,pp. 7-9.

一 通过对话消弭域内国家战略疑虑

时代在发展，国际法在演进，相应地，在当前经济全球化和国家间相互依赖程度加深的时代背景下，以"命运共同体"理念来促进水环境治理等领域合作，其价值作用非常明显。目前国家主权的含义已经拓展，维护主权的绝对性已经发生了重大变化，国家间很大程度上已经成为全球发展进程中相互依赖的利益攸关方。在传统的国际关系时代，国家围绕跨境河流开发，只要其在本国境内段流，一般认为属于主权范畴，任何一国具有独立制定开发方案的自主权利，而其他国必须对此尊重。但在目前，这种跨境河流单边开发做法既不符合任何一个国家的长远利益，也不符合地区进一步整合发展的深层次需要。目前来看，印度有战略疑虑甚至内部有分歧也是正常的，特别在定义印度防务外交的具体目标方面，印度外交部和国防部似乎意见并不统一；[①] 虽然印度外交部的领导层开始重视防务外交的可能性，甚至有意向对跨境河流主权让渡进行谈判，但国防部仍然极度保守。[②] 总体上看，以"命运共同体"为价值理念，通过增进区域内不同行为体之间对话，引领亚洲人建设亚洲人的亚洲，南亚人建设南亚人的南亚，并在这个进程中同步欢迎来自国际各领域的支持，"命运共同体"理念对当前国家主权让渡与规范做出了尝试性共识约定，为域内水环境治理合作提出了可探讨的方向。

二 实现水环境综合整治

考虑到水环境综合治理机制的复杂性，远远超出了河流委员会参与管控这种传统行政运作机制，由此需要在充分调研的基础上稳步推进。从域内国家水环境治理的现实需要来考虑，积极推进生态修复，建立一套符合该地区需要的水环境综合治理机制，其带来的效用价值将是巨大的。作为第二层次，完善该综合机制下的生态补偿方案，按照"谁污染，

[①] Rohan Mukherjee and David M. Malone, "Indian Foreign Policy and Contemporary Security Challenges", *International Affairs*, Vol. 1, 2011, pp. 87–104.

[②] Siri Aas Rustad and Helga Malmin Binningsb, "A price worth fighting for Natural resources and conflict recurrence", *Journal of Peace Research*, Vol. 4, 2012, pp. 531–546.

谁治理；谁受益，谁补偿"和"公平公正，权责一致"的原则，依据生态环境保护标准，建立责权利相一致的、规范有效的生态补偿方案，促进上、下游协调保护，对各国可能都有利。实际上，推动这样一个综合机制建设，没有国家之间的协调合作和国家内部各部门的协作甚至居民个体的参与，不可能实现水环境治理的预期目标。以"命运共同体"理念为引领，推进水环境综合治理机制建设，将域内水环境安全与地区安全统筹起来，有助于域内国家之间消除生态环境安全担忧。[1] 此外，域内国家已经签署的相关河流用水条约很多都已不适应当前发展需要，以"命运共同体"理念为引领重新评估条约和新签协议应该比较符合域内国家居民的长远利益。

注重加强与国际组织的合作，不断提升应对环境问题的能力。2017年3月，不丹政府和联合国开发计划署（开发署）共同完成了不丹的第一次绿色气候基金（以下简称GCF）项目，该项目拟投资4200万美元，项目期限为18个月。该项目旨在使农业部门能更好地应对气候变化，比如帮助农民获得抗干旱的种子或者是建设储水系统等。由于不丹身处喜马拉雅山麓凹凸部，特别易受气候变化的影响，其中洪水、山体滑坡、风暴和龙卷风等灾害天气时常光临该国。2017年3月，世界银行与不丹政府就提升不丹应对气候变化适应能力的项目达成协议，并为其提供了150万美元的资助。[2]

本章小结

近年来环喜马拉雅区域国家围绕水环境治理取得了一系列进展，不仅加大了双边合作力度，而且为该区域进一步合作开发水资源夯实了基础。但由于各国发展阶段与经济实力差异等原因，在水环境治理方面面临短期方向不明、动力不足等难题。此外，该地区的水资源争夺严重伤害了国与国之间的感情，成为当前地区关系紧张的催化剂，而国际社会

---

[1] Walter C. Ladwig III, "India and Military Power Projection: Will the Land of Gandhi Become a Conventional Great Power?" *Asian Survey*, Vol. 6, 2010, pp. 1162–1183.

[2] "Economist Intelligence Unit", *Country Report: Bhutan*, 2nd Quarter 2017, p. 11.

参与该区域水环境治理开发，大国博弈又加剧了地区矛盾。当前，域内国家在水环境治理合作的道路上可谓一波三折。该地区特殊的"历史记忆"导致彼此间命运共生理念认同难度大，"战略互信"的缺失又制约着国家层面友好关系的拓展。本章认为，通过积极推进域内水环境治理合作，不仅有助于培育国家间感情，也有助于推进水环境治理综合机制建设乃至实现环喜马拉雅地区整合发展。同时，亚洲有关各方也应该抓住环喜马拉雅区域社会经济整合转型的机遇，以参与水环境治理为契机，进一步推动该区域经济治理向着更加合理的多边合作态势发展，形成彼此间新形势下的相互依存关系，最终促进地区的整合发展与地区繁荣。

第 八 章

环喜马拉雅区域经济合作带来的外溢收益

冷战结束以来,世界经济发展不平衡性进一步加剧,国际关系走势也日渐复杂。根据2018年1月世界银行的评估,印度将在2018年之后成为世界上增长最快的主要经济体,赶上中国增速而占据头号位置。全球咨询业巨头麦肯锡把新兴的印度中产阶级称为"金鸟"。而中印国力变化对其周边地区特别是环喜马拉雅区域经济社会发展又将产生深远影响。

随着中印等发展中国家经济的崛起,当前国际经济体系变革表现出的渐进性,经济权力分配均与各国经济实力密切相关。而国际经济体制规则调整也正在加速进行,以上这些经济层面的新动态某种程度上也成了影响国际政治变革的重要方面。[1] 作为理性的国家行为体,在判断国际环境发展预期和进行自身国家政策调整时也会做出优化安排。[2] 而环喜马拉雅区域经济合作与北美自贸区合作、欧盟合作等国际上其他合作相比,在合作进程、路径选择、效用评估等方面有相通之处,但又有不同。参与合作的国家如巴基斯坦和中国、印度、孟加拉国都是发展中国家,在处理与应对国际与地区事务时具有高度发展意识。此外,域内这些国家也更关注基于经济发展而来的地缘政治变动与安全应对问题。基于经济与政治的彼此依赖共生特性以及国际问题与国内问题的关联性,笔者在

---

[1] [美]查尔斯·P. 金德尔伯格:《世界经济霸权1500—1900》,高祖贵译,商务印书馆2003年版,第359页。

[2] [美]罗伯特·吉尔平:《世界政治中的战争与变革》,宋新宁译,上海人民出版社2007年版,第30页。

此章主要围绕域内经济层面的功能性合作带来的外溢收益做一剖析。

第一节 环喜马拉雅区域经济秩序的重构空间

预测环喜马拉雅区域黄金时代即将到来，主要依据是对两个趋势的判断。第一个趋势是城市化。从2010年至2050年，印度城市人口将增长到5亿[①]——这是世界历史上规模最大的城市人口增长预测。历史上，城市化一直是与识字率提高、中产阶级形成、经济腾飞以及世界大同主义上升相关。第二个趋势是经济学家所言的"人口红利"。主要指年轻人大量进入劳动大军时给一个经济体带来的经济好处。人口红利将促使生产力和储蓄率增长。这就要用到身份标志，而身份标志的风险又会激化种族分歧，助推教派纷争。值得注意的是，在环喜马拉雅区域二三线城镇中，城市化无序发展和创造就业机会乏力带来的负面影响不容忽视。如今，环喜马拉雅区域众多年轻人被标以"3E"标签也很能说明问题，即没有受过良好教育、失业或不具备就业条件。以印度为例，印度教育制度的问题不在于上学，而在于学习。在小学阶段，印度正接近于普及入学。然而，就读六年级的学生超过半数无法阅读一篇适合二年级的故事。其中10%的学生甚至不能辨认从1到9的数字。而随着现代高科技发展，技术进步将对经济社会发展带来巨大冲击。环喜马拉雅区域经济合作的开展，无疑也将从社会制度、经济结构、居民生活等方方面面带来影响。

一 区域制度建设与社会公平

无论在乱世还是和平年代，对基本产权的保护如若没有国家权力的介入，财产权如同虚设。因此，有效保护好关乎经济命脉发展的财产权是一国经济发展与崛起的基本前提。而国家有可能在一些情况下会侵害到个人的财产权利，危及一些相关产权的正常安排，这是反过来因产权的保护不到位而妨碍了经济正常发展。用诺斯本人的话就是，"国家的存

[①] 《联合国发布报告预测全球城市人口2050年将增加25亿》，2018年5月，中华网（https://news.china.com/internationalgd/10000166/20180519/32426897.html）。

在对个体来讲可能会有包括税收等在内的很多'麻烦'，但没有国家更'麻烦'"[1]。关于环喜马拉雅区域经济合作，随着跨国经贸与产业园区等日渐成规模，跨国人士或公司相关财产性权利如何保护则需要域内国家间在进行充分论证基础上的一种制度性安排的形成。而域内国家包括阿富汗、缅甸等地区以及克什米尔地区等因贩毒集团、分离主义以及各类恐怖组织等长期存在，也不能排除这些集团进行洗钱等活动，而如何通过制度性建设来根治这种情况则考验域内国家的集体智慧，诚然也是一个长期的过程。值得欣慰的是，经过经济合作基础上的一系列机制完善和交通通信等设施建成，不同国家居民对通过制度建设来巩固区域经济发展成果和对一些影响地区利益的风险性因素进行规避有着高度共识。

此外，这里尤为重点要分析的是关于域内国家所着眼的地区利益与外来力量关系如何协调问题。也即如何理性看待该地区市场需求日渐扩大的军品需求方面。近10年来，中印两国都在发展各种军事实力方面花费巨资，这代表遭受威胁或欺凌的国家对抗美国等远程投射力量的能力。用军事术语来说，中印两国的这些实力称为"反介入/区域拒止"。[2] 其目的不是和美国开战，而是使美国干预的风险和代价增大。简言之，随着环喜马拉雅区域经济发展和域内国家经济实力的提升，有助于改变该区域被外来霸权国随意干预的这种风险，避免介于战争与和平之间的"灰色地带"成为地区安全不稳定源的可能[3]。在当前国际格局演变与充满不确定性的大背景下，经济实力的增强有助于让外来力量不敢采用明目张胆的军事侵略行为，并且避免误判，这对地区整体利益和长远发展来讲，又有一定的公平性。[4]

---

[1] 王跃生：《从"诺斯悖论"看政府与市场关系》，2013年6月，人民网（http://theory.people.com.cn/n/2013/0605/c245417-21739988.html）。

[2] U. S. Department of Defense, "Quadrennial Defense Review Report", February 2010, p. 2, https://www.defense.gov/Portals/1/features/defenseReviews/QDR/QDR _ as _ of _ 29JAN10 _ 1600.pdf.

[3] Randy Pugh, "Contest the Gray Zone", U. S. Naval Institute Proceedings, Vol. 42, No. 11, November 2016, pp. 56-60.

[4] U. S. Special Operations Command, "The Gray Zone (White Paper)", September 9, 2015, pp. 3-4, https://info.publicintelligence.net/USSOCOM-GrayZones.pdf.

二 网络空间"实质安全"与"名义自由"

目前随着域内各国居民经济社会生活对网络依赖程度的加深，网络安全日渐成为该区域国家安全一个重要的关注面。而从全球层面来看，不同国家围绕国家互联网建设，也更多是从如何保障国家安全这一长远规划出发。比如以最新特朗普总统上台后颁布的《美国安全战略报告》中，就异常强调了网络安全对美国的重要性，认为不仅网络安全事关美国未来的繁荣与安全，更是将中国视为网络空间的"竞争者"。[1] 而聚焦于网络权力这样的术语，特别是如何理解与看待透过互联网所展现出来的一国文化与政治权力等，英国政治学家蒂姆·乔丹率在20年前曾做出前瞻性研判分析。[2] 著名软权力专家约瑟夫·奈就曾指出："网络权力与信息技术传送等密切关联的计算机资源有关，其背后体现的是一国科技实力，并且从预期结果来讲网络权力也指如何利用网络工具以达到实现网络空间之外目标的能力[3]。"这一定义道明了世界主要大国围绕网络空间竞争日趋激烈的主要原因。

目前环喜马拉雅区域随着经济快速发展，各种信息交互频度正迅速增加，各种恐怖组织以及犯罪集团也在利用网络从事各种违法行为。此外值得关注的是，如若某个国家在网络空间中确立主导地位，就可以通过网络优势来获取现实中实际利益。2010年"谷歌事件"发生后，希拉里以"互联网自由与全球言论自由的未来"为题进行演讲宣传美国立场和观点，维护美国在互联网领域的霸权。但实际上，美国的"互联网自由"是基于其在网络空间技术里的绝对领先地位。作为目前国际社会互联网运行核心的根服务器，13个中的主根服务器在美国，另外12个副根服务器中的9个也在美国。这里需要商榷的是，作为已经占据网络制高点的强国美国一方面宣传主张互联网自由，但另一方面也在加快进行网络从严审查。这也需要引起重视。

---

[1] The White House, "National Security Strategy of the United States of America", https://www.Whitehouse.gov/wp-content/uploads/2017/12/NSS-Final-12-18-2017-0905-2.pdf.

[2] Tim Jordan, Cyberpower: The Culture and Politics of Cyberspace and the Internet, London: Routledge, 1999, p.208.

[3] Joseph S Nye, "Cyber Power", http://belfercenter.ksg.harvard.edu/files/cyber-power.pdf.

环喜马拉雅区域经济发展为地区网络安全问题的解决提供了可能。而根据环喜马拉雅区域国家间不同的经济发展水平和国家安全侧重，网络言论自由与安全治理的努力应该注重这样一个尺寸：中、印、巴、孟等国网络合作应本着安全至上原则，充分尊重各国的互联网领域利益所在和关切，否则有可能最终发生"鹬蚌相争，渔翁得利"这样一种场景。

此外，互联网安全与国家间网络战略合作也显得特别敏感。互联网信息技术一方面形成了某种意义上的"全球公域"从而挑战了国家主权，另一方面又因网络信息的流动性而使得任何国家必须重视网络安全。在中南亚地区的恐怖思想和民族分离主义思想传播，一个重要的渠道就是网络，这需要引起我们的重视。而在当前信息技术迅猛发展的今天，传统意义上的国界安全已经被网络空间的信息数据安全所转引。这里并不是说传统领土层面的边疆安全不重要，而是虚拟世界安全的防范与应对需要引起重视。而环喜马拉雅区域面临来自网络安全的挑战特别是"三股势力"利用网络平台从事一些圣战宣传等，对地区和平与稳定带来了极大影响，域内各国显然需要加强国际合作来共同应对。[①] 值得欣慰的是，面对黑客等行为，联合国等国际组织也异常关注并通过了相关条文，其中第四届联合国信息安全政府专家组（GGE）报告就明确了针对恶意通信技术活动的应对方式，也包括如何识别恶意通信攻击以及网络诈骗等行为。实际上，由于网络的开放性使得各国在应对处理来自互联网的挑战时多了一份压力，包括弱小国家的技术能力不足而带来的合作困境等，而环喜马拉雅区域国家无论国家大小与信息技术发展快慢，理应本着互利互帮的原则通过合作来共同应对网络挑战。而中国作为地区大国和网络强国，在网络公共品提供方面展现出大国的责任担当风范，对推动地区乃至国际层面的相关规则制定和网络空间秩序的维护正在进行着努力。[②]

[①] 王晨：《各国需加强国际合作应对网络安全挑战》，2011 年 9 月，中国新闻网（http://www.chinanews.com/gn/2011/09-29/3363769.shtml）。

[②] Michael N. Schmitt, "Tallinn manual 2.0 on the International Law Applicable to Cyber Operations", *Cambridge University Press*, 2017, pp. 1–17.

三　跨境支付系统的升级与电商改变生活

目前在广大环喜马拉雅区域，美国一直视该区域为其战略利益的重要一环而进行运营，其中阿富汗战争即可看作美国布局该区域并进行运营的一个重要起点。阿富汗战争后美国极力主张在该地区建立一个符合美国长远利益的民主化国家阿富汗，期望阿富汗居民生活价值取向不再受极端伊斯兰的影响。长期来看，美国认为一个开放和美国能够有效参与的印太地区更加符合美国利益。美国认为在该地区最大的威胁并不是三股势力以及其他传统安全领域的挑战，而是担心来自中国发起的各类技术"胁迫"，其中之一是来自网络技术和数据的挑战。[1] 美国为达到其网络技术担心被中国超越的可能，在国际舆论中散布说中国近来利用网络、太空和电磁空间规则漏洞来改变国际秩序。[2] 环球银行间金融通信协会（SWIFT）是目前国际上通用的银行间支付信息传输系统，有200多个国家和地区的近万家银行机构接入使用中。但由于SWIFT系统受到西方发达国家在汇兑市场上的垄断，并且经常以此来进行政治施压。而许多国家都曾考虑过打造SWIFT系统的替代方案，中国在这方面也有所尝试。2015年，中国人民币跨境支付系统上线运行，一期有11个本国银行客户、8个外国银行客户接入该系统。目前，人民币跨境支付系统（二期）也已投产试运行，现在另有10家中外资银行同步试点上线。截至目前，人民币跨境支付系统已经在世界上85个国家和地区运行。系统目前不放行的有价证券交易、对外国直接投资等大额资金转账，但中国已承诺在系统二期投产运行的过程中解决这个问题。而当前伴随"一带一路"建设的推进，不排除人民币跨境支付系统在不久的将来成为SWIFT真正竞争对手的可能性。实际上，人民币跨境支付系统有助于直接使用人民币进行跨境支付，还能促进人民币国际化进程。

在电商领域目前无论是世界层面还是环喜马拉雅区域内国家间，都

---

[1] Michael Green, Kathleen Hicks, "Counter Coercion in Maritime Asia", May 2010, p. 52, http://www.marines.mil/news/publications/Documents/Naval%20Operations%20Concept%202010.pdf.

[2] Chief of Naval Operations, "A Design for Maintaining Maritime Superiority", January 2016, p. 3, http://www.navy.mil/ah_online/MaritimeSuperiority/index.html.

面临着激烈竞争。这种竞争看似是网络上的一种购物交易和商品端服务之争，但实际上更重要的是平台之争。简单来讲，随着域内国家间经贸往来频度的增加，商家与客户端需要对接的一个重要渠道就是网络，而科技发展则极大提高了这两者间对接的便利度。这使得异国的商品可以在分分钟内实现异地购买。另外值得强调的是，科技网络技术的发展使得相关软件能够及时分析出客户浏览商品的不同而测度出其需求偏好，相关数据为商家针对客户需求量身生产产品提供了支持。而且在电商领域也在上演着并购大战。2018年，印度最大线上百货零售商（e-grocer）Big Basket 获得中国电商巨头阿里巴巴3亿美元投资，这也展示着电商领域将在今后面临更趋激烈的国际竞争。2008年，孟政府提出"数字孟加拉2021"战略，计划通过发展信息通信技术来推动经济发展。2013年，国际信用卡在孟被允许可以用来网上购物。根据孟电信监管委员会数据，截至2018年3月，孟互联网用户数量已达到8454.5万人，占到总人口一半。[1]

第二节 功能性平台建设与"扩大的邻国关系"理念

在地区层面，地区主义成为与全球化势头并行的世界性现象。地区一体化被视为区域治理的重要因素和全球治理的重要组成部分，地区主义理论也在很大程度上涉及国际制度领域的内容。其中，新现实主义认为地区若无明显的实力结构，如大国协调或势力均衡，则必然不稳定。新自由主义的地区理论强调地区制度建设，认为地区一体化进程中应充分考虑各种行为体的理性行为与制度设置如何契合以推动地区发展。中国近年来在"一带一路"建设框架下投资传统上被视为印度"天然"势力范围的南亚地区。其中的旗舰项目是中巴经济走廊，在该项目框架下，中国在2030年以前将向巴基斯坦提供约540亿美元援助。在斯里兰卡，中国在2005年至2015年已向该国基础设施项目投资约140亿美元。此

---

[1] 《孟加拉国电子商务介绍》，中华人民共和国驻孟加拉人民共和国大使馆经济商务参赞处，2018年5月27日，http://bd.mofcom.gov.cn/article/ztdy/201805/20180502748645.shtml。

外，中国政府与孟加拉国签署了总额380亿美元的合作协议，还计划向尼泊尔提供超过80亿美元投资和贷款。印度方面担心，印度在该地区的影响力因此减弱，并担心受到中国在印度邻国所建基地（"珍珠链"）的包围，比如在瓜达尔港和汉班托塔港口项目。印方的疑虑实则是对新形势下地区平台价值的认知不足和与长期中印巴等国之间战略互信不足有关。

一 民族主义情结变化与"邻国优先"政策

自印度独立以来，始终自视为南亚地区的霸权。因此，它以五花八门的政治、经济和军事手段干涉包括尼泊尔、巴基斯坦、斯里兰卡和马尔代夫在内的邻国内政。以印度前总理英迪拉·甘地名字命名的"英迪拉学说"认为，邻国内政冲突只能通过印度帮助解决，而不应将地区外大国牵扯其中。从印度的角度看，干涉的结果至多是好坏参半。虽然拥有经济和军事优势，但印度很少能使邻国冲突始终朝有利于自己的方向发展。印度的邻国也以不同方式和程度尝试将自身与印度的双边关系国际化——大多通过与美国或中国建立更紧密关系的方式。对印关系在其邻国都是一个有争议话题。鉴于同印度在宗教、语言和种族上的共性，对印关系也一再触及民族认同性问题。比如在孟加拉国20世纪80年代实施军法管制期间兴起了一种强调宗教的孟加拉人的民族主义思潮，由此与强调同印度具有文化共性的孟加拉国民族主义划清了界限。印度的南亚政策转折出现在20世纪90年代实施经济自由化改革之后。此后，印度政府不再仅将南亚地区视为印度安全的一部分，而是也日益将其看作急速扩张的印度市场的一部分。印度从2000年开始致力于扩大地区内的互联互通，以振兴薄弱的区域内贸易。印度在本地区与西方国家和日本展开的新合作也将有助于抵抗印度影响力的衰退。例如印度外交部长苏杰生指出，在除印度之外也有"其他国家在场"的情况下，较小的邻国显然更有安全感。从这个意义上看，外界长期抱有的南亚是印度"天然"势力范围的看法或许会逐渐瓦解。

鉴于域内国家对地区形势变化以及经济合作重要意义的认知也在不断深化和提升，其对通过经济合作带来其他领域的外溢收益有了进一步认可。而关于中印之间关系，两个亚洲大国之间的关系长期处于不稳定状态，给外界的印象犹如交往中的时而"敌对"时而"友好"。经济全球化帮助减少了这种对抗的激烈程度，但并没有消除引起两国互疑的那些根本问题。2018年5月在武汉举行的习莫峰会以及两位领导人在上海合作组织和金砖国家等论坛上的几次会晤缓解了自2017年7月至8月"洞朗对峙"以来的紧张局面。而作为世界大国的美国，特朗普政府的美国优先政策在中国和印度都引起了担忧，因为美国对中印两国不仅都加征了关税，而且对人类社会未来发展的利他选择直接形成了挑战。

环喜马拉雅区域经济合作本着互利互惠的基本原则，本着域内国家间经贸关系进一步平衡的原则进行推进，给当前错综复杂的国际经贸环境带来了一股清风。现实的环境让我们不得不进一步反思传统教育与现实政策层面的逻辑。实际上，正如有学者所提出的，国家间认知差异不仅来自对历史的认知，也来自国家间行动过程本身。[①] 中国在环喜马拉雅区域的投资提出了一项挑战，而印度外交界在很长一段时间里都没有找到合适的答案。印度总理纳伦德拉·莫迪虽然在2014年5月邀请南亚区域合作联盟所有成员国领导人出席其就职典礼并以"邻国优先"政策强调地区重要性，尽管取得若干成果——比如与孟加拉国关系的改善，但印度未能对中国在其周边地区的投资予以相应惠及。印度是少数未参与中国"一带一路"倡议的亚洲国家之一。而且，印度方面认为，"21世纪海上丝绸之路"战略意图并不是聚焦于经济层面的互联互通，而是出于抗衡美国和主导印度洋的霸权目标。[②] 而早在2016年，印度和美国就在加强针对包括南亚国家在内的第三国的发展政策合作问题上达成一致。例如，美国国际开发署为印度妇女组织"自主就业妇女协会"在阿富汗的活动提供支持。另一个例子是美印合作参与尼泊尔跨境输电线路工程。而印度和日本则在斯里兰卡合作修建液化气管道。进一步观察会发现，这些新型合作表明印度已明显背离以往——特别是针对邻国——的外交

[①] Martha Finnemore and Kathryn Sikkink, "International Norm Dynamics and Political Change", in Peter J. Katzenstein, Robert O. Keohane and Stephen D. Krasner, eds., *Exploration and Contestation in the Study of World Politics*, Massachusetts: The MIT Press, 1998, p.255.

[②] Jagannath Panda, "Maritime Silk Road and the India-China Conundrum", *Indian Foreign Affairs Journal*, Vol.9, No.1, 2014, pp.23-22; Kanwal Sibal, "China's Maritime 'Silk Road' Proposals Are Not as Peaceful as They Seem", Mail Online India website, February 24, 2014, http://www.dailymail.co.uk/indiahome/indianews/article-2566881/Chinas-maritime-silk-road-proposals-not-peaceful-seem.html.

政策。

"邻国优先"政策实际并非如字面所理解的印度通过相关政策性倾斜以帮助邻国发展这样一层简单语义,而是有着深层次战略目标。中国作为印度的邻国,诚然不希望印度以牺牲自身利益的方式与中国发展关系,但也不期望印度以此政策捆绑邻居从而对中国的相关长远利益造成侵害。

二 尊重彼此关切与管控分歧

环喜马拉雅区域扩大的邻国关系包括印度洋、中亚、东海和南海之间的广大区域。为回应来自中国的强势竞争和促进外贸发展,印度总理莫迪 2014 年将 20 世纪 90 年代中期实行的"向东看"政策提升为"东方行动"政策。目标是继续深化同日本以及东南亚国家联盟成员国的经济、政治和军事关系。在扩大后的邻国关系中,印度的行动变化主要体现在新的和复苏的双边即少边主义形式上。2017 年 11 月,美国总统唐纳德·特朗普访问亚洲期间与日本、澳大利亚和印度政府首脑在马尼拉举行会谈,以期重振过去的"四方安全对话"。"四方安全对话"10 年前首次举行,但由于各方外交理念差异并未持续进行。近来,虽然对"四方安全对话"抱有浓厚兴趣的印度显著扩大了同另外 3 国的双边政治、经济和军事关系,不过,"四方安全对话"成员国在会谈中并未就联合声明达成共识。它们在海洋安全和互联互通问题上也未找到共同路线。

尊重国家间各自利益诉求,打造好功能性合作平台及其进行有效对接战略意义凸显。当前全球化发展进程中,没有一种理论可以解释一切,诚然我们也无须在多如浩瀚的不同观点间必须支持哪一种选择,而主要任务实际是要把这些观点进行提炼与升华,融合成一种契合度更高的观点。重视国内政治与国际政治之间的联系,促进地区经济可持续发展与平衡发展,地区经济合作平台创建的重要性不言而喻。例如在现有多个合作机制基础上的专业性小组机构效能的发挥就显得极为迫切。如环印度洋学术组、财务小组委员会、蓝色经济会议等。这些机制有助于帮助环喜马拉雅区域这些国家在跨国相关经济合作领域经济合作和一些高政治领域难题的化解。

三 更加重视差别化合作方式

中印在环喜马拉雅区域开展竞争与合作进程中,"一带一路"建设与"亚非增长走廊"(AAGC)建设能否有效对接考验人类智慧。AAGC主要面向印度洋及其沿岸国家。印度从2009年就开始在印度洋鼓吹安全伙伴(安全提供者)理念。为应对中国在该地区日益增长的存在感,印度加强了同塞舌尔、毛里求斯、马尔代夫和科摩罗等岛国的军事合作。2014年莫迪政府推出了抗衡"一带一路"计划的"跨印度洋海上航路和文化景观计划"。2015年以来,莫迪还不断推广其"印度洋地区内全体人民安全与繁荣"倡议(SAGAR)。与中国相比,印度实施其外交设想的政治、经济和军事手段明显不足。在AAGG框架下与日本紧密的经济和政治合作为印度在印度洋实现其野心提供了新动能。俄罗斯、伊朗和印度2015年起推动的"国际南北运输走廊"是一个新的三方项目。以伊朗恰巴哈尔港为起点的这条走廊为印度打开了进入阿富汗、中亚和俄罗斯的通道。鉴于印巴冲突,巴基斯坦至今拒绝向邻国印度提供通往中亚的陆路通道,同时还阻挠阿富汗政府与印度直接开展贸易的各种尝试。2016年5月印度政府承诺向恰巴哈尔港提供5亿美元发展资金。恰巴哈尔港与中国"丝绸之路经济带"和"21世纪海上丝绸之路"的交会点巴基斯坦的瓜达尔港相距仅70公里。2017年10月底,印度首次通过恰巴哈尔港向阿富汗船运了一批小麦。未来几年,这条走廊将推动印度和阿富汗的贸易发展。印度政府也通过该项目突出了与他国成功实施基础设施项目的能力。

总体上看,环喜马拉雅区域进行经济合作并不是要替代该区域原有经济合作机制和倡议,而是在原有条件基础上探索更适合当下经济合作需要的新机制,而这理念也是与一带一路建设的优势互补与对接理念相契合。[1]一方面,中国要寻求"21世纪海上丝绸之路"与"季风计划"对接。[2]

---

[1] 习近平:《迈向命运共同体 开创亚洲新未来》,《人民日报》2015年3月29日第1版。
[2] Wei Wei, "Reviving the Silk Road-Connecting India, China and the Entire Asia", *The Economic Times*, April 14, 2014, http://www.fmprc.gov.cn/mfa_eng/wjb_663304/zwjg_665342/zwbd_665378/t1146648.Shtml.

另一方面，要看到彼此在海洋技术方面的差距。中国可以帮助印度增强其海洋装备制造业能力①。同时更是增加政治互访与人文交流等活动，管控好边界分歧，并在条件成熟下寻求解决问题的思路，扩大双方互信的政治和社会基础。对世界负责任的中国哲学视界在当下有全新实践的可能，即把传统的"天下"作为分析单位，超越近代以来西方国家所过度强调的国家利益，创新世界治理新理念。②

第三节　环喜马拉雅区域命运共同体的构建

当前随着国际经济发展面临重大不确定性背景下，大国之间围绕地缘利益博弈加剧。其中美国在印太地区的具体目标是加强与印度政府的关系，以稳定阿富汗局势，并且说服印度不再购买伊朗石油。而中国长期以来一直是地区和平的维护者。如今，"一带一路"建设无疑也将给沿线国家带来巨大机遇。然而，中国的好心被一些国家解读为别有用心的"胡萝卜政策"，认为中国是在用经济手段以实现地区霸权野心。但也正如有关国际学者所分析的这样，任何政策实施都会产生这样那样的问题，但不能因为有问题就束手束脚而采取不作为。如何更加理性看待这些问题就需要从国际关系理论层面进行深度剖析。而如果仅仅从实质主义（substantialism）角度来分析，将行为体视为高度自主的理性行为体，可以自由独立行动是不够的。因为在关系社会学中，社会关系总是先于行为体而存在。③ 另外，勒格罗提出了一个很有意思的研究问题，他发现单位层次的"组织文化"对行为体的影响更大④，由此理解一国的政策措施需要从该国的文化传承和所处周边环境层面进行分析。江忆恩的《文化

---

① Imtiyaz A. Malik and G. M. Mir, "New Maritime Silk Route Challenges and Opportunities for India", pp. 110 – 117.

② 赵汀阳：《天下体系：世界制度导论》，江苏教育出版社2005年版，第3页。

③ Patrick Thaddeus Jackson and Daniel Nexon, "Relations Before States: Substance, Process and the Study of World Politics", *European Journal of International Relations* (1999) Vol. 5 (3): 291 – 332.

④ Jeffrey W. Legro, "Which Norms Matter? Revising the 'Failure' of Internationalism," *International Organization* 51 (1997): 31 – 56.

现实主义》也是根据中国国内文化传统来研究中国的战略文化,从而研究中国的冲突与合作行为。笔者由此引申来分析,认为环喜马拉雅区域经济合作恰恰是超越国家短期利益的利己考量,是从一个地区发展的更长时段利益角度来进行推动,传承了该地区历史发展的文脉习俗,无疑不仅有助于当地居民幸福,也有助于该地区命运共同体建设,也会为国际其他地区合作带来经验借鉴。

一 规范重构的区域性特点和时代价值

规范作为行为体广泛接受并在具体活动进程中参照的适当行为准则,在国际事务中发挥了极其重要的作用。[①] 此处笔者所谈及的规范重构主要聚焦于环喜马拉雅区域行为体参与经济等地区事务时所遵循的一套行为规则或理念指引,通俗讲也即所谓的域内行为体所持有的共有观念。而具体这些共有观念包括了行为体之间关于自身所处发展阶段、目标追求、战略偏好、文化状态等的认知以及对对方理性程度和战略偏好的理解[②]。而一旦行为体之间对某一事物认知形成了共有观念,那么这一观念将对该行为体今后的相关行为形成持久的客观影响力,使其按照这一观念进行活动。而作为大家有目共睹的案例,可以以美国总统特朗普来作为参考。特朗普今天的行事风格与他长时间经商所积累的经验密切相关,他认为很多国际事务都是一种交易,只要满足交换条件没有什么不可以成交。[③] 而有关学者比如美国西北大学著名的心理学教授丹·麦克亚当斯评价特朗普的一生,认为是"勇士式的人生"。在这样一个丛林法则横行的国际域场内,只有保持战斗思维才能够避免被淘汰,这些展现在特朗普言行上的观点很大程度上也与霍布斯主义的世界观相近,这种世界观所

---

① Peter J. Katzenstein, "Introduction: Alternative Perspectives on National Security", in Peter J. Katzenstein, ed., *The Culture of National Security: Norms and Identity in World Politics*, New York: Columbia University Press, 1996, pp. 1–32.

② [美]亚历山大·温特:《国际政治的社会理论》,秦亚青译,上海人民出版社2000年版,第201页。

③ Dan P. McAdams, "The Mind of Donald Trump", *The Atlantic*, June 2016, https://www.theatlantic.com/magazine/archive/2016/06/the-mind-of-donald-trump/480771/.

形成的最主要三种政治倾向则包括保守主义、宗教激进主义和威权主义。[1]

近年来,印度制定了多项战略来应对中国在其陆地边界和印度洋上的崛起。这其中包括:基于不对称军备建设进行有限的制衡,与志同道合的国家建立非正式联盟,以双边形式和通过多边论坛与中国进行定期外交接触。但最重要的非传统软制衡努力是与美国和日本建立有限的战略伙伴关系以及参与东盟论坛和上海合作组织等区域性组织。这一战略还基于机构抗拒——不同意中国加入南亚区域合作联盟,最引人注目的是拒绝加入"一带一路"建设倡议。印度做出了一些努力与区域各国创建可分庭抗礼的经济合作倡议来取代 BRI。它在 2017 年与日本一起规划建立非洲成长走廊作为 BRI 的有限替代方案,不过它尚未完全成形。

域内各国经济进一步相互开放和交融式发展等社会化进程对地区规范提出了诉求,但遵循的路径或更趋于选择社会化而非制度化。[2] 从理论层面来讲,制度化虽然是规范的一条内化途径,但对规范的普及来讲并非必要条件。例如欧盟一路沿着高制度化的路径走过来,同步的是系列彼此约束的条约来推动规范建设。[3] 目前来看,中国已经成为印度的主要贸易伙伴,2017 年,中国与印度进行了约 840 亿美元的商品和服务贸易,中国的贸易顺差为 520 亿美元。不管印度怎么说,这一巨大的贸易差额短期内不太可能改变,因为印度的制造业和消费品行业因成本和其他方面原因严重依赖中国产品。面对中国的经济冲击,印度通过"印度制造"计划在国内开发产品的替代战略并没有取得太大进展。此外,如巴基斯坦自身发展条件和发展环境比较差,单靠自己的力量短期内难有大的改观。但是随着中国"一带一路"建设的推进,给巴基斯坦的发展带来重大机遇。中巴经济走廊建设可以改善巴基斯坦的发展环境,为巴基斯坦发展提供比较好的契机,但是巴基斯坦要想走上快速发展的道路还有很多困难要克服。当然,巴基斯坦加入上合组织,有利于联合上合成员国

---

[1] Dan P. Mcadams, "The Appeal of the Primal Leader: Human Evolution and Donald J. Trump", *Evolutionary Studies in Imaginative Culture*, Vol. 1, No. 2, pp. 1–13.

[2] 秦亚青:《国际关系理论:反思与重构》,北京大学出版社 2012 年版,第 245 页。

[3] 秦亚青:《观念、制度与政策:欧盟软权力研究》,世界知识出版社 2008 年版,第 11—17 页。

共同打击地区恐怖势力,为经济发展创造比较安定的环境。实际上,随着中国"一带一路"建设在该地区的展开,域内国家无论自觉还是不自觉已经无法抗拒该进程并且参与进来从长远来说也是有利的。而随着这一进程的加快,域内国家都会感受到"伙伴热情"。

二 建构新规范塑造地区行为

经济合作进程中探索行为适当性标准(有一些为制度性安排),这种实践过程使得既有规范得以塑造参与行为体,也被参与的行为体反过来所塑造,形成新的规范。这里所要强调的是要重视新规范构建的进程所附载的行为意义。实际上恰恰是行为体不断地通过实践活动,将规范不断建构和再建构出来,也是在这一过程中行为体的共同利益不断被生产出来。而这些实践过程中所产生的新规范对地区秩序的维护又发挥着极其重要的作用,甚至直接影响着地区稳定与世界和平。

环喜马拉雅区域所处位置极具战略价值,中国在该地区推进域内国家间深度经济合作一方面是为了改善该地区落后的经济面貌,另一方面更重要的是试图通过经济的发展来改变该地区人们落后的思维模式,并尝试能够与当地政府就一些长期项目合作达成制度性安排。此处的地理环境比较恶劣,海拔较高以及基础设施建设的落后,严重影响了当地居民获取最新咨询并做出正确判断的能力,致使恐怖组织以及一些宗教极端团体活动频繁。而通过签署一些战略性框架合作并就一些敏感领域比如通信领域等合作能够达成共识。实际上域外大国也会利用这种落后达到一些战略层面的获益,比如美国长期以所谓人权等问题暗中支持藏独分子从事一些制造地区摩擦的活动,对此也应从完善安全机制的角度进行思考与回应。

值得注意的是,目前印度对所谓的美国、日本和澳大利益在内形成的所谓四方集团并不感冒,相关活动也并非积极。美军太平洋司令部司令哈里斯曾提议美国与印度海军在印度洋进行联合巡逻,但印度政府并没有采纳这个建议。[①] 美方认为中国在南海的造岛行为开了一个坏头,引

---

① 黄子娟:《印度不愿被绑上美国"战车"联合巡航南海》,2016 年 3 月,人民网(http://military.people.com.cn/n1/2016/0317/c1011 - 28207335.html)。

发地区力量之间失衡。而国际社会未来发展可能会出现某种焦灼状态。一方面是中国正在推动构建的人类命运共同体和"一带一路"倡议。另一方面则是西方世界对基于规则的自由市场经济体制的坚持受到美国总统特朗普提出的"美国优先"主义破坏。而随着环喜马拉雅区域经济的发展和社会的繁荣，域内国家将会更加地理性处理与自身国家利益密切相关的国际事务。例如，域内国家也越来越多采取平衡外交政策，斯里兰卡会根据自身利益处理与印度的关系，而马尔代夫虽然也把印度作为外交优先对象，但也积极寻求与其他国家发展友好关系。[1]

三 结伴而不结盟与相向而行

在合作中增进国家间感情是新时代区域合作的重要方向。主流建构主义以及西方重视进程的社会理论家长期来也非常注重集体情感的培育。值得强调的是，长期生活在关系社会中的东方国家更重视情感因素在国家间交往的作用。而中印两国之间如若能通过经济合作进一步增进了解和避免战略误判，无疑将给印太地区乃至世界和平带来重要影响。而关于集体认同则是作为建构主义的重要概念之一，认为行为体之间彼此普遍尊敬各自身份的基础上认同主导规范这样一种情景状态。[2] 而围绕集体认同基础上的身份角色及其随后的行为，这里就涉及情感性权力问题，比如孩子和父母之间，虽然孩子幼小无力并且也没什么物质性资源，但可以通过哭闹撒娇等情感杠杆来达到其个人目的。追溯历史可以看到，印度有着强烈的战略自主本能，这是不结盟时代留下的后遗症。每当来自多个大国的压力加大时，印度都会觉得回归战略自主是一个富有吸引力的方案。中国利用经济全球化和相互依存进行国际公共品提供，以至于没有哪一方认为中国的这种行为对其本国利益构成严峻挑战。而印度方面莫迪则把自己描绘成一个可以为印度带来繁荣前景的领导人。一方面他通过把印度民族主义言论进行淡化处理以支持发展，另一方面莫迪又把自己定位成一个普通人，自己的卑微出身与"小储君"拉胡尔·甘

---

[1] Smruti S. Pattanaik, "Indian Ocean in the Emerging Geo-strategic Context: Examining India's Relations with Its Maritime South Asian Neighbors", p. 138.

[2] 秦亚青：《国际关系理论：反思与重构》，北京大学出版社2012年版，第246页。

地形成对比，后者被认为是国大党指定的总理，尽管他从未正式获得过这种任命。莫迪大力宣传他主政古吉拉特邦时所取得的经济成就，虽然同时期其他邦经济发展有的也不错，甚至成就更加明显。莫迪与习近平武汉会晤后，中印关系迎来快速转机，而印度对邻国政策则是从2017年"洞朗事件"后紧急进行了调整，可以说动作非常快。总体上看，域内国家特别是中印之间在管控好分歧的前提下通过进一步合作来增进互信的前景是可期的。

从地区层面看，在环喜马拉雅区域经济合作的进程中，域内国家彼此间需要适应当前全球一体化的大潮和地区一体化的发展需要，通过以人类命运共同体理念为引导和加强自我约束，来有效促进域内国家间的长期繁荣发展。虽然不同国家在跨地区行为中给外界的印象不同，但以服务于国家利益为理念和如何通过优化行为来获取国家利益最大化的逻辑已经深得人心。由此，塑造国家观念与强化国家认同依然是环喜马拉雅区域国家在推进跨地区经济合作中的重要任务之一。目前也有学者强调"国族"这一概念，通过对国族身份的认同强化来铸牢共同体意识，也或是一种思路。[①] 目前来看，在边民中加强人文教育，对不同民族、不同宗教背景的民众通过进一步提高道德素养和信息素养，来保护个体利益和公共利益之间的平衡，是一种可行的选择。而对利用各种问题来煽动民族仇恨、民族歧视，破坏民族团结和地区和平的犯罪行为，应依照有关法律追究刑事责任。

本章小结

本章主要围绕环喜马拉雅区域经济合作带来的外溢这一议题展开研判。实际上，在地区经济合作的进程中，不可避免遇到涉及重大地区安全乃至和平事项的争论。国与国之间进行跨地区经济合作不是简单地做生意，其深层次意义在于该地区能否通过经济合作来促进解决一系列事关国家重大政治与安全利益问题。通过减少贫困，最终为地区百姓生活

[①] 余丽、赵秀赞：《全球网络空间"观念治理"的中国方案》，《郑州大学学报》（哲学社会科学版）2018年第1期。

与追求幸福提供一个坚强有力的和平环境。考虑到环喜马拉雅区域民族成分复杂，经济发展不平衡和社会治理的落后等现实，环喜马拉雅区域经济合作或多或少也带有地区公共品提供的成分。特别是针对位于缅甸和阿富汗等地区的罂粟种植和毒品走私活动猖獗，巴阿边境区的恐怖分子活动依然频繁，位于印度东北各邦的民族分离主义活动也是极度频繁等挑战，也让我们反思先前一味地打击策略并非有效。我们现在推动环喜马拉雅区域经济合作主要是期望通过提供更多的就业机会给当地，从而改善当地的就业环境，为当地发展注入活力。经济合作的功能性目标实际上也在这里，一方面，通过经济合作进一步增进地区间国家与国家之间的经贸联系，为彼此经济发展和发挥自身禀赋优势创造条件，同时也期望在此过程中为历史遗留问题特别是边界问题等的解决创造条件。而随着经济互动频度的增加，跨国间的各种人文交流活动也将逐渐增多，与之相伴的则是行为体认可的新规范构建和地区层面的制度性安排达成共识，进而对高政治领域问题解决创造良好条件。而从另一方面讲，高政治领域合作虽然开展难度较大，但长期拖延和不作为并非符合域内国家长期利益。鉴于国家之间长期以来形成的这种彼此互不信任感，如何避免因战略误判而导致的地区紧张局势升级也是本章所关注。总体而言，随着域内经济合作的进一步开展，不仅直接影响了地区经济秩序的重构空间，特别因技术进步而带来的便捷网络对日常生活方式的一种改变，而且对因经济合作而带来的一系列外交理念改变和功能性平台打造的价值意义及其反作用，也需要进一步认识。而关于命运共同体理念在地区层面的实践，重点方向在于互利共赢思维的一种落地。目前来看，低频度的军备竞赛对地区和平整体态势影响可控，但要警惕可能的地区热点，比如克什米尔恐怖主义问题引发大规模军事持续对抗以及诱发军备竞赛升级等。

结　　语

进入21世纪以来，伴随经济全球化快速发展以及中印等国经济实力大幅提升的新趋势，环喜马拉雅区域经济进一步紧密合作是时代发展的必然要求。如何有效开展合作以促进落后地区面貌的改变，让当地居民获得经济社会快速发展带来的便利；如何开展经济合作以促进域内不同国家间战略互信的提升；如何通过合作最终促进域内实现经济产业结构的升级，激活市场，并最终实现经济合作相互依存预期下的共情环境建设，是摆在域内各国政府乃至相关公司、企业等面前的现实问题。而从区域经济发展角度讲，环喜马拉雅区域经济发展也是区域经济一体化必然的一个要求。总体而言，无论是从现实层面还是理论角度来解析环喜马拉雅区域经济合作路径、模式、机制、功能性合作外溢等，是摆在国际政治经济学者面前一个不容忽视的重要课题。

一　主要观点总结

（1）要重视西藏的区位优势。青藏高原对中华民族生存发展重要性不言而喻。中国的大江大河大部分都发源于青藏高原，而环喜马拉雅区域的地理、历史和人文等领域有特殊战略价值。若没有西藏地区经济社会的全面发展，中国共同富裕目标不仅不能完成，中国西南边疆安全甚至不排除出现麻烦的可能。此外，"一带一路"建设无论是从现实还是历史的角度看，都不能缺少喜马拉雅地区的参与。实际上，环喜马拉雅区域在中华民族复兴中的战略地位是不容低估的。在有关喜马拉雅区域经济合作问题上，要从国家总体对外战略布局的高度来予以考虑。

（2）推动环喜马拉雅区域经济合作具有可行性。无论"增长三角"

理论还是"点轴"理论都暗含了对某个区域重点推动发展的语意,某种意义上有计划经济规划的烙印。而环喜马拉雅区域生态资源特殊,特别是水资源对域内国家经济安全至关重要,而通过环保前提下以通道建设为空间布局的经济合作来促进地区发展,有助于域内经济更加均衡发展。必须引起重视的是,西藏位置的特殊性,特别是在青藏铁路修通后以及拉日铁路通车后,西藏对南亚国家的区位优势更趋明显。总体上看,不同国家各民族间共通的文化发展脉络、共通的地域活动范围、共通的对未来美好生活的向往等因素,使得推动环喜马拉雅区域经济合作成为域内各方共同的需要。

(3) 南亚市场在中国对外经贸中的地位特殊,中印围绕域内经济权力空间博弈加剧。近年来环喜马拉雅区域相关国家抓住世界经济产业升级换代的机会和自身劳动力等资源优势,保持了经济快速增长,当地居民的生活水平有了大幅度提高,而国家间相互经贸联系也更加频繁。从经贸发展的实际情况来看,南亚仍然显现出巨大的韧性和回旋余地,是世界上经济增长最快的地区之一。特别是印度,由于其经济总量在南亚地区举足轻重,其强劲的增长拉动了整个南亚经济的较快增长。中国和南亚各国之间相互促进贸易、增加交流的意愿日益强烈,高层互动来往频繁,跨国家经济合作项目日渐增多,域内各国与中国经济合作的紧密度也日渐增强。中国与南亚之间存在非对称相互依存关系,主要反映在外交、贸易、投资、技术交流等领域。关于经济权力空间部分研究主要结论为:中国在南亚地区对外贸易的地理分布明显呈现由过度集中在印度向尼泊尔、孟加拉国、巴基斯坦等多国更加均衡格局转变,但南亚对华贸易依存度最高的国家并不是印度(虽然中国是印度第一大对外贸易国);南亚各国对中国的贸易高敏感区呈现从印度向尼泊尔、巴基斯坦等地区推进的趋势;中国经济权力空间已由喜马拉雅边界逐步扩展至南亚腹地,并向印度洋地区渗透。

(4) 环喜马拉雅区域经济合作进程受到战略互信、民族情感、外来力量等多重因素影响。从地区经济秩序安排和地缘政治博弈等重大战略议题来看,不仅包括中国、印度等在内的域内国家极其关切并希望通过合作以往有利于自身国家利益的方向发展,也被包括美国、日本以及欧盟等在内的域外大国和国际性组织所关切。而随着印度、巴基斯坦正式成为上海合作组织成员国一员，上合组织的影响也将辐射到南亚地区，从而为环喜马拉雅区域经济合作带来新的活力因子，也会补充南盟框架下治理能力的不足。此外，尤其值得注意的是，近年来非政府组织在南亚发展快速，它们或以保护环境、保护妇女儿童等，或者以防治疾病与扫除贫困、净化心灵等的口号在活动，这些国际非政府组织也有着不同的利益诉求与关切，这无疑又将对该地区经济发展增添新的变量。

（5）环喜马拉雅区域经济合作空间布局需进一步优化，其中中巴经济走廊建设与孟中印缅走廊建设的推进需结合各挑战因素以更稳健方式展开。关于走廊经济或者说通道经济，学术界长期以来争议比较大的是这种经济模式究竟是否能给当地带来经济增长和地缘政治稳定，还是更加恶化了当地的经济地位及国家间战略互信，目前仍然存在很大争议。特别是印度这样的地区大国，对中国"一带一路"建设的回避显示其对中国快速增长的国际影响力的一种疑虑。考虑到中印战略互信的不足，中尼印通道建设可先重点以推动中尼段建设为主，印尼段建设尊重印方的选择，时机成熟时再研究对接方案。而中斯巴马海上通道建设以关键支点港口建设为主。考虑到环喜马拉雅区域民族国家关系的复杂性和现实利益博弈的加剧，在环喜马拉雅经济合作中推行更灵活的"CH＋P＋X"产业项目模式，尽快取得实质性合作成果，并最终促使全部成员有效参与是可行的。

（6）环喜马拉雅区域经济合作进程中要注重感情因素。我们要通过培养近邻感情，聚拢不同国家民心并给予"尊重回报"，注重在环喜马拉雅区域近邻人文领域精耕细作，有序培育当地政治新秀及望族在"情感定向"进程中的纽带作用。

（7）环喜马拉雅区域经济合作机制建设坚持"量力"与"因时"相结合的原则。完善环喜马拉雅区域经济合作机制方面：一是要通过加强人文交流等来奠定文化基础，二是要借鉴域外经验。如加快相关人民币结算规章制度建设，特别是进一步完善商业银行清算体系；进一步优化域内经济区知识产权法律协调机制，推动环喜马拉雅区域司法便利化；加强相关通关制度、法规建设。但也要对机制可能的负面作用引起重视并尽量避免，特别是注意防范有些国家可能利用机制、规则等来牟取单方面权力这种情况。

（8）环喜马拉雅区域水环境治理困局凸显出中国角色重要性。案例研究方面，以水环境治理这一主题进行了深度分析，认为近年来域内国家围绕水环境治理取得了一系列进展，不仅加大了双边合作力度，而且为该地区进一步合作开发水资源夯实了基础。但由于各国发展阶段与经济实力差异等原因，在水环境治理方面面临短期方向不明、动力不足等难题。此外，该地区的水资源争夺严重伤害了国与国之间的感情，成为当前域内关系紧张的催化剂，而国际社会参与域内水环境治理开发，大国博弈又加剧了地区矛盾。当前，域内国家在水环境治理合作的道路上可谓一波三折。该地区特殊的"历史记忆"导致彼此间命运共生理念认同难度大，"战略互信"的缺失又制约着国家层面友好关系的拓展。本书认为，中国全面参与到该地区水环境治理合作进程中，不仅有助于培养国家间感情，也有助于推进水环境治理综合机制建设乃至实现环喜马拉雅区域整合发展。

（9）聚焦环喜马拉雅区域经济合作带来的外溢效应进行研判。经济合作的功能性逻辑在于：一方面通过经济合作进一步增进地区间国家与国家之间的经贸联系，为彼此经济发展和发挥自身禀赋优势创造条件，同时也期望在此过程中为历史遗留问题特别是边界问题等的解决营造良好氛围。而随着经济互动频度的增加，跨国间各种人文交流活动也将逐渐增多，与之相伴的则是行为体认可的新规范构建和地区层面的制度性安排达成共识，进而对高政治领域问题解决有望实现水到渠成。而从另一方面讲，高政治领域合作虽然开展难度较大，但长期拖延和不作为并非符合域内国家长期利益。鉴于域内国家间彼此关系受战略互信影响，直接从国家主导的地区制度性构建来解决高政治领域问题并不可行。

二 尚待进一步研究的问题

（1）环喜马拉雅区域经济合作推进过程中遇到的各类风险因素及其应对还需在今后深入研究。由于环喜马拉雅区域经济合作进程中，无论经济合作空间布局还是产业项目投资等，不仅关系到一国经济发展竞争力，也将牵扯各个国家的主权安全问题，国家意图及其不确定性将对地区间经济合作构成不稳定因素。此外，环喜马拉雅区域民族成分复杂，宗教极端势力与跨国恐怖主义势力相互借力交叉，对地区经济发展也构成极大挑战。而中印两个地区大国能否有效合作，特别是对印度这样的国家，在对中国"一带一路"建设表现出"并不在意"或故意"视而不见"的现实情况下，再推环喜马拉雅区域经济合作是增加了印方疑虑还是降低了印方疑虑还很难评估。再从印度对尼泊尔、巴基斯坦等邻国的政策不稳定性可以看出，印人党与国大党之间的分野或明或暗将对中印之间乃至环喜马拉雅域内国家间合作产生影响。

（2）环喜马拉雅区域经济发展相互依存度与地区整合程度需要进一步的动态跟踪研究。考虑到各国聚焦利益的不同和发展阶段的不同，势必会在具体合作议题和方案上产生分歧，而对合作的程度、合作的方向、合作的范围也会随着时间和各国具体诉求发生变化。本书主要从中国立场的各考量因素出发来分析喜马拉雅区域参与各方的行为选择及其带来的效应，但对来自域内其他国家特别是印度的相关合作意愿及其战略意图等研究的还不深入，印度版的地区合作及其主导权意图与中方主导的环喜马拉雅区域经济合作能否获得来自印度的全力支持还存在不确定性，需要在新数据和材料基础上实时跟踪研判。

（3）关于环喜马拉雅区域经济权力空间的划分难题也待解决。关于域内各国的经济权重合适比例问题，究竟多少比例是契合地区国家利益需要进一步研判，对中国参与并主导的系列产业项目合作效应评估并避免误判也需跟踪。总体上看，环喜马拉雅区域经济合作是以服务于地区安全为前提的。在此次经济合作过程中如何平衡国家利益与商业利益也是值得探讨的问题，在协调各国利益基础上包括各国公司在内的参与者能否有效配合以及如何配合，也需要实证研究。

（4）经济合作带来的外溢效应评估问题也有待进一步研判。目前，世界范围内因历史遗留问题以及现实利益摩擦等导致的国家间关系紧张和互信不足，给国际和平带来了潜在不安因素。而探索通过经济合作基础上的外溢，对从低政治领域合作开始带动一些高政治领域存在问题的解决无疑具有重要价值。但考虑到具体国家以及所在地区的文化传承与风土人情特点，又无法从环喜马拉雅区域经济合作这一案例一概而论地总结出可操作模板。由此，也就需要学者们针对世界范围内的相关案例继续进行跟踪梳理归纳，对攸关人类重大和平议题的高政治领域问题解决提供思路。

参考文献

一 外文文献

ADB, "Climate Change Threatens Water, Food Security of 1.6 Billion South Asians", http://unpan1.un.org/intradoc/groups/public/documents/apcity/unpan036420.htm#4_1_2.

Alan Hudson, "Offshoreness Globalization and Sovereignty: A Postmodern Geo-Political Economy?" *Transactions of the Institute of British Geographers*, 2000 (3).

Albert O. Hirschman, *National Power and the Structure of Foreign Trade*, London: University of California Press, 1945.

Alex Mackenzie, "The External Dimension of European Homeland Security, European Homeland Security: A European Strategy in the Making?" *Oxon*: Routledge, 2012.

Alex O Brien, *Winter in Tibet*, Asia Books Co. Ltd, 2005.

Ali Tekin and Paul A. Williams, "EU-Russian Relations and Turkey's Role as an Energy Corridor", *Europe-Asia Studies*, 2009 (2).

Ananthakrishnan Aiyer, "The Allure of the Transnational: Notes on Some Aspects of the Political Economy of Water in India", *Cultural Anthropology*, 2007 (4).

Andrew Nathan and Robert Ross, *Great Wall and the Empty Fortress: China's Search for Security*, New York: W. W. Norton, 1998.

Barry Buzan, "China in International Society: Is 'Peaceful Rise' Possible?" *The Chinese Journal of International Politics*, Vol. 3, 2010.

Bethany Stich and Joseph H. Holland, "Using multi-criteria decision making to highlight stakeholders' values in the corridor planning process", *Journal of Transport and Land Use*, 2011 (3).

C. Christine Fair, "Pakistan in 2011: Ten Years of theWar on Terror", *Asian Survey*, 2012 (1): 106–113.

C. F. J. Whebell, "CORRIDORS: A Theory of Urban Systems", *Annals of the Association of American Geographers*, 1969 (1).

Charles P. Kindleberger, "A Monetary Economiston Power Politics", *World Politics*, 1954 (4).

Christian Kaunert and Sarah Leonard, "Introduction: European Security Governance after the Lisbon Treaty: Neighbours and New Actors in a Changing Security Environment", *Oxon: Routledge*, 2013: 4.

Christopher J. Rusko and Karthika Sasikumar, "India and China: From Trade to Peace?" *Asian Perspective*, 2007 (4).

Colin Flint and Ghazi G Whalid Falah, "How the United States Justified Its War on Terrorism: Prime Morality and the Construction of a 'Just War'", *Third World Quarterly*, 2004 (8).

Daanish Mustafa, "Social Construction of Hydropolitics: The Geographical Scales of Water and Security in the Indus Basin", *Geographical Review*, 2007 (4).

David Lampton, "The Faces of Chinese Power", *Foreign Affairs*, Vol. 86, No. 1, January/February 2007.

David Shambaugh, "Asia in Transition: The Evolving Regional Order", *Current History*, Vol. 105, No. 690, April 2006.

David Shambaugh, "China Engages Asia: Reshaping the Regional Order", *Current History*, Vol. 29, No. 3, Winter 2004/05.

Farhana Sultana, "Community and Participation in Water Resources Management: Gendering and Naturing Development Debates from Bangladesh", *Transactions of the Institute of British Geographers* (New Series), 2009 (3).

Francis Fukuyama, *America at the Crossroads: Democracy, Power, and the Neoconservative Legacy*, London: Yale University Press, 2006.

Fredrik Soderbaum and Ian Taylor, "Transmission Belt for Transnational Capital or Facilitator for Development? Problematising the Role of the State in the Maputo Development Corridor", *The Journal of Modern African Studies*, 2001 (4).

Gareth Price et al, "Attitudes to Water in South Asia", *Chatham House Report*, 2014.

Gearoid O Tuathail, *Critical Geopolitics: The Politics of Writing Global Space*, Minneapolis: University of Minnesota Press, 1996.

Geoge Demko and Willian Wood Ed, *Reordering the World-Geograpolitical Perspective on the 21st Century*, Westview Press, 1999.

G. E. Pearcy, H. F. Russel, *World political geography*, New York: Crowell, 1948.

Gregory Fr. Treretton, "Rethink ing America's Security", *N. Y.: WWW. Norton*, 1992.

Halford Mackinde, *Democratic Ideals and Reality*, *A Study in the Politics of Reconstruction*, London: Constable, 1919.

Harsh V. Pant, "India and Iran: An 'Axis' in the Making?", *Asian Survey*, 2004 (3).

Hocking, *Foreign Ministries: Changes and Adaptation*, New York: St. Martin's, 1999.

"India Committed to Preserve Advance Regional Cooperation: Swaraj", *Daily News*, 2017-9-1.

Ishtiaq Hossain, "Bangladesh-India Relations: The Ganges Water-Sharing Treaty and Beyond", *Asian Affairs: An American Review*, 1998 (3).

Jan Aart Scholte, *Globalization: A critical Introduction*, Basingstoke: Macmillan, 2000.

Jane Pollard and Michael Samers, "Islamic Banking and Finance: Postcolonial Political Economy and the Decentring of Economic Geography", *Transactions of the Institute of British Geographers*, 2007 (3).

Jason Cons, "Histories of Belonging (s): Narrating Territory, Possession, and Dispossession at the India-Bangladesh Border", *Modern Asian Studies*, 2012 (3).

Jaswant Singh, *Defending India*, Britain: Macmillan Press Ltd, 1999.

Jean Philippe Venot and Luna Bharati, "Beyond Water, Beyond Boundaries: Spaces of Water Management in the Krishna Rriver Basin, South India", *The Geographical Journal*, 2011 (2).

Jeffrey Garten, *A Cold Peace*, New York: Times Books, 1992.

Jeremy Black, *Maps and Politics*, London: Reaktion Books, 1997.

John Agnew, *Geopolitics: Revisioning World Politics*, London: Routledge, 2003.

John Calabrese, "Balancing on 'the Fulcrum of Asia': China's Pakistan Strategy", *Indian Journal of Asian Affairs*, Vol. 27/28, No. 1/2 (2014 – 2015).

John Harriss, "What is going on in India's 'red corridor'? Questions about India's Maoist insurgency —Literature Review", *Pacific Affairs*, 2011 (2): 309 – 327.

John O Loughlin, "Geo-Economic Competition in the Pacific Rim: The Political Geography of Japanese and US Exports, 1966 – 1988", *Ransactions of the Institute of British Geographers*, 1993 (4).

John Vidal, "Troubled Waters for Bangladesh as India Presses on with Plan to Divert Major Rivers", *The Guardian*, 2003 – 7 – 24.

John W. Garver, "Development of China's Overland Transportation Links with Central, South-West and South Asia", *The China Quarterly*, 2006 (3).

Joseph S. Nye, *Soft Power: The Means to Success in World Politics*, New York: Public Affairs, 2004.

Joseph S. Nye, *The Future of Power*, New York: Public Affairs, 2011: 51.

Joshua Kurlantzick, *Charm Offensive: How China's Soft Power is transforming the World*, New Haven: Yale University Press, 2007.

Klaus Knorr, *The Power of Nations: The Political Economy of International Relations*, New York: Basic Books, 1975.

Larry Hanauer and Peter Chalk, *India's and Pakistan's Strategies in Afghanistan*, RAND Corporation, 2012.

Lester Thurow, *Head to Head: The Coming Economic Battle among Japan, Eu-*

rope and America, New York: Morrow, 1992.

Lucia De Stefano, James Duncan and Shlomi Dinar, "Climate Change and the Institutional Resilience of International River Basins", *Journal of Peace Research*, 2012.

Madhuchanda Ghosh, "India and Japan's Growing Synergy: From a Political to a Strategic Focus", *Asian Survey*, 2008 (2).

Mara Goldman, "Constructing Connectivity: Conservation Corridors and Conservation Politics in EastAfrican Rangelands", *Annals of the Association of American Geographers*, 2009 (2).

Mark Landler and Thomas Fuller, "Obama Prods Myanmar Back Toward Democracy", *The New York Times*, 2014 – 11 – 13.

Martin Wallcer, "President Clinton's 1994 Budget Message to Congress", *Foreign Policy*, Spring 1997.

M. B. Gleave, "The Dares Salaam Transport Corridor: An Appraisal", *African Affairs*, 1992 (4).

Melvin Small, J., David Singer, *Restore to Arms : International and Civil Wars (1816 – 1980)*, Calif. Sage Publications, 1982.

Meredith Giordano, Mark Giordano and Aaron Wolf, "The Geography of Water Conflict and Cooperation: Internal Pressures and International Manifestations", *The Geographical Journal*, 2002 (4).

"Non-Alignment 2.0: A Foreign and Strategic Policy for India in the Twenty First Century", *Center for Policy Research*, 2012 – 2 – 29.

Ole Magnus Theisen, "Blood and Soil? Resource Scarcity and Internal Armed Conflict Revisited", Journal of Peace Research, 2008 (6).

Pal Nyiri, "The Yellow Man's Burden: Chinese Migrants on a Civilizing Mission", *China Journal* S6, 2006.

Patrick Gaffney and Andrew Harvey, *The Tibetan Book of Living and Dying*, Random House UK Ltd, 2005.

Peter J. Taylor, *Britain and the Cold War: 1945 as Geopolitical Transition*, London: Pinter, 1990.

Peter Maskell, *Gunner Tomquvist. Building a Cross-Broder Learning Region*,

Copenhagen Business School Press, 1999.

Richard Bernstein and Ross Munro, *The Coming Conflict with China*, New York: N. Y.: Knopf, 1997.

Robert D. Kaplan, "Center Stage for the Twenty-first Century: Power Plays in the Indian Ocean", *Foreign Affairs*, 2009 (2).

Robert G. Sutter, *Chinese Foreign Relations: Power and Policy Since the Cold War*, Lanham, M. D.: Rowman & Littlefield Publishers, Inc., 2008.

Roger Lee, "The Ordinary Economy: Tangled up in Values and Geography", *Transactions of the Institute of British Geographers*, 2006 (4).

Rohan Mukherjee and David M. Malone, "Indian Foreign Policy and Contemporary Security Challenges", *International Affairs*, 2011.

Sai Balakrishnan, "Highway Urbanization and Land Conflicts: The Challenges to Decentralization in India", *Pacific Affairs*, 2013 (4).

Samuel Huntington, *The Clash of Civilizations and the Remaking of Worm Order*, New York: Simon and Schuster, 1996.

Shalendra Sharma, "India in 2010 Robust Economics amid Political Stasis", *Asian Survey*, 2011 (1).

Shlomi Dinar, Ariel Dinar and Pradeep Kurukulasuriya, "Scarcity and Cooperation along International Rivers: An Empirical Assessment of Bilateral Treaties Scarcity and Cooperation along International Rivers: An Empirical Assessment of Bilateral Treaties", *International Studies Quarterly*, 2011 (3).

Shujiro Urata, "The Shift from 'Market-let' to 'Institution-led' Regional Economic Integration in East Asia in the late 1990s", *RIETI Discussion Paper Series* 2004 (4).

Simon Roughneen, "China Remains Key Despite Burma's Western Focus", *BBC NEWS*, 2010-11-13, http://www.bbc.com/news/world-asia-pacific-11749661.

Siri Aas Rustad and Helga Malmin Binningsb, "A price worth fighting for? Natural resources and conflict recurrence", *Journal of Peace Research*, 2012.

Smith Shannon L. D., "The Indonesia-Malaysia-Singapore Growth Triangle: A

Political and Economic Equation", *Australian Journal of International Affairs*, 1997 (3).

S. Paul Kapur, "India and Pakistan's Unstable Peace: Why Nuclear South Asia Is Not like Cold War Europe", *International Security*, 2005 (2).

Sukru Inan, "Geoeconomic Policies for Regional Development: Turkey as a Catalyst For Eastern Europe", http://www.leidykla.vu.lt/inetleid/ekonom/69/straipsniai.

Surya P. Subedi, "Hydro-Diplomacy in South Asia: The Conclusion of the Mahakali and Ganges River Treaties", *The American Journal of International Law*, 1999 (4).

Talat Shabbir, "Rising China and its South Asian Neighbors: Evolving Dynamics and the Outlook", *Policy Perspectives*, 2017 (2).

Tina Harris and Hasse van der Veen, "Whose Security? Régionalisation and Human Security at Borderland Airports in Asia", *Etnofoor*, 2015 (2).

T. X. Hammes, "Offshore Control: A Proposed Strategy", *Infinity Journal*, 2012 (2).

Valerie Bunce, "The Political Economy of the Brezhnev Era: The Rise and Fall of Corporatism", *British Journal of Political Science*, 1983 (2).

Walter C. Ladwig III, "India and Military Power Projection: Will the Land of Gandhi Become a Conventional Great Power?" *Asian Survey*, 2010 (6).

Walter Russell Mead, "America's Sticky Power", *Foreign Policy*, 2004 (3).

Wilfried Hackenbroich, "The corridor Berlin – Moscow and German-Polish border to Poznan", *Urbani Izziv*, 2004.

"World Development Indicators 2015", The World Bank, http://data.worldbank.org/sites/default/files/wdi-2015-ch4.pdf.

Zillur R. Khan, "Japanese Relations with India, Pakistan and Bangladesh", *Pacific Affairs*, 1975 (4).

二 中文文献

蔡梦晓、袁晗:《中国企业在南亚国家新签工程承包合同额同比增两倍》, 2016年5月, 新华网 (http://www.xinhuanet.com/live/2016-05/05/c_

1118807734. htm）。

查道炯：《国际政治经济学与中外关系研究：背景意识问题》，《国际政治研究》2006 年第 2 期。

陈刚、陈若梅：《非政府组织与印度的腐败治理》，《国家治理评论》2016 年第 6 期。

陈朴：《"一带一路"背景下西藏推动环喜马拉雅经济带建设的 SWOT 分析》，《西藏发展论坛》2015 年第 6 期。

陈小萍：《中巴贸易能源通道构想与前景》，《南亚研究季刊》2009 年第 1 期。

陈燕娟、邓岩：《中国与巴基斯坦农业科技合作研究》，《世界农业》2010 年第 3 期。

陈志敏、常璐璐：《权力的资源与运用：兼论中国外交的权力战略》，《世界经济与政治》2012 年第 7 期。

成伟光：《国际区域经济合作新高地探索》，社会科学文献出版社 2013 年版。

单许昌：《霸权兴衰逻辑：三种权力的反馈环机制解读》，《太平洋学报》2013 年第 9 期。

《邓小平文选》第三卷，人民出版社 1993 年版。

丁宏：《全球化、全球治理与国际非政府组织》，《世界经济与政治论坛》2006 年第 6 期。

杜德斌、段德忠等：《中国经济权力空间格局演化研究——基于国家间相互依存的敏感性与脆弱性分析》，《地理学报》2016 年第 10 期。

［法］多来尼克·莫伊西：《情感地缘政治学》，新华出版社 2010 年版。

冯特君、宋新宁：《国际政治概论》，中国人民大学出版社 1992 年版。

高柏等：《高铁与中国 21 世纪大战略》，社会科学文献出版社 2012 年版。

高鸿业：《西方经济学》，人民大学出版社 2011 年版。

韩庆祥、黄相怀：《中国道路能为世界贡献什么》，中国人民大学出版社 2017 年版。

贺斌：《巴印奇纳布河纠纷再起》，《光明日报》2014 年 7 月 25 日。

贺圣达：《缅甸形势和云南桥头堡建设》，《东南亚南亚研究》2013 年第 1 期。

侯文坤:《科技合作将成为中国与南亚国家合作新亮点》,2014年6月,新华网(http://news.xinhuanet.com/fortune/2014-06/07/c_111103 0965.htm)。

胡仕胜:《联通喜马拉雅对接"一带一路"——对建设中尼印经济走廊的思考》,《印度洋经济体研究》2017年第2期。

胡勇、高见:《试析印度对不丹的发展合作政策》,《印度洋经济体研究》2017年第5期。

华民:《中印经济发展模式的比较:相似的原理与不同的方法》,《复旦学报》(社会科学版)2006年第6期。

黄丹丹:《印度吸纳国际农业科研机构落户的经验与启示——以国际半干旱热带农业研究所为例》,《农业科技管理》2017年第6期。

黄河、许雪莹等:《中国企业在巴基斯坦投资的政治风险及管控——以中巴经济走廊为例》,《国际展望》2017年第2期。

黄仁伟、张幼文、金芳:《以开放促改革——全球化新趋势与对外开放新阶段》,上海社会科学院出版社2014年版。

贾西津:《印度非营利组织及其法律制度环境考察报告》,《比较研究》2007年第4期。

柯银斌、包茂红:《中国与东南亚国家公共外交》,新华出版社2012年版。

李晨阳:《2010年大选之后的中缅关系:挑战与前景》,《和平与发展》2012年第2期。

李卉:《中国周边的"经济增长三角"》,《经济论坛》1996年第12期。

李慧玲、马海霞:《巴基斯坦经济发展机遇与"一带一路"建设》,《学术探索》2016年第7期。

李青:《基于环喜马拉雅区域合作的西藏内外统筹发展》,《开发研究》2017年第3期。

李少军:《国际体系:理论诠释、经验事实与战略启示》,中国社会科学出版社2012年版。

李铁立、姜怀宇:《边境区位:一个基于企业集聚的理论框架和实证分析》,《世界地理研究》2005年第2期。

李晓:《"一带一路"战略实施中的"印度困局"——中国企业投资印度

的困境与对策》,《国际经济评论》2015年第5期。

李馨:《云南参与中国—南亚货物贸易制度构建研究——以"一带一路"战略为视角》,《昆明理工大学学报》(社会科学版)2015年第6期。

李秀敏、刘丽琴:《"增长三角"的形成发展机制探讨》,《世界地理研究》2003年第1期。

李晔:《20世纪美国对中国西藏政策研究》,东北师范大学出版社2010年版。

刘杰:《秩序重构——经济全球化时代的国际机制》,上海社会科学院出版社1999年版。

刘思伟:《水资源与南亚地区安全》,《南亚研究》2010年第2期。

柳思思:《"一带一路":跨境次区域合作理论研究的新进路》,《南亚研究》2014年第2期。

卢光盛:《中国和大陆东南亚国家经济关系研究》,社会科学文献出版社2014年版。

卢秀璋:《美国对华战略和"西藏问题"》,中国藏学出版社2009年版。

罗明义:《构建中国—南亚旅游圈 促进中国与南亚的旅游合作与发展》,《经济问题探索》2008年第1期。

罗琪:《中印即将重启边界问题谈判 印提升藏南地区军力》,2010年11月,中国网(http://www.china.com.cn/military/txt/2010-11/22/content_21391445.htm)。

罗山爱:《亚洲"水战争"堪比石油战争》,《中国国防报》2009年8月25日。

马加力:《日本与南亚国家的经济关系》,《南亚研究》1994年第1期。

[美]彼得·卡赞斯坦:《地区构成的世界:美国帝权中的亚洲和欧洲》,秦亚青、魏玲译,北京大学出版社2007年版。

[美]布鲁斯·琼斯:《权力与责任》,秦亚青等译,世界知识出版社2009年版。

[美]罗伯特·基欧汉、约瑟夫·奈:《权力与相互依赖——转变中的世界政治》,中国人民公安大学出版社1991年版。

[美]塞缪尔·亨廷顿,《文明的冲突》,新华出版社2010年版。

门洪华：《西方三大霸权的战略比较——兼论美国制度霸权的基本特征》，《当代世界与社会主义》2006年第2期。

［尼］利拉·玛尼·博迪亚：《尼中关系的历史、现状与未来》，《南亚研究季刊》2010年第4期。

倪世雄：《"国际政治经济学"评介》，《世界经济文汇》1986年第3期。

潘忠岐：《国家行为的合理性与国家间互动的对弈逻辑》，《国际关系研究》2017年第6期。

潘忠岐、黄仁伟：《中国的地缘文化战略》，《现代国际关系》2008年第1期。

钱晓萍：《巴基斯坦外国投资市场准入法律制度研究——以"一带两廊"建设为起点》，《上海对外经贸大学学报》2016年第2期。

沈丹森、孙英刚：《中印关系研究的视野与前景》，复旦大学出版社2016年版。

沈开艳：《印度产业政策演进与重点产业发展》，上海社会科学院出版社2015年版。

沈体雁、冯等田、孙铁山：《空间计量经济学》，北京大学出版社2010年版。

沈伟烈：《关于地缘政治学研究内容的思考》，《现代国际关系》2001年第7期。

石卫星、刘满成：《基于中印的人力资本与外商直接投资关系对比研究——卢卡斯悖论存在原因探析》，《宏观经济研究》2017年第4期。

时殷弘：《战略问题三十篇——中国对外战略思考》，中国人民大学出版社2008年版。

宋蜀华、白振声：《民族学理论与方法》，中央民族大学出版社2013年版。

苏格：《国际秩序演变与中国特色大国外交》，世界知识出版社2016年版。

［苏］尼·切博克萨罗夫等：《民族、种族、文化》，赵俊智译，东方出版社1989年版。

孙久文：《论中国区域经济学的完善与创新》，《区域经济评论》2017年第2期。

孙培钧：《冷战后印度与南亚邻国的关系》，《当代亚太》2000年第3期。

孙西辉、金灿荣：《地区大国的"大国平衡外交"：以印度为例》，《南亚研究》2017年第2期。

唐世平：《塑造中国的理想安全环境》，中国社会科学出版社2003年版。

特奥·佐默：《为什么印度要跟中国比较》，德国《时代》周报2013年11月19日。

田立加、王光厚：《中缅关系面临的挑战及中国的战略选择》，《长春理工大学学报》（社会科学版）2014年第5期。

涂华忠、红梅：《二战后日本南亚政策评析》，《东南亚南亚研究》2013年第3期。

王辑思：《大国战略》，中信出版社2016年版。

王士君、陈才：《论中国东北地缘关系及因应对策》，《人文地理》2003年第6期。

王伟光、王航：《喜马拉雅地区族群历史与文化——与藏学家扎洛先生对话》，《西藏民族大学学报：哲学社会科学版》2017年第3期。

王晓易：《数读杭州峰会成果》，《人民日报海外版》2016年9月8日。

王艳龙：《中国与南亚各国贸易额十年翻一番 中企掀投资南亚热》，2017年6月，中国新闻网（http://www.chinanews.com/cj/2017/06-12/8248789.shtml）。

王逸舟：《创造性介入——中国之全球角色的生成》，北京大学出版社2013年版。

王逸舟：《国家利益再思考》，《中国社会科学》2002年第2期。

王雍铮：《浅析印度的非政府组织》，《法制博览旬刊》2012年第6期。

王卓宇、雷芸：《喜马拉雅地区跨国水域水资源开发国际法问题研究》，《中国人口·资源与环境》2015年第9期。

吴传清等：《区域经济学原理》，武汉大学出版社2008年版。

吴世韶：《地缘政治经济学：次区域经济合作理论辨析》，《广西师范大学学报：哲学社会科学版》2016年第3期。

吴心伯等：《转型中的亚太地区秩序》，时事出版社2013年版。

吴兆礼：《印美全球伙伴关系研究》，时事出版社2015年版。

《习近平出席中央外事工作会议并发表重要讲话》，2014年11月，新华网

(http：//news. xinhuanet. com/politics/2014 – 11/29/c_ 1113457723. htm）。

《习近平代表第十八届中央委员会向党的十九大作报告》，2017 年 10 月，新华网（http：//www. xinhuanet. com/2017 – 10/18/c_ 1121819563. htm）。

邢万里、陈毓川等：《印度未来能源需求对中国获取境外能源的影响初探》，《地球学报》2017 年第 1 期。

熊琛然、武友德等：《印度领衔下的南亚地缘政治特点及其对中国的启示》，《世界地理研究》2016 年第 6 期。

闫红瑛：《"一带一路"战略背景下中国西藏与南亚相邻国家旅游合作与发展问题探析》，《西藏民族大学学报》（哲学社会科学版）2017 年第 3 期。

阎学通：《世界权力的转移：政治领导与战略竞争》，北京大学出版社 2015 年版。

杨海：《习近平国家安全风险防范思想初探》，《马克思主义研究》2017 年第 10 期。

杨开忠：《区域经济学概念、分支与学派》，《经济学动态》2008 年第 1 期。

杨蓉、童年成：《"一带一路"与中国国际物流新战略》，中国经济出版社 2016 年版。

杨有柏、马凤莲：《加快青藏铁路经济带建设 促进青海藏区现代化》，Ascent 2008 年第 6 期。

［印］阿马蒂亚·森：《惯于争鸣的印度人》，刘建译，生活·读书·新知三联书店 2007 年版。

［印］阿马蒂亚·森：《以自由看待发展》，于真等译，中国人民大学出版社 2012 年版。

《印度总理瓦杰帕伊北大演讲》，2003 年 6 月，北京大学网站（http：//www. pku. edu. cn/news/xiao_ kan/newpaper/994/1 – 2. htm）。

［印］杰伦·兰密施：《理解 CHINDIA：关于中国与印度的思考》，蔡枫、董方峰译，宁夏人民出版社 2006 年版。

［英］埃尔斯沃思、克拉克·利思：《国际经济学》，商务印书馆 1992 年版。

［英］爱德华·泰勒：《人类学——人及其文化研究》，连树声译，上海文艺出版社1993年版。

余建华：《世界能源政治与中国国际能源合作》，长春出版社2011年版。

袁正清、张建岗：《国际关系研究的热点与进展》，《世界经济与政治》2018年第1期。

岳鹏：《印度能源战略通道建设及其地缘影响》，《南亚研究季刊》2017年第1期。

张东启：《赴尼泊尔参加欧洲和南亚地区河流水资源管理计划工作组会议和野外考察总结》，《气象科技合作动态》2010年第4期。

张东启：《赴尼泊尔参加欧洲和南亚地区河流水资源管理计划工作组会议和野外考察总结》，《气象科技合作动态》2010年第4期。

张力：《印度战略崛起与中印关系：问题、趋势与应对》，《南亚研究季刊》2010年第1期。

张伟杰：《当前中印关系中的能源因素》，《现代国际关系》2010年第12期。

张文木：《世界地缘政治中的中国国家安全利益分析》，中国社会科学出版社2016年版。

张彦：《我国跨境人民币业务的进程和政策建议》，《西部金融》2012年第8期。

张幼文、徐明棋：《开放升级的国际环境——国际格局变化与全球化新趋势》，上海社会科学院出版社2013年版。

张幼文：《"一带一路"建设：国际发展协同与全球治理创新》，转引自《大视野、新理念、新台阶》，上海人民出版社2017年版。

赵怀普、卢阳：《权力政治与相互依存》，《世界经济与政治》1993年第7期。

赵蕾、王国梁：《孟加拉国投资环境分析》，《对外经贸》2017年第2期。

郑春荣：《欧盟逆全球化思潮涌动的原因与表现》，《国际展望》2017年第1期。

《中国共产党第十八届中央委员会第五次全体会议公报》，2015年10月，新华网（http：//www.xinhuanet.com/politics/2015-10/29/c_1116983078.htm）。

《中华人民共和国国家安全法》，2015年7月，中国政府网（http：//

www.gov.cn/xinwen/2015-07/01/content_ 2888316.htm)。

朱天飚:《国际政治经济学与比较政治经济学》,《世界经济与政治》2005年第3期。

邹昭晞、刘英骥:《利用外资与科技创新能力比较:中国与印度》,《改革》2008年第6期。